BLITZKRIEG

SEGUNDA GUERRA MUNDIAL

BLITZKRIEG

O PLANO ESTRATÉGICO DE HITLER PARA CONQUISTAR A EUROPA

NIGEL CAWTHORNE

M.BOOKS

M.Books do Brasil Editora Ltda.

Rua Jorge Americano, 61 - Alto da Lapa
05083-130 - São Paulo - SP - Telefones: (11) 3645-0409/(11) 3645-0410
Fax: (11) 3832-0335 - e-mail: vendas@mbooks.com.br
www.mbooks.com.br

Dados de Catalogação da Publicação

CAWTHORNE, Nigel
Blitzkrieg: o Plano Estratégico de Hitler para Conquistar a Europa/Nigel
Cawthorne.
2015 – São Paulo – M.Books do Brasil Editora Ltda.

1.História   2. Guerras e Batalhas

ISBN: 978-85-7680-253-2

Do original: Blitzkrieg. Hitle's Masterplan for the
Conquest of Europe
Publicado originalmente em inglês pela Arcturus Publishing Limited

© 2012 Arcturus Publishing Limited.
© 2015 M.Books do Brasil Editora Ltda.

Editor: Milton Mira de Assumpção Filho
Tradução: Ricardo Souza
Produção Editorial: Lucimara Leal
Coordenação Gráfica: Silas Camargo
Editoração: Crontec

2015
M.Books do Brasil Editora Ltda.
Proibida a reprodução total ou parcial.
Os infratores serão punidos na forma da lei.

SUMÁRIO

INTRODUÇÃO 6

1. AS PLANÍCIES DA POLÔNIA 8
Ataque aéreo 10
O último baluarte 15

2. OS TANQUES E SUAS TÁTICAS 18
A Estreia 20
Ataque de surpresa 23
Tática de choque 24
A chave para a vitória 33

3. A FORMAÇÃO DE UM CORPO 35
Primeiros passos 39
Visão do futuro 41
Convencendo Hitler 50

4. O FIM DA "GUERRA DE ARAQUE" 57
Discussões estratégicas 60
Contra-ataque francês 71
Cessar-Fogo 74

5. EM PLENO DESERTO 76
A guerra se espalha 78
Os Bálcãs 84
Os alemães reagem 98
Chegam reforços 108

6. OPERAÇÃO BARBAROSSA: OS PANZER RUMAM PARA O LESTE 125
Escapando por pouco 129
A força nos números 135
Baixas de inverno 147

7. SUPERIORIDADE SOVIÉTICA 151
Acelerando a produção 153
Planos mal concebidos 158
Causa perdida 162

8. TIGRES NA NORMANDIA 171
Bombardeio de Londres 175
Resistência feroz 182
Morte de um herói alemão 184

9. UM ÚLTIMO SUSPIRO NAS ARDENAS 186
A aposta final 188
Ajuste final 191

10. PANZER KAPUT 194
As desvantagens aumentam 196
No bunker 198

POSFÁCIO 204
LEITURA ADICIONAL 205
ÍNDICE 206
CRÉDITO DAS IMAGENS 208

INTRODUÇÃO

Desfile de tanques Sherman M4, em Fort Knox, EUA. Aproximadamente 50 mil desses M4 seriam construídos

Baseada em velocidade e surpresa, a Blitzkrieg (literalmente "guerra relâmpago") envolvia unidades de tanques leves, apoiadas por aeronaves e infantaria, abrindo caminho através de linhas inimigas e rumando céleres para capturar objetivos antes que o inimigo tivesse tempo de reagrupar-se. Após o sucesso de tanques britânicos na Primeira Guerra Mundial, os alemães decidiram que o futuro da guerra estava nos *Panzerkampfwagen*, ou carros de combate blindados, mais tarde conhecidos simplesmente, em alemão, como *Panzer*.

A palavra alemã, porém, passou a significar mais do que apenas carro de combate (ou tanque, como é popularmente conhecido). Além do corpo *Panzer*, havia os *Panzergruppen* e as *Panzertruppen*, respectivamente grupos e tropas blindados. *Panzer* foi o nome tomado por esse ramo de elite do exército alemão e suas formações, bem como para um novo tipo de guerra.

Durante os anos 1920, teóricos militares britânicos e alemães perceberam como o emprego de tanques como força divisional poderia revolucionar completamente a guerra.

Quando Hitler chegou ao poder, em 1933, viu rapidamente como essas formações *Panzer* poderiam derrotar os inimigos tradicionais da Alemanha e permitir a construção do império europeu que o ditador tanto desejava. A produção de tanques foi intensificada e o Corpo *Panzer* se tornou a nova vanguarda do exército alemão. Em dez meses, unidades blindadas alemãs sobrepujaram a maior parte da Europa continental, destruindo pelo caminho exércitos com mais de duas vezes o seu tamanho.

Com esse sucesso inicial, entretanto, veio seu fracasso final. O alto-comando alemão agarrou-se à crença de terem descoberto uma arma que conquistaria todas as outras. No entanto, os *Panzer* não puderam lidar com a neve na Rússia e, nos desertos do Norte da África, os britânicos aprenderam que poderiam interromper os avanços relâmpagos dos *Panzer* com unidades exclusivas de armas antitanque, que eram muito mais baratas e mais fáceis de produzir do que os novos tanques.

Russos e americanos passaram a enfrentar os *Panzer* sem temores e simplesmente enviaram mais tanques ao campo de batalha que os fabricantes alemães. Grandes e relativamente lentos, os *Panzer* também

INTRODUÇÃO

Fábrica de tanques Tiger I em Kassel, 1943, de propriedade da Henschel & Sohn

estavam vulneráveis a ataques pelo ar. O acúmulo de forças da RAF e da USAAF, respectivamente a força aérea britânica e a do Exército dos EUA, depois do Dia D, fez com que os *Panzer* alemães não pudessem arriscar nenhum movimento durante o dia e estivessem vulneráveis até mesmo a ataques noturnos, com o céu iluminado por sinalizadores.

Os *Panzer* gozaram de um último dia de glória no inverno de 1944 na Batalha das Ardenas, quando o mau tempo impediu que as forças aéreas dos Aliados decolassem. No entanto, a escassez crônica de gasolina para os beberrões tanques *Tiger* alemães fez com que os *Panzer* dependessem do combustível capturado dos americanos para alimentar seu avanço. Sem ele, e conforme as condições meteorológicas melhoravam, os *Panzer* voltaram a ser alvos fáceis.

Hitler teve esperanças, até o último instante, que novos e melhores *Panzer* esmagariam seus inimigos. Contudo, embora os fabricantes alemães finalmente conseguissem que seus tanques fossem páreo para os tecnicamente soberbos *T-34* soviéticos, jamais conseguiriam equiparar os números de sua produção às quantidades que brotavam das fábricas russas. Hitler e seus comparsas foram pegos em sua própria armadilha, esmagados sob as lagartas da guerra de blindados que eles mesmos desencadearam.

Este livro conta a história do desenvolvimento do conceito *Panzer* e da construção e implantação do Corpo *Panzer*, de como os *Panzer* se tornaram a ponta de lança das máquinas militares mais eficientes do mundo e de como sobreveio a derrota final. Nesta obra, a guerra dos *Panzer* é vista pelos olhos daqueles que nela lutaram e puseram a mais mortal das armas nas mãos indignas de Hitler.

Tanque russo T-34, que superou todos os tanques alemães até que surgisse o Tiger I, com seu canhão de 88 mm e blindagem reforçada

1. AS PLANÍCIES DA POLÔNIA

A Segunda Guerra Mundial começou com um empreendimento fantástico e arriscado. Na madrugada de 1º de setembro de 1939, um enorme exército alemão avançou por 2.000 quilômetros adentro da fronteira com a Polônia, em um ataque liderado por sete divisões *Panzer*. Ninguém antes tentara uma estratégia assim. Não se tratava de uma das táticas de terror que os alemães aperfeiçoaram durante a Guerra Civil Espanhola, travada no decorrer dos três anos anteriores. O emprego dos *Panzer* na Espanha fora considerado em grande parte um fracasso. Quando os tanques alemães irromperam pela fronteira com a Áustria, em 1938, pelo menos 30% deles quebraram antes que chegassem a Viena. As coisas foram um pouco melhor durante a ocupação da Tchecoslováquia no ano seguinte. Faltava às tripulações a experiência para corrigir problemas mecânicos no local e um tanque quebrado em uma ponte ou estrada estreita poderia reter uma brigada inteira. Essas máquinas também destruíam a superfície das estradas que usavam, retardando quem os seguisse. Combustível era outro problema.

A *Wehrmacht* (forças armadas alemãs) rapidamente percebeu que havia mais tanques do que canhões e blindados e que precisariam aprender uma disciplina completamente nova: a arte da guerra mecanizada.

No entanto, muitos acreditavam que uma guerra de blindados daria certo nas planícies da Polônia. Hitler estava entre eles. O uso adequado dos *Panzer*, acreditava ele, era algo que teria de ser aprendido na própria guerra.

Um ponto de vista justificado

A primeira lição, acreditava-se, seria fácil. Os poloneses tinham apenas uma brigada blindada, 660 tanques ao todo, contra 2.100 da Alemanha. Embora o Exército polonês superasse os alemães em número, quando reunido, os poloneses começaram com 17 divisões de infantaria mal equipadas, três brigadas de infantaria e seis brigadas de cavalaria (cavalaria tradicional, com cavalos, e não as unidades de cavalaria blindada como conhecemos hoje). No entanto, o alto-comando alemão não estava 100%

AS PLANÍCIES DA POLÔNIA

À Esquerda: Blindados alemães cruzando a fronteira polonesa em setembro de 1939.

1º de setembro de 1939: a Alemanha invade a Polônia, numa batalha que durou seis semanas.

confiante na vitória. Ordens emitidas em Berlin, em 1939, determinavam:

Nenhum tanque deverá cair em mãos inimigas sem que sua tripulação e as tripulações de tanques próximos façam o máximo possível para resgatá-lo ou destruí-lo. Uma tripulação poderá abandonar um tanque imobilizado se ficar sem munição ou não puder mais disparar e se outros veículos não puderem vir em seu socorro. Se houver risco de o tanque cair em mãos inimigas, deverá ser destruído. Restos de lã, material combustível, munição, etc. dentro do veículo deverão ser encharcado com combustível (possivelmente rompendo-se a tubulação de combustível) e o veículo deverá ser incendiado.

A ponta de lança *Panzer* alemã consistia em quatro divisões ligeiras e quarenta divisões regulares de infantaria, seguidas por quatro divisões de infantaria mecanizada. Os alemães também contavam com esmagadora superioridade no ar. A força aérea polonesa tinha apenas 842 aviões obsoletos, enquanto a *Luftwaffe*, a força aérea alemã, poderia colocar no ar 4.700 aeronaves modernas. Uma tática que os alemães haviam aperfeiçoado durante a Guerra Civil Espanhola foi o bombardeio de terror a alvos civis, incluindo o infame ataque à cidade basca de Guernica.

Os poloneses também acreditavam que os franceses atacariam os alemães pela retaguarda, através da fronteira ocidental da Alemanha. Quando finalmente o fizeram, enviaram forças insuficientes e já era tarde demais.

A União Soviética – Rússia e seus satélites comunistas – não ajudaria, pois assinara o Pacto Germano-Soviético de Não Agressão em agosto de 1939, assegurando, publicamente, que as duas nações não atacariam uma à outra e, secretamente, determinando a divisão da Polônia entre elas. A Polônia estava por conta própria e as lanças de sua cavalaria teriam de enfrentar as novas e monstruosas máquinas da guerra: os *Panzer*.

Ataque aéreo

A *Luftwaffe* destruiu a força aérea polonesa nos dois primeiros dias. Isso deixou os céus livres para os *Stuka* alemães mergulharem e bombardearem as colunas polonesas, o que causou mais danos ao moral que ao físico dos inexperientes recrutas poloneses. Os poucos tanques poloneses estavam dispersos por todo o exército, que por sua vez cometeu o erro fatal de tentar defender toda a extensão da fronteira. Os *Panzer* concentraram-se em pontos fracos e irromperam país adentro, penetrando profundamente e espalhando-se em seguida para isolar e cercar as unidades polonesas.

Quando os tanques alemães se deparavam com pontos fortificados poloneses, simplesmente os ignoravam, para que os bombardeiros cuidassem deles depois. E se simplesmente não pudessem flanquear uma posição fortificada polonesa, esperavam até que a infantaria e a artilharia os alcançassem para, então, lançarem um ataque convencional contra a fortificação.

Os poloneses não perceberam toda a extensão da ameaça representada pelos blindados alemães e acreditavam que, após recuar para uma linha defensiva, poderiam mantê-la. Contudo, a velocidade e a profundidade das arremetidas dos *Panzer* causavam confusão, enquanto o bombardeio de mergulho de cidades indefesas congestionava as estradas com refugiados.

Tudo isso era parte da filosofia *Panzer*. A ideia era impedir que o inimigo usasse suas estradas para trazer reforços ou reagrupar forças. Afinal, civis nas estradas não eram obstáculo para os *Panzer* em seu avanço. Os refugiados eram simplesmente metralhados do ar, produzindo mais pânico e se tornando um obstáculo adicional no caminho das forças polonesas.

Civis na estrada não eram obstáculo para os *Panzer*. Os refugiados eram simplesmente metralhados do ar.

Após a Primeira Guerra Mundial, a Polônia foi recriada com dois milhões de alemães vivendo dentro de suas fronteiras. Alguns se envolveram ativamente em sabotagem. Outros espalhavam rumores sobre as vitórias alemãs, a inevitabilidade da derrota polonesa e sobre a covardia e as mentiras das lideranças polonesas. Essa tática, conhecida como *Schrecklichkeit*, ou atemorização, minou ainda mais o moral.

Começa a invasão

Os *Panzer* lideraram quatro golpes profundos na Polônia. Dois vieram diretamente do próprio *Reich* alemão, liderados pelo XIX e o XIV Corpo *Panzer*, rumando para Varsóvia através de Bydgoszcz e Lodz, respectivamente. Um avanço ao sul vindo da Eslováquia, liderado pelas 2ª e 5ª Divisões *Panzer* atravessou Chelm em direção a Brest-Litovsk, onde deveriam encontrar-se com o Terceiro Exército, liderado por elementos do XIX Corpo

AS PLANÍCIES DA POLÔNIA

Panzer. Isso aconteceu através da Prússia Oriental, uma parte da Alemanha separada do *Reich* pelo "Corredor Polonês", que, conforme o Tratado de Versalhes, dava à Polônia o acesso ao Báltico. O Grupo de Exércitos do Sul era comandado pelo general Karl von Rundstedt, cujo chefe de estado-maior era o general Erich von Manstein. O Grupo de Exércitos do Norte era comandado pelo general Fedor von Bock.

O ataque começou às 4h45 de 1º de setembro, sexta-feira, quando o navio de treinamento naval alemão *Schleswig Holstein* começou a bombardear o "Corredor Polonês". A *Luftwaffe* bombardeou, então, os aeródromos poloneses. Às 8 horas, uma grande formação de tanques alemães da 4ª Divisão *Panzer* chegou às posições defendidas pela brigada de cavalaria polonesa *Wolynska Brygada Kawalerii*, que se viu sob fogo de metralhadoras e armas antitanque, retirando-se para a aldeia de Wilkowiecko.

Depois disso, a cavalaria polonesa foi alvo de bombardeiros de mergulho e seus cavalos fugiram em debandada. Um enxame *Panzer* deixou Wilkowiecko para atacar o 21º de Lanceiros polonês, que combatia a pé no limiar da Floresta de Mokra e foi forçado a se retirar, deixando quatro tanques queimando para trás. Novos ataques dos *Stuka* e uma barragem de artilharia deixaram as aldeias de Mokra I, II e III em chamas. As baixas polonesas foram altas. No entanto, quando os *Panzer* atacaram novamente, vários foram atingidos e incendiaram-se e suas tripulações em fuga foram capturadas pelos lanceiros.

O ataque principal dos alemães visava a 4ª Tropa do 21º de Lanceiros. Às 11 horas, todavia, pouco antes de atingirem as posições dos lanceiros, o Pelotão Blindado polonês chegou e começou a bombardear os atacantes com obuses de 10 centímetros e canhões de 7,5 centímetros. Os alemães recuaram para trás de Wilkowiecko, deixando pelo caminho tanques destruídos e suas tripulações para serem capturadas pelos poloneses no campo de batalha. Não seria uma empreitada fácil.

Nessa época, o chefe de imprensa do *Reich*, Otto Dietrich, ordenou que a palavra "guerra" deveria ser evitada na imprensa a todo custo, salientando que o embaixador polonês ainda estava em Berlim. Mesmo a agência de notícias polonesa dizia que a luta estava "confinada a zonas de fronteira". Contudo, o primeiro-tenente alemão W. Reibel tomou parte no ataque e descreveu a cena:

Ondas arrebentavam em torno dos tanques, lançando uma chuva fria sobre os motoristas que tentassem cruzar o rio depressa demais. À nossa esquerda está

Soldados da SS avançam pela "cidade livre" de Danzig atrás de um carro blindado ADGZ, 1939 – muitos dos homens da SS vieram da própria cidade

uma ponte ferroviária destruída. À beira da estrada, um soldado polonês morto. É realmente uma sensação estranha saber que, agora, deixamos a Alemanha e estamos em solo polonês. Ao longe, ouvimos o som fraco de uma metralhadora. Em algum lugar, ecoa o trovão surdo de um canhão – os primeiros sinais de guerra. À nossa frente está uma aldeia. De acordo com o mapa, deve ser Mokra III. O nome não significa nada para nós, ainda. É apenas uma aldeia como outra qualquer.Mas o que teríamos feito se soubéssemos? Chegou a hora! Ao alcançarmos as últimas casas da aldeia, ouvimos o fogo de fuzis e metralhadoras e, em seguida, veio a ordem:"Preparar para o combate."O tiroteio se intensifica ... projéteis atingem o tanque com um barulho forte. Trincheiras cruzam nossa zona de ataque, prados pantanosos prejudicam nosso progresso. Ainda assim, avançamos implacavelmente... Lentamente, chegamos aos limites da floresta e seguimos por uma alameda na mata, com minha companhia à frente. Então, as portas do inferno se abriram. Diante de nós estava um aterro elevado com uma passagem subterrânea. As balas batiam e rugiam como loucas... Vários veículos da 2ª Companhia e da nossa companhia estavam, então, na alameda. De repente, um tanque que já havia ultrapassado a passagem subterrânea irrompeu em chamas. Desgraçados. Era uma força antitanque... Muitos camaradas queridos não apareceram quando nos agrupamos. Seus tanques eram, agora, sepulturas de ferro. Nossa companhia também sofreu suas primeiras mortes... Pouco tempo depois, nossa companhia também marchou de volta para a área de descanso... As aldeias em chamas iluminavam o horizonte com um brilho vermelho. Então, de repente, alguém gritou:"Cavalaria polonesa chegando pela esquerda", e agarramos nossas armas novamente. Mas foi um alarme falso. Tropas de cavalos abandonados procuravam cavaleiros.

Não obstante, a brigada de cavalaria de Wolynska conseguiu deter o avanço da 4ª Divisão *Panzer* alemã por um dia inteiro. Fontes oficiais na Alemanha contaram uma história diferente. Após relatar "um ataque quase grotesco contra alguns de nossos tanques por um regimento polonês de lanceiros, com consequências obviamente aniquiladoras", a publicação de propaganda do exército, *Die Wehrmacht*, passou a narrar:

Mesmo as armas antitanque com que os poloneses pretendiam facilmente deter o avanço de nossos tanques logo se revelaram fracas demais. Em uma batalha, um solitário tanque pesado alemão aniquilou duas seções de artilharia com apenas um disparo e depois esmagou os próprios canhões com suas lagartas. Por acaso, o comandante do tanque, um segundo-tenente bastante jovem, pouco depois parou um trem carregado de reservistas poloneses, 400 homens ao todo, obrigou-os a sair e os conduziu cativos sob a mira de seu tanque.

Empurrados para trás

Em 2 de setembro, o exército polonês foi forçado a recuar sob intensa pressão do Corpo *Panzer* do general Hoth e do Corpo *Panzer* do general Hoepner, que ameaçavam cercá-lo vindos do sul. Enquanto isso, à frente do XIX Corpo *Panzer*, ponta de

Negociações germano-soviéticas sobre a linha de demarcação na Polônia: o general Guderian é o segundo a partir da direita

lança blindada do Grupo de Exércitos do Norte, estava o general Heinz Guderian, grande teórico da guerra *Panzer*. Naquele momento, finalmente, o general podia ver suas teorias sendo postas em prática. Ele acreditava que era essencial para um comandante de *Panzer* estar na vanguarda da ação com os seus homens. Relatar a situação de volta a um QG na retaguarda para, depois, ficar à espera de novas ordens, retardaria o avanço.

A natureza ágil desse novo tipo de guerra mecanizada implicava que tropas atirassem primeiro e fizessem perguntas depois. Consequentemente, os alemães acabaram disparando contra outros alemães que aparecessem em lugares inesperados. No entanto, Guderian logo provou o valor de seu sistema de "comandar na frente". Todos os comandantes de unidades blindadas foram mantidos o mais à frente possível, o que lhes permitia emitir comandos por rádio direto para os *Panzer* e para a infantaria que os seguia. Isso permitia que tirassem proveito rapidamente de qualquer situação. No entanto, manter um comandante à frente quando as linhas são fluidas tinha seus próprios riscos. Até mesmo Guderian se viu sob fogo de sua própria artilharia, que disparava a esmo em meio a uma neblina, e teve sorte de escapar com vida. O general da *Luftwaffe* encarregado do apoio aéreo também recebeu disparos de seus próprios soldados, apesar de seu avião exibir claramente insígnias alemãs.

Os poloneses também reivindicaram alguns sucessos iniciais. Em 5 de setembro, sua agência de notícias relatou: "Há relatos de um bem-sucedido contra-ataque polonês contra divisões mecanizadas avançando em direção a Bieradz, no sul da Polônia. O inimigo abandonou um número considerável de veículos de ataque e automóveis, cujos ocupantes foram presos. São muitos os prisioneiros."

Houve outros retrocessos. Os *Panzer* esgotaram seus suprimentos de combustível, bloqueando as estradas quando ficavam sem gasolina. Novamente, houve um alto nível de quebras. Em dado momento, nada menos do que um quarto dos tanques permanecia fora de ação. Isto representava uma melhoria em relação à taxa de quebras anterior de 30%, porém todos os veículos viriam a precisar de uma revisão geral no final da campanha. Não obstante, os *Panzer* desempenharam um papel decisivo no sucesso notável da campanha polonesa. A *Wehrmacht*, comandada por outro importante defensor dos *Panzer*, general Walther

> **O XIX Corpo Panzer de Guderian recebeu permissão para deixar o Terceiro Exército para trás e rumar célere a sudeste para tomar Brest-Litovsk.**

von Reichenau, cobriu os 225 quilômetros até a periferia de Varsóvia em apenas sete dias. Guderian ganhou ainda mais terreno em avanços relâmpagos com duas divisões *Panzer* e duas divisões mecanizadas reunidas em apenas um corpo. Seu XIX Corpo cobriu 320 quilômetros em dez dias, irrompendo através do Grupo Operacional Narev e destruindo o Décimo-Oitavo Exército Polonês com uma perda de apenas 4% de sua força: 650 mortos e 1.586 feridos e desaparecidos. Além disso, o general Wilhelm Ritter von Thoma, comandante *Panzer* na Espanha, conseguiu infiltrar-se por 80 quilômetros em uma floresta densa e fortemente defendida para flanquear os poloneses no Passo de Jablunka.

Os *Panzer*, contudo, atuavam mais como uma borda cortante do que uma força independente. Suas seis divisões blindadas compunham apenas 11% da força da *Wehrmacht* e receberam ordens estritas de não ultrapassar a infantaria. Os *Panzer* ainda estavam sob estrito comando de seus grupos do exércitos maiores. Regras de treinamento preconizavam que tanques só poderiam abrir fogo de forma independente "quando rompessem linhas inimigas ou para repelir um ataque iminente".

Foi somente em 8 de setembro, quando ficou claro que o Grupo de Exércitos do Sul não conseguiria ocupar Varsóvia, que o XIX Corpo *Panzer* de Guderian foi autorizado a deixar o Terceiro Exército para trás e rumar célere para sudeste para tomar Brest-Litovsk, 170 quilômetros além da capital polonesa ao leste. Entretanto, o sucesso de Guderian, de acordo com von Manstein, foi devido ao sucesso da Alemanha no ar, e não aos *Panzer* em si.

"O que decidiu as batalhas", escreveria, "foi a eliminação quase completa da força aérea inimiga e a incapacitação de sua rede de comunicação e transporte pelos eficientes ataques de nossa *Luftwaffe*."

Contudo, o *Die Wehrmacht* elogiou o sucesso do 15º e do 16º *Panzer*, que combateram para abrir caminho nas cercanias de Varsóvia em 6 de setembro. "Nossa ponta de lança rapidamente atingiu as elevações às margens do rio. A artilharia inimiga disparou, porém nossos tanques avançaram implacável contra seus alvos ao longo de caminhos sinuosos, aproveitando o abrigo de fazendas e arbustos. Enquanto o sol se punha a oeste, nossos tanques penetravam na cidade. Sob a cobertura de seus disparos, forças de engenharia de combate alemãs cruzaram o rio para alcançar por trás e destruir o inimigo que resistia na cidade. Enquanto a ponta de lança blindada ainda protegia a travessia do rio, a segunda onda de tanques já avançava, liderada por um general a bordo de seu tanque de coman-

AS PLANÍCIES DA POLÔNIA

do cravejado de metralhadoras antiaéreas. Unidades *Panzer* de reforço e divisões móveis progrediram em conjunto de forma implacável por 19 quilômetros."

O último baluarte

A defesa da cidade havia sido preparada às pressas. Contudo, em 8 de setembro, os *Panzer* entraram em Varsóvia. Mesmo assim, a 4ª Divisão *Panzer* encontrou resistência obstinada na cidade, e 57 dos 120 tanques atacantes foram perdidos em apenas três horas. No dia 11, houve relatos de um contra-ataque polonês, que alegou ter esmagado 18 tanques. Embora os poloneses afirmassem, em 14 de setembro, que haviam incendiado mais tanques e capturado diversas armas antitanque em escaramuças na capital, o avanço alemão Polônia adentro foi tão acelerado que, para os poloneses, foi impossível recuar o suficiente de seu exército para montar uma defesa organizada na cidade.

Enquanto a resistência na capital continuava, a cavalaria polonesa enfrentava os *Panzer*, de acordo com Guderian. O defensor britânico da guerra mecanizada, Basil Liddell Hart, também escreveu sobre "galantes, porém fantásticas cargas de cavalaria, com espadas e lanças". No entanto, isso é, provavelmente, um mito. Para Denis Hills, um britânico que estava na Polônia na época, aquelas "histórias românticas" eram "um tanto fantasiosas". Embora os lanceiros poloneses realmente enfrentassem os *Panzer* nazistas, foram muito mais eficazes contra batalhões de infantaria. Na madrugada de 9 de setembro, o 3º Regimento de Cavalaria Ligeira da Brigada Suwalki avançou contra uma coluna de caminhões de transporte ao norte da Floresta de Zambrow, mas somente após sofrerem o ataque de fogo de metralhadoras escondidas na mata.

"O comando 'Desembainhar sabres, a galope, marchem!' ecoou pelas linhas", de acordo com o comandante de pelotão M. Kamil Dziewanowski. "Rédeas foram tomadas com força. Os cavaleiros se inclinaram para frente nas selas e avançaram como uma onda insana."

Essa, que seria a última carga de cavalaria da história, transformou os alemães em uma "multidão frenética", que foi rapidamente vencida, com perdas insignificantes para os poloneses.

"O sol da manhã ia alto quando nosso corneteiro deu o toque de reunir," continuou Dziewanowski. "Chegamos devagar, com nossos prisioneiros à nossa frente. Capturamos aproximadamente duzentos homens, a maioria deles enlouquecida de medo."

8 de setembro de 1939: combate nas ruas de Praga, distrito de Varsóvia, conforme a 18ª Divisão de Infantaria avança com apoio do II Panzer

Dziewanowski disse que, apesar de sua orgulhosa brigada de cavalaria ter se transformado em um "destacamento de caçadores de tanques" naquele outono, seus homens tinham juízo suficiente para não atacá-los com sabres. Em vez disso, os mais valentes entre eles subiam nos tanques alemães durante a noite e jogavam coquetéis Molotov neles, ou explodiam suas lagartas com granadas de mão.

Após aquela última carga de cavalaria, os cavalos estavam famintos e exaustos demais para outro evento assim. No entanto, o mito da cavalaria polonesa atacando os *Panzer* persiste. A razão pode ser porque os poloneses, assim como os britânicos, amam histórias sobre derrotas heroicas. Após anos de sofrimento sob o regime nazista e, depois, os soviéticos, os poloneses se agarraram à romântica ideia de galantes oficiais de cavalaria cravando suas esporas nos flancos de sua montarias e galopando heroicamente contra divisões de invasores nazistas. Na verdade, a origem da história provavelmente está na propaganda nazista – a Alemanha, uma grande potência do século XX, esmagando uma primitiva Polônia aferrada ao século XVIII.

Em 17 de setembro, as forças soviéticas entraram Polônia pelo leste. O país foi dividido entre Alemanha e Rússia conforme o traçado do protocolo secreto que acompanhava o Pacto de Não Agressão. Na manhã de 18 de setembro, o governo e o alto-comando da Polônia cruzaram a fronteira romena para o exílio e a resistência formal terminou. A guarnição de Varsóvia ainda enfrentou os alemães até 28 de setembro, enquanto bombardeiros aterrorizantes e barragens de artilharia reduziam partes da cidade a escombros, deixando propositalmente faminta e sedenta a população civil.

O último elemento formal do exército polonês resistiu até 5 de outubro, com alguns combates de guerrilha se estendendo pelo inverno. Naquele momento, a Polônia como um Estado independente fora removida dos mapas.

No entanto, embora os poloneses estivessem mal equipados e sem apoio, a invasão da Polônia não fora a vitória sem derramamento de sangue que os alemães anteciparam, ou os *Panzer* esperavam. A Alemanha perdeu 10.572 homens em ação. Outros 5.029 foram declarados "desaparecidos", mas como a Polônia foi completamente derrotada, pode-se dizer que não tenham sido feitos prisioneiros. E 30.332 alemães foram feridos.

Perdas pesadas

Dos 2.100 tanques que participaram do ataque à Polônia, 218 foram destruídos. Cinquenta e sete deles foram perdidos em intensos combates nas ruas de Varsóvia. Tanques não são adequados para combater no confinamento das ruas de uma cidade, onde ficam vulneráveis a ataques vindos de lado e de cima. Contra um inimigo tão fraco, uma perda de 10% era considerada alta. Poucos se depararam com armas antitanque. Quando aconteceu, percebeu-se que o os *Panzer* I e II, menores, não tinham nem a força nem o poder de fogo necessários para uma guerra francamente mecanizada. Verificou-se que as quatro divisões de tanques leves foram de pouca utilidade, mesmo em condições ideais na Polônia. Como resultado, foram criadas mais quatro divisões *Panzer*, elevando o total para dez, sendo atribuída a cada uma delas sua própria unidade da *Luftwaffe*. A partir daquele momento, blindados e poder aéreo trabalhariam de mãos dadas.

AS PLANÍCIES DA POLÔNIA

O comandante de um *Panzer* I durante uma breve pausa nos combates, em 1939

A campanha também revelara problemas com as tropas de infantaria mecanizada designadas para as divisões Panzer. Esses soldados eram transportados em caminhões, apropriadamente conhecidos como "veículos de casca fina", que eram alvos fáceis para o inimigo. Isso tornava seus motoristas cautelosos e grandes lacunas se abriam entre eles e a ponta de lança *Panzer*. Enquanto isso, a infantaria em si, a pé, era deixada para trás, junto com os transportes com tração por cavalos que os alemães usaram durante toda a guerra.

Durante a campanha polonesa, os rios não representaram os obstáculos que os comandantes do *Panzer* temiam. Embora nenhum dos tanques da geração de 1939 fosse anfíbio, unidades de pontes móveis foram trazidas rapidamente da retaguarda, e os poloneses estavam muito desorganizados em reunir suas forças na margem oposta. Os alemães também perceberam que a blindagem dos tanques soviéticos era fina e ultrapassada e que suas tripulações eram, muitas vezes, indisciplinadas. Quando os soviéticos atacaram a Finlândia, em 30 de novembro de 1939, seus tanques não conseguiram superar os obstáculos finlandeses contra blindados finlandeses e foram vitimados por armas antitanque compradas da Suécia. Além disso, não conseguiram cruzar terrenos rochosos. Foram feitas armadilhas com árvores caídas e pedregulhos enormes, com trincheiras usadas para esconder soldados. Quando um tanque aparecia, o soldado lançava uma granada sob suas engrenagens, para pô-lo fora de ação. Até 29 de dezembro, os finlandeses destruíram 271 tanques russos.

No entanto, os Aliados Ocidentais aprenderam pouco com a campanha polonesa, desprezando muitos dos relatórios recebidos sobre avanços relâmpagos de colunas blindadas, como sendo delírios de um povo desmoralizado, em estado de choque pela derrota. Estrategistas dos Aliados também não conseguiram perceber o fato de que os *Panzer* não se limitaram às vastas planícies abertas da Polônia, normalmente consideradas o terreno perfeito para tanques, mas também avançaram por áreas densamente arborizadas e por sobre colinas. Oito meses mais tarde, os Aliados Ocidentais seriam surpreendidos por um ataque dos *Panzer* através da região fortemente arborizada das Ardenas, uma área por onde irromperiam novamente em 1944, durante a Batalha do *Bulge*.

Em 1939, porém, o pensamento de militares britânicos e franceses ainda estava atolado na lama da Primeira Guerra Mundial. Embora estrategistas de visão já tivessem desenvolvido a teoria da guerra mecanizada, os oficiais no comando fizeram pouco caso e, nos próximos três anos, os *Panzer* reinariam supremos.

2. OS TANQUES E SUAS TÁTICAS

Os tanques nasceram da carnificina sem sentido nas trincheiras da Primeira Guerra Mundial. No início daquela guerra, em 1914, todos os combatentes já contavam com carros blindados e, na campanha de Tannenberg, no norte da Polônia, os alemães os integraram com sucesso às suas divisões de cavalaria, criando uma "supercavalaria" que fez os russos cambalear. Carros blindados britânicos lograram sucessos semelhantes na defesa de Antuérpia e Dunquerque.

Antes mesmo do início da guerra, o tenente-coronel Gunther Burstyn, oficial ferroviária do exército austríaco, já produzira de fato um protótipo daquilo que chamou de *Motorgeschütz* ("canhão mecanizado"), com lagartas e uma torre giratória com um canhão, que era um tanque em tudo, menos no nome. Esse avanço foi ignorado. Mais ou menos na mesma época, um australiano chamado L. E. de Mole, que mais tarde seria cabo na infantaria australiana, enviou ao Ministério da Guerra britânico seu próprio projeto de um veículo blindado sobre lagartas. O projeto foi devidamente arquivado.

Depois da guerra, uma Comissão Real para Premiação de Inventores pescou-o de volta e declarou que o projeto de Mole era, de fato, superior aos tanques que haviam sido desenvolvidos até aquele momento.

No entanto, o homem considerado como o pai do tanque moderno foi o tenente-coronel Ernest Swinton que, como correspondente de guerra britânico oficial na França, testemunhara em outubro de 1914 o estabelecimento de uma linha de trincheiras fortificadas indo da fronteira com a Suíça até o Mar do Norte. Essas trincheiras eram defendidas por artilharia, arame farpado e metralhadoras e para Swinton pareceu ser improvável que fossem vencidas por infantaria ou cavalaria. Algo novo deveria ser tentado.

Uma ideia

Swinton dedicou-se a descobrir uma solução para o impasse. Provavelmente inspirado pelo conto *The Land Ironclads*, de H. G. Wells, publicado na revista *Strand* em 1903, Swinton disse, "imaginei algum tipo de veículo blindado imune a balas, capaz de destruir metralhadoras e romper cercas

OS TANQUES E SUAS TÁTICAS

À esquerda: Benjamin Holt encontra Ernest Swinton em Stockton, Califórnia, em 1918

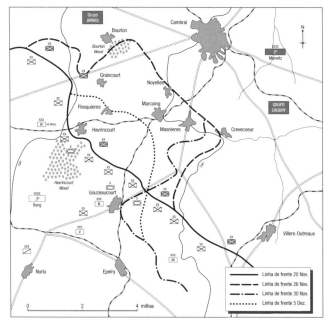

A Batalha de Cambrai, de 20 novembro a 3 dezembro de 1917, onde os tanques mostraram seu valor

Suas lagartas eram projetadas para distribuir o peso do veículo por uma área maior do que as rodas, para que pudesse transitar facilmente em terreno macio.

Swinton levou sua ideia ao tenente-coronel Maurice Hankey, que a apresentou a lorde Kitchener, o secretário da guerra, mas ele rejeitou a proposta, alegando que "um veículo blindado sobre lagartas seria alvejado pelos canhões". Hankey, no entanto, persistiu e elaborou um longo memorando, desenvolvendo a ideia e fazendo especial referência a máquinas históricas de guerra, particularmente o testudo, a tartaruga blindada romana cujo casco consistia nos escudos sobrepostos dos legionários. O memorando chamou a atenção de Winston Churchill, que gostava de novas invenções.

Churchill, então no almirantado, escreveu ao primeiro-ministro Herbert Asquith em 5 de janeiro de 1915, dizendo: "Quarenta ou cinquenta desses engenhos, preparados secretamente e posicionados ao anoitecer, poderiam certamente avançar pelas trincheiras do inimigo, esmagando todos os obstáculos e varrendo as trincheiras com seu fogo de metralhadora e com granadas lançadas pelo topo, criando pontos suficientes para que a infantaria britânica, em seu apoio, avançasse célere e se reunisse a eles. Em seguida, poderia, avançar para atacar a segunda linha de trincheiras".

O resultado foi a criação do Comitê Landship. Foram feitos testes com o trator Holt, mas a maioria dos membros da comissão

de arame". Ele logo percebeu que o veículo também deveria funcionar no terreno lamacento do norte da França, cruzar trincheiras e escalar aterros.

Em 19 de outubro, Swinton passava dirigindo pelo farol em Calais quando de repente se lembrou de ter lido sobre uma nova invenção mostrada em uma exposição na Bélgica.

"A ideia veio em minha cabeça como se fosse um facho de luz do farol", escreveu ele, "o trator de lagartas americano em Antuérpia. Lembrei-me de seu famoso desempenho... A chave para o problema era a lagarta."

Àquela altura, o trator Holt era amplamente empregado como veículo agrícola.

CAPÍTULO 2

> Swinton elaborou planos para um "destruidor de metralhadoras" a gasolina, capaz de vencer trincheiras e escalar aterros.

achava que a guerra acabaria antes que qualquer coisa útil pudesse ser desenvolvida. No entanto, em junho de 1915, quando ficou claro que a guerra se arrastaria e centenas de milhares de homens já haviam sido mortos, Swinton elaborou planos para um "destruidor de metralhadoras" a gasolina, blindado com aço temperado, capaz de vencer trincheiras e aterros, girar 90 graus e mover-se para trás e para frente sobre solo macio, a uma velocidade máxima de aproximadamente sete quilômetros por hora. Por motivos de segurança, chamou os modelos de "tanques" e o nome pegou.

Em setembro de 1915, o primeiro tanque, "*Little Willie*", fora construído. Um segundo modelo, chamado "*Big Willie*", projetado para atravessar trincheiras largas, veio logo em seguida. O projeto foi aceito pelo exército britânico, que encomendou uma centena de tanques desse tipo, chamados *Mark I*, em fevereiro de 1916. Os tanques seriam de dois tipos: o tanque "macho", carregando um canhão de seis libras, e o "fêmeo", armado com metralhadoras.

Swinton não só projetou tanques, mas tornou-se o primeiro grande teórico de seu uso. Em fevereiro de 1916, escreveu o texto "Notas sobre o emprego de tanques", que previa que os tanques esmagariam os ninhos de metralhadoras com suas lagartas e disparariam contra o inimigo à queima-roupa. No entanto, não vislumbrava as unidades de tanques como o tipo de unidade de assalto independente que as divisões *Panzer* viriam a ser. Segundo Swinton, tanques deveriam ser usados em operações combinadas.

"Tanques devem ser considerados infantaria e estar sob o mesmo comando em uma operação", escreveu. Swinton também achava que um em cada dez tanques deveria levar um rádio, para que pudessem receber ordens da retaguarda. Sua tarefa seria abrir uma brecha nas defesas do inimigo. Uma vez feito isso, recuariam e a cavalaria avançaria para explorá-la.

O melhor atributo do tanque, pensava Swinton, era a novidade. Isso lhes garantiria o elemento surpresa. Como esta cessaria rapidamente, Swinton preconizava que o exército deveria esperar até reunir um grande número de tanques antes de empregá-los.

"Essas máquinas", disse ele, "não devem ser usadas aos poucos."

A estreia

Em 15 de agosto de 1916, os tanques entraram em combate pela primeira vez na primeira Batalha do Somme, onde pouco fizeram para conter as 420.000 baixas bri-

À direita: Tanque britânico Mark I em Chimpanzee Valley, Somme, 1916

OS TANQUES E SUAS TÁTICAS

"*Little Willie*", primeiro protótipo da "embarcação terrestre" a ser construído, em setembro de 1915

tânicas. No entanto, mais tanques foram construídos e o projeto foi gradualmente refinado. Em 1917, o *Mark IV* chegou. Era um tanque consideravelmente mais pesado do que as versões anteriores, com blindagem em torno do reservatório de gasolina e outras áreas vulneráveis. Já não havia mais as rodas traseiras outrora usadas para orientar os tanques, que se mostraram praticamente inúteis. Em vez disso, um sistema de luzes elétricas coordenava o direcionamento entre o motorista e os manobristas que controlavam o impulso transferido para as lagartas, enquanto os canhões navais, com seus longos canos que se enfiavam na lama em declives íngremes e facilmente curvavam-se quando atingiam um árvore ou casa, foram substituídos por um canhão mais curto.

Três brigadas de tanques foram, então, transformadas em um Corpo de Tanques, consistindo em nove batalhões, cada um com três companhias. Estas eram divididas em quatro pelotões com quatro tanques. O comandante do corpo era o brigadeiro Hugh Elles. Seu chefe de estado-maior e um dos pioneiros mais influentes da guerra de tanques era o tenente-coronel John Frederick Charles "Boney" Fuller.

Mesmo tendo sido formado o corpo, a batalha pela aceitação do tanque ainda não fora vencida. As máquinas eram pesadas e progrediam lentamente em solo lamacento ou fortemente bombardeado, talvez menos de 10 metros por minuto, ou pouco mais de meio quilômetro por hora. O campo de visão limitado do motorista dificultava sua orientação na direção correta. Além disso, o calor em seu interior e a dificuldade na direção rapidamente esgotava a tripulação. E o pior de tudo, em Passchendaele, a desastrosa ofensiva britânica iniciada em julho de 1917, os tanques simplesmente afundaram na lama, causando grandes perdas. Ao todo, os britânicos perderam 325.000 homens durante a campanha, e a infantaria começara a ver o

General Sir Hugh Elles, comandante do Corpo de Tanques, e George V (direita) observam tanques manobrando em Sautricourt, em 1918.

tanque como um fracasso. Mesmo as tripulações começaram a perder o moral, ao verem seus tanques desperdiçados em ataques em pequena escala que empregavam apenas um punhado deles.

Fuller mergulhou na situação e procurou em seu mapa da Frente Ocidental por um lugar apropriado para um ataque em grande escala por tanques. O relevo suave e quase plano entre St. Quentin e Cambrai era especialmente adequado para a movimentação de tanques. A área estava tranquila já havia algum tempo e, sendo assim, relativamente isenta de crateras de bombardeio, o maior perigo para os tanques.

Fuller traçou um plano que provaria o valor dos tanques de uma vez por todas: um ataque relâmpago em St. Quentin. O general Elles mudou o objetivo para Cambrai, e o plano foi apresentado ao general *Sir* Julian Byng, comandante do Terceiro Exército, que ocupava o setor. Byng gostou do que viu e aproveitou a oportunidade para iniciar uma ofensiva total em seu setor. Enquanto o plano de Fuller exigia seis batalhões de tanques, o de Byng exigia todos os nove. Ao todo, 19 divisões britânicas foram reunidas para a ofensiva, apoiadas por cinco divisões de cavalaria não mecanizada.

Para o ataque inicial, foram lançadas oito divisões britânicas contra três divisões alemãs. Foi preciso romper três linhas de trincheiras alemãs. Muito embora o comprimento dos aperfeiçoados tanques *Mark IV* fosse de 8 metros, eles teriam certa dificuldade para cruzar algumas seções mais largas e, sendo assim, Fuller instalou faxinas (feixes de varas unidas por uma corda) na frente de seus tanques, mantidas no lugar por um mecanismo de liberação rápida que as deixava cair dentro da trincheira para criar uma ponte improvisada. Esta técnica seria usada novamente para romper as defesas da Muralha do Atlântico no Dia D.

Fuller organizou seus tanques em seções de três: um tanque macho avançando com um canhão de 6 libras e dois tanques fêmeos no corpo principal com metralhadoras, para proteger o tanque macho contra ataques da infantaria inimiga. O tanque macho avançaria e achataria o arame farpado, abrindo caminho para sua própria infantaria. Depois disso, giraria para a esquerda na frente da primeira trincheira, disparando seu canhão para reprimir os defensores. Em seguida, os dois tanques fêmeos avançariam. A primeira deixaria cair sua faxina na trincheira para atravessá-la e, depois, giraria à esquerda e rumaria trincheira abaixo, metralhando os ocupantes no caminho. O segundo atravessaria a mesma faxina, depois deixaria cair sua própria faxina na segunda trincheira para atravessá-la e repetir o processo. O tanque avançado, então, cruzaria as duas faxinas e deixaria cair sua própria faxina na terceira trincheira para cruzá-la, sempre na expectativa de que sua própria infantaria ainda estivesse por perto.

"Tudo permanecendo constante, o lado mais móvel vencerá", disse Fuller.

Ataque de surpresa

Aproximadamente 474 tanques britânicos foram secretamente levados para a frente de batalha. Então, as 6h20 de 20 de novembro de 1917, emergiram da névoa matinal, pegando os alemães totalmente de surpresa. O general Elles liderou o ataque, pondo a cabeça para fora da escotilha para ver melhor. O solo estava seco, e os tanques desenvolveram uma boa velocidade. O arame farpado, que o bombardeio de artilharia normalmente não conseguia destruir, foi cruzado sem incidentes. As faxinas foram lançadas. Os tanques cruzaram as trincheiras e abriram fogo sobre elas.

Ataques anteriores haviam empregado apenas um punhado de tanques. Ali, os alemães foram confrontados com longas fileiras dessas máquinas. Projéteis que perfuravam blindagens, eficazes contra modelos mais antigos, agora ricocheteavam. Confrontados com esse ataque mecanizado, os alemães largaram as armas e se renderam ou tentaram fugir. Aproximada-

A tripulação do tanque leve britânico *Whippet* posa para uma fotografia

mente 7.500 foram aprisionados, ao custo de algumas baixas. Às 7h20, os britânicos haviam aberto um caminho de mais de 9 quilômetros de largura e quase 5 quilômetros de profundidade através da Linha Hindenburg. A infantaria se espraiou por ele e, às 10h, foi preciso avançar o quartel-general da brigada para acompanhar a investida. Após três anos de impasse, ninguém estava preparado para a velocidade da ofensiva. Alvo após alvo, todos caíram e os relatos vindos da linha de frente, segundo Fuller, pareciam mais "uma informação sobre partidas de trens do que uma série de relatórios de batalha".

No entanto, nem tudo correu de acordo com o planejado. Ignorando a estratégia cuidadosamente pensada por Fuller, o general G.M. Harper, atacando a aldeia de Flesquières perto do meio da linha de frente, manteve sua infantaria bem para trás e mandou os tanques avançarem em fila dupla. A artilharia alemã em um cume atrás da aldeia nocauteou 16 tanques. De acordo com o despacho escrito pelo comandante-em-chefe, o marechal de campo *Sir* Douglas Haig, um único oficial alemão foi responsável pela destruição de todos os 16 tanques, depois de todos os seus homens terem sido mortos ou fugido.

No entanto, no dia seguinte, o ataque começou a perder o vigor. As informações vindas do campo de batalha não conseguiam acompanhar o ritmo acelerado desse novo tipo de guerra. Havia lacunas nas defesas alemãs que poderiam ter sido penetradas, mas fazer um reconhecimento e explorá-las era impossível. Os alemães estabeleceram uma nova linha defensiva ao redor da saliência. Isso espalhou os tanques britânicos por uma linha mais longa, fazendo que estes somente pudessem lançar ataques limitados, com quarenta ou cinquenta de cada vez. Tanques começaram a quebrar. A artilharia alemã abateu outros. O sucesso inicial dos tanques também surpreendeu os comandantes britânicos de tal forma que estes não conseguiram tirar proveito da situação e deixaram de acionar reforços adequados de infantaria.

O mau tempo impediu a cavalaria de explorar o avanço. Suas unidades ficaram aproximadamente 10 quilômetros aquém da linha de frente durante a batalha e não tomaram parte no confronto, marcando o que Fuller chamou de "o fim de uma época". A razão pela qual a cavalaria "não fez nada além de esperar", disse Fuller, foi "porque suas unidades não eram comandadas da frente, mas da retaguarda."

Tática de choque

Em 27 de novembro, a ofensiva fora interrompida após um avanço de aproximadamente 10 quilômetros. Os tanques foram recuados, e os britânicos começaram a instalar arame farpado à frente de suas novas posições.

O que aconteceu a seguir foi crucial para o desenvolvimento do novo tipo de guerra que seria aperfeiçoado pelos *Panzer*. Os alemães contra-atacaram com novas táticas de *Stosstruppen* (tropas de choque), inéditas na Frente Ocidental, mas apenas um mês antes de terem sido empregadas com efeito mortal para destruir o exército italiano (a Itália lutou ao lado dos Aliados durante a Primeira Guerra Mundial) em Caporetto, em outubro de 1917. Os alemães abandonaram as táticas lineares que empregaram nos três primeiros anos da guerra e dividiram suas unidades de combate em pequenas esquadras independentes, cada uma com uma variedade de armas: artilharia, metralhadoras e lança-chamas. Essas unidades deveriam avançar individualmente, sem fazer nenhum esforço, para manter contato com as unidades em ambos os flancos. Sua arremetida deveria ser a mais rápida possível, evitando pontos fortificados do inimigo, com que lidariam os soldados que viriam atrás. Tudo era feito para manter o ritmo do ataque. Essa tática exigia a descentralização completa do comando. Embora os oficiais elaborassem os objetivos gerais, o modo como seriam atingidos foi deixado para cada esquadra, cada seção de

O *A7V* alemão era extremamente lento e desajeitado

fuzileiros e artilheiros e, em última análise, cada soldado.

Em 30 de novembro, os alemães contra-atacaram com 20 divisões. Após um bombardeio curto e furioso, em comparação com as longas barragens que tinham sido empregadas até então, as *Stosstruppen* atacaram. Explosivos potentes, gases e fumaça deixaram os britânicos desnorteados. Os alemães se lançaram sobre eles, concentrando seus esforços em instalações de comunicação e unidades de quartéis-generais, para deixar o inimigo ainda mais desorientado, aproveitando-se de ravinas e pontos isolados no terreno, coordenando fogo de artilharia e metralhadoras com efeito mortal. Dessa forma, dominaram rapidamente as novas trincheiras britânicas e, ao meio-dia, haviam avançado 8 quilômetros e, em 5 de dezembro, os britânicos foram empurrados de volta praticamente até suas posições originais. As baixas em ambos os lados foram aproximadamente iguais, cerca de 45.000 em cada exército.

Embora nenhum terreno fosse conquistado, ficou claro que os tanques haviam desempenhado seu primeiro papel decisivo na Batalha de Cambrai. Analisando a incapacidade de os Aliados consolidarem seus ganhos, Fuller disse: "A batalha chegou a um impasse, pois não havia um só tanque ou uma só unidade de infantaria na reserva. Embora planejada como um ataque decisivo, a batalha foi, na realidade, não mais que um ataque-relâmpago sem reservas e, sendo assim, o que mais se poderia fazer?"

Os alemães concordaram.

"Ao não apoiar um brilhante sucesso inicial", escreveu o comandante alemão de todas as forças terrestres, o marechal Paul von Hindenburg, "os britânicos deixaram

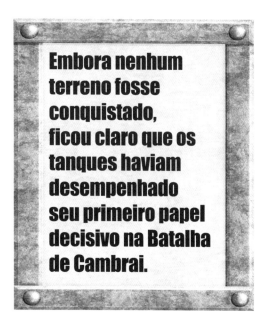

> Embora nenhum terreno fosse conquistado, ficou claro que os tanques haviam desempenhado seu primeiro papel decisivo na Batalha de Cambrai.

a vitória lhes ser arrancada e, de fato, por tropas muito inferiores às suas, tanto em número quanto em qualidade".

Apesar do fracasso britânico em explorar o sucesso inicial de seus tanques, a batalha mostrou que os blindados eram a chave para a vitória na Frente Ocidental. Franceses e americanos (que se juntaram à guerra em abril de 1917) também viram o potencial dessas novas máquinas de guerra e os tanques seriam usados em número cada vez maior por todos os Aliados.

Quanto maior, melhor

Os alemães também estavam convencidos e, apesar da falta de matérias-primas, começaram a construir seus próprios tanques. O principal assessor de Hindenburg, o general Erich Ludendorff, via os tanques como uma "arma de terror". Assim, quanto maiores, melhor. O primeiro tanque alemão, o *A7V Sturmpanzerwagen*, pesava 30 toneladas e transportava uma tripulação de

Um *A7V* em Roye, França, durante 1918, um dos únicos 21 entregues à linha de frente. Foi apelidado de "Fortaleza Móvel" pelos britânicos.

18 homens. Dois motores Daimler refrigerados a água proporcionavam uma velocidade de 6 quilômetros/hora no campo e 13 quilômetros/hora em estradas. Sua blindagem frontal tinha 30 mm de espessura e era armado com seis metralhadoras Spandau e um canhão de 57 mm. No entanto, seu tamanho o tornava difícil de manobrar.

O primeiro *A7V* entrou em ação durante a ofensiva alemã na primavera europeia de 1918. A primeira batalha entre tanques aconteceu em 24 de abril de 1918, nos arredores da aldeia de Villers-Bretonneux, quando três *A7V* enfrentaram três *Mark IV* do 1º Batalhão do Corpo de Tanques. Os alemães alegaram que sua arma, por ser superior, debandou os *Mark IV*. Os britânicos dizem que dois de seus tanques eram fêmeos e, de fato, recuaram com perfurações nos lados feitas por disparos. Porém o tanque principal britânico, um macho, fez três disparos certeiros contra o A7V principal, que tombou de lado. No entanto, uma investigação posterior revelou que o tanque alemão havia, na verdade, tombado ao tentar subir um barranco acentuado. Os outros dois *A7V* fugiram, porém o tanque macho britânico foi atingido por artilharia alemã e não pôde persegui-los.

Em 1918, o bloqueio da Alemanha pelos Aliados surtiu seu efeito, e o *A7V* nunca entrou em plena produção. Apenas 15 estavam disponíveis para a última ofensiva da guerra e, mesmo assim, eram minoria nas linhas alemãs em comparação aos tanques que foram capturados dos Aliados. No entanto, havia planos para fabricação de uma nova versão mais capaz de contornar obstáculos, o *A7V-U*. Ainda dentro da filosofia de quanto maior, melhor, foi projetada uma versão "K" gigante, que pesaria 150 toneladas e levaria sete metralhadoras e quatro canhões de 77 mm. Contudo, com o fim da guerra, essa versão nunca entrou em produção.

Embora as *Stosstruppen* fossem eficazes, era impossível manter o ímpeto da ofensiva alemã apenas com homens a pé. Àquela altura, a Alemanha estava morrendo de fome e os soldados alemães muitas vezes paravam em abrigos capturados para se alimentar. No entanto, em junho de 1918, os alemães se aproximavam do Rio Marne e, mais uma vez, ameaçavam Paris. Em 15 de julho, tentaram atravessar o rio e foram interrompidos por forças norte-americanas recém-chegadas e francesas, na Segunda Batalha do Marne.

Com o impulso alemão perdido, os Aliados contra-atacaram. Na manhã de 18 de julho, as forças francesas e norte-americanas, lideradas por 490 tanques, chegaram ao flanco oeste dos alemães em Soissons. Sem uma barragem de artilharia inicial para alertar os defensores, os tanques penetraram por 6,5 quilômetros, infligindo pesadas baixas na infantaria alemã. Todavia, a baixa velocidade dos tanques franceses impediu um avanço completo.

Assim, em 8 de agosto, o Quarto Exército britânico, incluindo o Corpo Canadense e o Corpo Australiano, atacou em Amiens. Todo o Corpo de Tanques estava lá, consistindo em quase 600 veículos blindados. Às 4h20, 324 tanques pesados e 96 tanques médios *Whippet*, mais leves e rápidos, saíram da escuridão e da névoa por atrás de uma barragem aterradora. Após o amanhecer, 500 aeronaves se juntaram à batalha. À sua frente, havia sete divisões abaixo de sua capacidade e exauridas por um mês de combates. A surpresa foi total. As tropas alemãs desmoralizadas largaram suas armas e se renderam. No primeiro dia, um buraco de 18 quilômetros de largura havia sido feito na linha de frente alemã. A 225ª Divisão alemã perdeu toda sua artilharia. Nada restou das unidades na linha de frente e o restante se viu envolvido em ações fragmentadas. De acordo com Hindenburg, os novos e mais rápidos tanques britânicos pegaram o pessoal divisional de surpresa em seu quartel-general e destruíram suas linhas telefônicas, isolando os soldados na linha de frente de seus comandantes.

"Os rumores mais ferozes começaram a se espalhar em nossa linhas", escreveu Hindenburg. "Diziam que a presença da cavalaria britânica na retaguarda das principais unidades da infantaria alemã era profunda e maciça. Alguns dos homens se desesperaram, abandonaram posições que tinham acabado de defender contra fortes ataques do inimigo e tentaram entrar em contato com a retaguarda novamente. A imaginação conjurou todos os tipos de fantasmas e os transformou em perigos reais."

Colunas de transporte trazendo novas tropas eram emboscadas e quartéis-generais foram invadidos. Um batalhão de tanques viu-se tão atrás das linhas alemãs que deu meia-volta, só para dar de cara com milhares de alemães em fuga. Quase 40.000 foram capturados durante os primeiros três dias.

A vitória dos Aliados não foi completa e os alemães conseguiram refazer suas linhas, porém seu moral fora gravemente prejudicado. Fuller disse que Amiens fora "o fim estratégico da guerra, uma segunda Waterloo, o que sobrou foram táticas menores."

Ludendorff também disse que 8 de agosto de 1918 foi um dia nefasto para o exérci-

Um tanque inglês Mark IV tanque abandonado perto de Amiens, 1918

26 março de 1918: tanques "Whippet" do 3º Batalhão avançam por Mailly-Maillet, apoiados por uma divisão de infantaria da Nova Zelândia

to alemão. Quando os tanques apareceram de repente por atrás de seus homens, disse o general, as tropas "perderam toda a coesão".

Todavia, o escritor alemão Erich Maria Remarque expressou de forma mais eloquente o efeito dos tanques nas tropas alemãs, em seu famoso romance *Tudo Calmo no Front Ocidental*.

"De objetos de zombaria, os tanques passaram a ser uma arma terrível", escreveu ele. "Blindados, vêm rolando em longas linhas e, mais que tudo, encarnam para nós o horror da guerra." Os soldados nas trincheiras não enxergavam os canhões que os bombardeavam. E a infantaria inimiga que os atacava era de homens como eles. "Esses tanques, porém, são máquinas, suas lagartas giram de forma tão infinita como a guerra (...), eles rolam sem sentimento (...), feras invulneráveis esmagando mortos e feridos, fazendo com que murchemos em nossa frágil pele diante de si, contra seu peso colossal nossas armas são palha e nossas granadas de mão, meros fósforos."

Não é de surpreender que *Tudo Está Quieto no Front Ocidental* tenha sido rapidamente banido da Alemanha quando Hitler chegou ao poder, em 1933. Remarque deixou a Alemanha em 1932 para morar na Suíça, onde morreu em 1970.

Em 12 de setembro de 1918, as tripulações de tanques americanos entraram em ação pela primeira vez. Dois batalhões com 174 tanques Renault *FT-17*, comandados pelo coronel George S. Patton, atacaram em St. Miheil com algum sucesso, mas houve uma falha logística notável quando engarrafamentos impediram que os tanques recebessem combustível. Naquele momento, os alemães se renderiam a um tanque sem disparar um tiro.

"Seu senso de dever é suficiente para fazê-los lutar contra a infantaria", escreveu um oficial, "mas quando os tanques aparecem, muitos sentem que a rendição é justificada."

Chega a paz

Os alemães não tiveram opção a não ser pedir a paz, e os combates cessaram com um armistício em 11 de novembro. Se a guerra tivesse durado mais um ano, Fuller tinha um plano que, acreditava, daria aos tanques dos Aliados uma vitória decisiva. Seu "Plano

1919" traçava uma expansão do Corpo de Tanques de 17.000 para 35.000 homens, que tripulariam 5.000 tanques D médios, para atacar sem aviso em uma frente de quase 145 quilômetros, rumando diretamente para o quartel-general alemão, que seria marcado com fumaça colorida ou sinalizadores lançados por aviões. Bombardeiros atacariam cruzamentos e linhas de abastecimento. No entanto, as linhas de comunicação deveriam ser deixadas intactas, para que o terror e a confusão pudessem se espalhar. Os soldados na linha de frente entrariam em pânico. A confusão de ordens e contra ordens os deixaria sem condições de resistir a um segundo ataque cuidadosamente coordenado de artilharia, tanques e infantaria. O objetivo seria tomar os canhões do inimigo e, no processo, ocupar a zona tática secundária dos alemães, com aproximadamente 10.000 metros de profundidade. O notável no plano de Fuller era a ausência de um papel para a cavalaria.

Muito embora esse plano nunca tenha sido posto em prática, apontou o caminho que a guerra deveria seguir. Os *Panzer* usariam a mesma coordenação fundamental entre tanques e aviões em sua *Blitzkrieg*.

"Não foi o gênio do marechal Foch (comandante das forças dos Aliados nos últimos meses da guerra) que nos derrotou", declarou o general alemão A.W.H. von Zwehl, "mas o 'General Tanque'."

Quando a Primeira Guerra Mundial terminou, em 1918, a França havia produzido 3.870 tanques e a Grã-Bretanha 2.636. A Alemanha havia construído apenas 20.

Os norte-americanos foram para a guerra com o FT-17 francês, que esperavam construir sob licença nos EUA, e o Mark V britânico, além de estarem envolvidos em um projeto conjunto entre EUA e Reino Unido para produzir o tanque *Mark VIII* "internacional". Foi feito um pedido de 15.000 tanques de dois tripulantes à Ford Motor Company, movidos por dois motores Modelo T, mas apenas 15 foram fabricados e nenhum chegou à linha de frente. No entanto, ficou claro que todos os beligerantes perceberam a importância do tanque em qualquer guerra futura.

O primeiro resultado disso foi que, nos termos do Tratado de Versalhes, assinado em 28 de junho de 1919 ao fim da guerra, a Alemanha ficou proibida de construir ou importar tanques. Aeronaves também foram proibidas. Seu exército ficou limitado a 100.000 homens. Suas colônias foram tomadas. Suas fronteiras foram redesenhadas e o país foi forçado a pagar US$ 33 bilhões em indenizações.

Apesar dos esforços alemães para desenvolver o tanque terem sido coibidos, os britânicos jogaram fora a vantagem que tiveram. Isso aconteceu parcialmente porque, depois dos horrores mecanizados da Primeira Guerra Mundial, um grupo de

O Corpo de Sinaleiros dos EUA em seus tanques Renault *FT-17*, que o governo dos EUA pretendia construir sob licença

oficiais influentes desejava "voltar à vida militar real". Porém, além disso, a matança sem sentido da Frente Ocidental produzira uma reação pacifista e o clima econômico após o início da Grande Depressão, em 1929, fez com que orçamentos militares fossem cortados. Não obstante, o Corpo de Tanques deu origem ao Corpo Real de Tanques em 1923 e formou sua Força Mecanizada Experimental em 1927.

Fuller ainda estava na vanguarda do pensamento mecanizado. No período entre as guerras, Fuller escreveu consideravelmente sobre o assunto, começando com *Tanks in the Great War*, publicado em 1920. Naquele ano, em um ensaio premiado na publicação *Royal United Service Institution Journal*, ressaltou que a guerra era "uma questão de ferramentas" e que o lado "com a arma mais mecanizada sempre venceria". O tenente-coronel ressaltou que, com uma companhia de metralhadoras, Napoleão teria vencido em Waterloo e que se os britânicos tivessem tanques em 1914, a guerra teria terminado até o outono europeu. Mas havia aqueles no exército defendendo que nada poderia substituir um homem e seu cavalo. Fuller, por sua vez, rebateu seus críticos em uma série de artigos para o *Cavalry Journal*, intitulada "The Influence of Tanks on Cavalry Tactics" (A Influência dos Tanques nas Táticas de Cavalaria). Seus argumentos, segundo ele, não pregavam a abolição da cavalaria, apenas a substituição dos cavalos por tanques. Fuller acusou oficiais de cavalaria de "letargia mental" e sustentou que tanques modernos e velozes capturariam "o verdadeiro espírito de cavalaria".

Reescrevendo as regras

Em 1923, Fuller tornou-se instrutor-chefe do *Army's Staff College*, em Camberley. Seu primeiro ato foi fazer seu administrador queimar todas as palestras e manuais. Em seguida, passou a escrever mais de cem novas palestras e desenvolveu uma série de novos exercícios. Ful-

A fábrica Renault com tanques leves *FT-17* em construção, usados pela primeira vez em combate em 1918, esses tanques apresentaram a primeira torre totalmente rotativa

ler queria publicar seu trabalho, mas foi impedido pelo chefe do estado-maior imperial, lorde Cavan. No entanto, Fuller havia escrito o livro, "*The Reformation of War*" (A Reforma da Guerra), em 1923, antes de ter assumido sua função em Camberley.No capítulo sobre "O Futuro da Guerra Terrestre", dizia que cavalaria, infantaria e artilharia eram todos redundantes. O necessário eram dois tipos de tanque: tanques pesados de batalha com velocidade máxima de 24 quilômetros/hora e tanques leves de reconhecimento que pudessem se deslocar em até 48 quilômetros/hora. Com tanques se deslocando nessas velocidades, a artilharia se veria rapidamente muito distante da retaguarda para apoiar qualquer avanço de forma efetiva, enquanto a infantaria não seria capaz de acompanhar. Em uma retirada, tanto a artilharia quanto a infantaria seriam rapidamente sobrepujadas pelo inimigo e capturadas. Como apenas outros tanques seriam capazes de perseguir tanques em retirada, se a artilharia e a infantaria quisessem desempenhar qualquer papel, teriam de se mecanizar. Da mesma forma, a cavalaria teria que trocar os cavalos por tanques leves de reconhecimento que pudessem cobrir 240 quilômetros por dia em qualquer terreno e até mesmo superar obstáculos que impediriam um cavalo. A cavalaria mecanizada poderia levar comida com ela e se esconder em território inimigo, se necessário, além de se deslocar com o dobro da velocidade de um cavalo e operar à noite, com auxílio dos faróis.

Fuller vislumbrava tanques à prova de gás e transportando metralhadoras antiaéreas. Essas máquinas teriam o poderio de uma peça de artilharia de campanha e seriam, de fato, fortalezas móveis. Além disso, suas lagartas permitiam que não ficassem restritos às estradas, e Fuller desenvolveu táticas envolvendo enormes frotas de tanques cruzando os campos, encobertas por grandes nuvens de fumaça.

Fuller publicou *On Future Warfare* (O Futuro da Guerra) em 1928, mas seus modos estavam se tornando cada vez mais combativos e os insultos que lançava contra seus oponentes não ajudavam na discussão. O militar se aposentou do exército em 1933 para se dedicar à escrita, trabalhando como repórter durante a invasão italiana da Etiópia em 1935 e na Guerra Civil Espanhola (1936-1939), tendo sido o único estrangeiro presente durante as primeiras manobras armadas da Alemanha nazista em 1935. Sua autobiografia, *Memoirs of an Unconventional Soldier* (Memórias de um Soldado Não Convencional) foi publicada em 1936. No entanto, àquela altura, seu flerte com a União Britânica de Fascistas fez com que poucas pessoas na Grã-Bretanha tolerassem seus pontos de vista. No exterior, porém, eles eram ouvidos, e suas palestras, publicadas com o nome de *Field Service Regulations III* (Regulamentos de Serviço de Campanha) em 1937, foram adotadas para estudo pelos estados-maiores dos exércitos da Alemanha, União Soviética e Tchecoslováquia.

Um tanque de ideias

A Primeira Guerra Mundial fez surgir outro grande defensor britânico dos tanques: Basil Liddell Hart. Quando jovem oficial de infantaria em 1916, Liddell sofreu um ataque por gás perto de Mametz Wood, na Primeira Batalha do Somme. Depois da guerra, reescreveu seu *Manual de Treinamento da Infantaria*, publicado pelo exército em 1920. Nela, Liddel Hart descreveu seu método de ataque "torrente em expansão". O método preconizava que as reservas devem ser lançadas à batalha onde os maiores ganhos já tivessem acontecido e não para não reforçar áreas em dificuldades, tendo sido adotado pelos alemães que defendiam uma guerra mecanizada e servido de base para a *Blitzkrieg*.

Dois artigos sobre táticas publicados no *National Review* geraram uma correspondência animada entre ele e Fuller, que rapidamente o converteu à nova doutrina dos blindados. No entanto, Liddel Hart não concordava com os argumentos de Fuller de que a infantaria era redundante. Em vez disso, já que os tanques seriam "navios em terra", a infantaria seria o corpo de "fuzileiros navais" dos tanques, transportados no campo de batalha em veículos blindados sobre lagartas. Essa foi outra ideia adotada pelas divisões *Panzer*.

Em 1924, Liddell Hart foi reformado por motivo de saúde, tornando-se correspondente militar do *Daily Telegraph* de 1925 a 1935 e, em seguida, conselheiro militar para do *The Times* de 1935 a 1939. No período de 1937 a 1938, serviu como conselheiro pessoal de Leslie Hore-Belisha, secretário da guerra britânico, e viu serem implementadas muitas das reformas que preconizara. No entanto, seus esforços para mecanizar completamente o exército com tanques e forças antiaéreas enfrentaram a resistência da maioria dos oficiais profissionais e seus escritos tiveram mais influência na Alemanha do que na França ou na Inglaterra.

Outra de suas ideias adotada pelos alemães foi o conceito de "abordagem indireta". Em seu livro de 1925, *Paris, or The Future of War* (Paris, ou o Futuro da Guerra), Liddel Hart atacou a estratégia dos Aliados na Primeira Guerra Mundial, que, segundo ele, foi baseada nas ideias do general e teórico militar prussiano Carl von Clausewitz. Os Aliados haviam tentado destruir as forças armadas do inimigo no principal teatro da guerra, o que levou às trincheiras da Frente Ocidental e à matança sem sentido.

O que os Aliados deveriam ter feito, segundo ele, era encontrar o ponto mais fraco do inimigo e atacar ali, como Paris disparando sua flecha no calcanhar de Aquiles, daí o título do livro. Esse, defendia Liddell Hart, não era o exército inimigo, mas sua vontade de lutar. Com a população e as fábricas agrupadas em cidades, a sociedade moderna ficou muito vulnerável a deslocamentos. Aeronaves lançando gás venenoso em cidades paralisariam qualquer país. Liddell Hart escreveu:

O tanque britânico Mark V era dirigido somente pelo motorista e poderia atingir 8 quilômetros por hora

Imaginemos por um momento que Londres, Manchester, Birmingham e meia dúzia de outros grandes centros foram atacados simultaneamente, as áreas comerciais e a Fleet Street [naquela época, área de Londres com a maior concentração de jornais da Grã-Bretanha] destruídas, Whitehall transformada em ruínas, os distritos pobres ensandecidos ao ponto da sublevação e do tumulto, o bloqueio das ferrovias, fábricas destruídas, será que a vontade geral de resistir não desapareceria? E que utilidade teriam partes isoladas da nação, sem uma organização central que as conduzisse?

Da mesma forma, o objetivo do exército deve ser minar a vontade do inimigo, em vez de suas forças armadas. A maneira de obter isso, segundo Liddell Hart, era empregar tanques, "a forma moderna de cavalaria pesada", para fazer avanços de 160 quilômetros por dia em território inimigo, atacando em massa os centros de comunicação e comando do inimigo, paralisando seu sistema nervoso.

A chave para a vitória

Essa teoria foi exposta em detalhes na obra *The Decisive Wars of History* (As Guerras Decisivas da História), de 1929, em que Liddell Hart analisou aproximadamente 240 campanhas militares desde a Grécia antiga até 1918, concluindo que apenas um punhado delas fora vencido por uma abordagem direta e um atacante só deveria arremeter diretamente contra um oponente se contasse com decisiva superioridade material.

Mesmo assim, o custo seria alto e o objetivo da estratégia deveria ser a vitória com

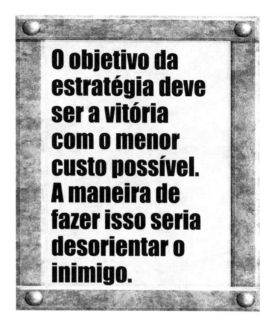

O objetivo da estratégia deve ser a vitória com o menor custo possível. A maneira de fazer isso seria desorientar o inimigo.

o menor custo possível. A maneira de fazer isso era desorientar o inimigo com uma série de golpes rápidos. Nada desequilibra tanto uma força de combate como se deparar com o inimigo subitamente em sua retaguarda. Essa era a chave para a vitória, e as forças mecanizadas tinham os meios para fazer isso de forma mais eficaz do que qualquer outro exército na história.

O sucesso reside, segundo Liddell Hart, "parte na combinação tática de tanques e aeronaves, parte na imprevisibilidade do ataque em termos de sentido e momento, mas acima de tudo na continuidade, na maneira como uma ruptura (a penetração tática da linha de frente) é explorada por uma penetração estratégica profunda, feita por forças blindadas investindo à frente do exército principal e operando de forma independente".

Os teóricos britânicos não somente davam aos alemães, através de suas publicações, tudo de que precisariam para domi-

Um tanque *Mark VIII Liberty*, construído como parte do acordo anglo-americano, é posto em serviço promovendo bônus de guerra dos EUA, em 1918

nar o continente europeu, como também lançaram alicerces de um sistema estratégico que ainda estaria em uso durante a Operação Tempestade no Deserto, em 1991.

Então, por que os ingleses perderam a liderança nos anos de 1930? Enquanto a Grande Depressão minava orçamentos militares na Grã-Bretanha, Liddell Hart começava a se afastar de sua antiga posição.

A obra *British Way in Warfare* (A Guerra à Moda Britânica), publicado em 1932, apontava que a Grã-Bretanha construíra seu império evitando guerras terrestres e confiando apenas em seu poderio marítimo.

A Primeira Guerra Mundial foi uma aberração, que mostrou a enormidade de seu custo quando a Grã-Bretanha tentou imitar as grandes potências em terra. Se forças de terra fossem realmente necessárias, deveriam ser pequenas, ligeiras e altamente móveis. Naquele momento, Liddell Hart se tornou um fervoroso defensor do poder aéreo. Apenas o bombardeio aéreo, argumentou, seria suficiente para fazer qualquer inimigo cair de joelhos. Esse pensamento parecia fruto da Guerra Civil Espanhola, em que os tanques foram facilmente nocauteados por uma nova geração de armas antitanque. Na Espanha, todavia, a eficácia dos tanques, especialmente dos grandes, foi anulada porque as pontes não suportavam seu peso.

Liddell Hart exerceu enorme influência. No período que antecedeu a Segunda Guerra Mundial, o governo britânico posicionou apenas seis divisões na França. Sua tarefa era defender as bases aéreas nos Países Baixos e o exército britânico foi amplamente equipado com tanques rápidos e leves, de dois homens. Quando o tiroteio começou, descobriu-se que não eram páreo para os *Panzer*.

3. A FORMAÇÃO DE UM CORPO

Depois de perder a Primeira Guerra Mundial, o que restou do exército alemão, o *Reichswehr*, teve de passar por uma dolorosa reavaliação de suas estratégias e táticas. Em termos de recursos humanos, a sua posição parecia insustentável. Seu exército, limitado a 100.000 homens, se deparava com um exército de um milhão de recrutados na França, enquanto a leste a renascida Polônia ostentava trinta divisões de infantaria e dez divisões de cavalaria.

No entanto, um exército pequeno tinha suas vantagens, como estar livre de um estado-maior tacanho, equipamentos envelhecidos ou uma grande massa de recrutados. O único objetivo de seu pequeno e coeso grupo de oficiais era contornar as restrições impostas pelo Tratado de Versalhes. Logo, ali cresceria um núcleo de jovens estrategistas, confiantes de que os métodos lentos e custosos empregados na Primeira Guerra Mundial poderiam ser substituídos por tipos mais rápidos, baratos e empolgantes de campanhas.

Em 1920, o *Reichswehr* passou a ser comandado pelo general Hans von Seeckt, que lutara na Frente Oriental durante a Primeira Guerra Mundial e não sabia nada da guerra estática de trincheiras lutada no oeste. O general ainda acreditava que batalhas poderiam ser ganhas por manobra e cerco, em vez de atrito, sendo um admirador do comandante da cavalaria prussiana Friedrich von Seydlitz, vitorioso em uma série de batalhas durante a Guerra dos Sete Anos (1756-1763), empregando surpresa, velocidade, movimentos envolventes e ataques pelos flancos. Von Seeckt ainda via vantagem em manter o exército pequeno.

"A massa não pode manobrar", disse ele, "portanto, não pode ganhar."

Menor é melhor

Um exército só precisava ser grande o suficiente para repelir um ataque de surpresa, pensava. A força residia na mobilidade. Um exército pequeno e altamente móvel podia envolver um exército maior, mais pesado,

No alto: Geral Hans von Seeckt e seus homens em Thüringen, 1925

CAPÍTULO 3

Expansão da Alemanha de Hitler, 1936-1939: a ocupação da Tchecoslováquia levou a Grã-Bretanha à guerra

em uma *Vernichtungsschlacht*, uma batalha decisiva de aniquilação. Von Seeckt ainda acreditava que havia um papel para a cavalaria. Outros pensavam que mobilidade significava blindados e von Seeckt os encorajava, lembrando que justamente a construção de tanques estava proibida pelo Tratado de Versalhes. O general procurou a cooperação dos suecos, que haviam comprado os tanques antigos da Alemanha, e dos russos. Isso levou oficiais alemães a receber treinamento prático na Escola de Tanques em Kazan, no interior da União Soviética.

Recortados em papelão

Já em outubro de 1921, manobras mecanizadas eram conduzidas nas Montanhas Harz. Tanques falsos foram construídos com superestruturas de papelão. Por mais ridículas que parecessem aos observadores estrangeiros, as manobras ensinaram lições úteis sobre cooperação entre unidades. Assim, no inverno de 1923-1924, as manobras comandadas pelo *Oberstleutnant* Walter von Brauchitsch começaram a fazer experiências com a coordenação entre unidades terrestres mecanizadas e forças aéreas. Presente às manobras estava um oficial de infantaria de 34 anos de idade, o capitão Heinz Guderian, recentemente destacado para o Departamento de Transporte Mecanizado da Inspetoria de Tropas de Transporte, em Berlim. Nascido em Kulm, Prússia Oriental, em 17 de junho 1888, Guderian se juntara ao exército alemão em 28 de fevereiro de 1907. Durante a Primeira Guerra Mundial, serviu com o 10º Batalhão *Jäger* na Frente Ocidental, terminando a guerra como capitão. Guderian permaneceu na infantaria e, em 1922, foi anexado ao 7º Batalhão de Transporte Mecanizado. Dois meses depois, foi enviado para a inspetoria em Berlim, onde seu comandante era o general von Tschischwitz, parte da nova geração de pensadores militares que acreditavam que o exército alemão poderia compensar sua inferioridade numérica com mobilidade, surpresa e concentração de força.

Von Tschischwitz ordenou a Guderian que fizesse um estudo das possibilidades de usar veículos a motor para manobrar gran-

A FORMAÇÃO DE UM CORPO

General Heinz Guderian, conhecido como "Heinz, o Ligeiro", que revolucionou as táticas de combate com blindados

des corpos de tropas. Guderian ficou relutante em aceitar a tarefa e pediu que fosse devolvido à sua companhia de infantaria. Seu pedido foi recusado e, assim, Guderian se viu obrigado a levar a tarefa adiante.

Logo, o então capitão descobriu que a infantaria em caminhões deveria ser acompanhada por unidades de artilharia e engenharia em formação totalmente mecanizada, que também empregaria tanques. Logo, Guderian estava procurando por tripulantes veteranos de tanques alemães e publicando artigos sobre tanques no *Militar-Wochenblatt* (semanário militar) e, mais tarde, em publicações não militares, incluindo o *Diário da Bolsa de Valores de Berlim*. Guderian também lia qualquer coisa sobre o assunto que lhe caísse em mãos, incluindo as obras de Swinton, Fuller, Liddell Hart e do obscuro oficial francês Charles de Gaulle, que mais tarde escreveria um estudo sobre teoria militar chamado *Vers l'armée de métier* (O Exército do Futuro). Publicada em 1934, a obra defendia a ideia de um pequeno exército profissional, altamente mecanizado e móvel, em detrimento das teorias estáticas exemplificadas pela Linha Maginot, construída na década de 1930 para proteger a França contra um ataque alemão.

Guderian organizou exercícios com os desajeitados "transportadores blindados de tropas", que eram tudo o que o exército alemão poderia ter conforme o Tratado de Versalhes. No entanto, von Tschischwitz foi sucedido pelo coronel von Natzmer como inspetor e quando Guderian disse que estava envolvido em transformar unidades mecanizadas de tropas de abastecimento em tropas de combate, von Natzmer disse: "Que se dane o combate. Elas devem transportar farinha".

Os exercícios de Guderian, porém, tinha chegado ao conhecimento do Departamento de Treinamento do Exército. Guderian se tornou instrutor de história militar e táticas, tendo sido designado para a 2ª Divisão em Stettin, que naquele momento era comandada por seu antigo chefe, von Tschischwitz. Em suas aulas sobre história militar, Guderian concentrava-se na campanha de Napoleão em 1806. Em setembro de 1806, a Prússia havia entrado na guerra contra a França, e Guderian achava que essa campanha não recebera a atenção que merecia, por haver terminado com a derrota dos exércitos prussianos em Jena e em Auerstadt, em 14 de outubro.

Em suas aulas sobre táticas, Guderian se concentrava na guerra móvel, discutindo primeiramente as táticas de cavalaria empregadas pelos alemães e franceses no outono de 1914. Mas foi nessa época que começou a elucidar suas teorias sobre a guerra mecanizada. Em 1928, Guderian foi convidado para ministrar um curso sobre táticas de blindados. Ele nunca tinha visto o interior de um tanque, mas com a ajuda do mais recente manual britânico, que fora traduzido para o alemão, começou uma série de exercícios, a princípio com simulacros de lona empurrados por seus homens. Guderian reclamava que crianças usavam seus lápis escolares para furar a lona e ver o que havia lá dentro. Mais tarde, os simulacros foram substituídos por cópias mecanizadas, feitas de chapas metálicas. Guderian e seus colegas começaram a explorar, então, de forma sistemática, as possibilidades do emprego de unidades de tanques, estudando primeiro um pelotão de tanques, depois uma companhia de tanques e, por fim, um batalhão de tanques. Embora Guderian já fosse considerado um especialista, foi apenas em 1929 que encontrou tanques reais pela primeira vez. Em uma visita à Suécia com sua esposa, aprendeu em um batalhão de tanques suecos como dirigir um dos tanques *M21*, que eram uma versão dos antigos tanques alemães vendidos à Suécia no final da Primeira Guerra Mundial e eram, à época, obsoletos.

"Neste ano de 1929, fiquei convencido de que tanques atuando sozinhos ou em conjunto com a infantaria nunca poderiam ser de importância decisiva", escreveu ele. "Em vez disso, o necessário era ter divisões blindadas que incluíssem todas as unidades de apoio necessárias, para permitir que os tanques combatam com pleno efeito." E, durante os exercícios de campanha no verão europeu daquele ano, Guderian fez experimentos com o emprego de divisões blindadas.

O exercício foi um sucesso, e Guderian ficou convencido de que aquele era o caminho para o uso de blindados. Entretanto, seu novo chefe, o general Otto von Stülpnagel, se opunha com vigor e proibiu o emprego teórico de tanques em unidades

Um tanque M21-29 reconstruído de um M21 original e em uso no exército sueco até a eclosão da Segunda Guerra Mundial

maiores do que um regimento, rejeitando as divisões *Panzer* como uma utopia.

"Nenhum de nós jamais verá tanques alemães em operação enquanto vivermos", disse von Stülpnagel.

Primeiros passos

No entanto, o chefe do estado-maior de von Stülpnagel, coronel Oswald Lutz, convidou Guderian, seu velho amigo, para assumir o comando do 3º Batalhão de Transporte Mecanizado Prussiano, equipado com carros blindados reais e motocicletas, além de falsos tanques e armas antitanque. Guderian treinou seus homens como uma unidade de combate mecanizada e, em exercícios, demonstrou que esse tipo de unidade poderia ser realmente útil para o resto do exército.

Em 1931, von Stülpnagel se aposentou e foi substituído por Lutz, então general. Guderian tornou-se seu chefe de estado-maior. Juntos, começaram a tentar convencer o restante do exército da necessidade de divisões *Panzer* e, mais tarde, de um Corpo *Panzer*, ainda enfrentando oposição dos segmentos mais conservadores entre os militares. A infantaria achava que fazer manobras com tanques falsos era ridículo. Quase por pena, os conservadores admitiam que o tanque poderia ser uma arma eficaz de apoio à infantaria, mas não concordavam com um corpo de tanques sendo uma nova ramificação militar.

A oposição mais forte vinha da Inspetoria de Cavalaria. Assim, Lutz perguntou se a cavalaria via seu futuro papel como uma unidade de reconhecimento para a infantaria ou como cavalaria pesada que deveria travar batalhas por conta própria. Quando o Inspetor de Cavalaria, general von Hirsch

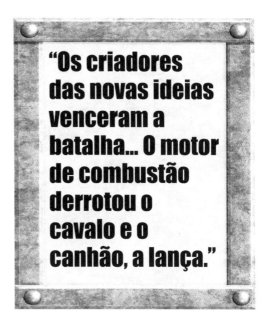

"Os criadores das novas ideias venceram a batalha... O motor de combustão derrotou o cavalo e o canhão, a lança."

berg, disse que vislumbrava unidades de cavalaria pesada, Lutz se ofereceu para assumir o papel de reconhecimento. Lutz e Guderian, em seguida, começaram a treinar Batalhões de Reconhecimento *Panzer*. Contudo, quando o general Knochenhauer sucedeu von Hirschberg, tentou retomar o papel de reconhecimento para a cavalaria. Como resultado, um grande número de jovens oficiais de cavalaria foram designados para os Batalhões de Reconhecimento *Panzer*. Logo, as discussões sobre o futuro das unidades esquentaram.

"Mas, finalmente, os criadores das novas ideias venceram a batalha contra os reacionários", disse Guderian. "O motor a combustão derrotou o cavalo e o canhão, a lança."

Simplifique

Os exercícios em grande escala dos *Panzer* em 1932, usando carros blindados feitos de chapa de aço sobre chassis de caminhões de

CAPÍTULO 3

Preparativos para a guerra – uma coluna de carros de reconhecimento pertencentes ao Sexto Corpo de Exército alemão atravessa a mata pantanosa em Lüneburg, 1935

seis rodas, chegou a inflamar a imaginação do idoso marechal de campo von Hindenburg, então presidente da Alemanha. Mais tarde, Hindenburg faria um discurso para os oficiais de cavalaria que vinham aproveitando a oportunidade para criticar os *Panzer*.

"Na guerra, apenas o que é simples pode ser bem-sucedido", disse ele. "Visitei o estado-maior do Corpo de Cavalaria. O que vi ali não foi simples."

Logo, oficiais cavalarianos mais jovens começaram a engrossar as fileiras dos *Panzer*.

A essa altura, o Gabinete de Material Bélico do Exército havia produzido dois tipos de tanques médios e três tipos de tanques leves. Foram fabricados dois de cada, de modo que o exército alemão tinha, então, dez tanques. Sua velocidade máxima era de 19 quilômetros por hora, mas foram feitos de aço leve ao invés de placas blindadas. Embora fossem à prova de gás, manobráveis e contassem com uma cobertura total do campo de fogo com os canhões e metralhadoras de torre, o comandante do tanque tinha que se sentar ao lado do motorista, com uma visão limitada da traseira e dos lados, e esses tanques eram equipados com rádio.

Mas Lutz e Guderian tinham suas próprias necessidades. Eles achavam que suas novas divisões *Panzer* exigiriam dois tipos de tanque: um tanque médio, com um canhão de grosso calibre, e um tanque leve com um canhão que perfurasse blindagens. Ambos deveriam ter duas metralhadoras, uma na torre e outra no corpo. Nesse ponto, se desentenderam com o Inspetor de Artilharia e o Chefe do Escritório de Material Bélico, que defendiam o uso de um canhão de 37 mm como suficiente para o tanque leve. Guderian queria um canhão de 50 mm, já que esperava uma nova geração de tanques estrangeiros com blindagem mais pesada. Contudo, Lutz e Guderian tiveram que ceder, pois a infantaria já estava recebendo uma arma antitanque de 37 mm e era mais fácil produzir apenas um calibre de canhão e um tipo de munição.

Esquerda acima: o Panzer I, protótipo de um tanque leve com tripulação de dois homens. Direita: o pesado Panzer II com suas metralhadoras de 20 mm.

Visão do futuro

Foi acordado que o tanque médio levaria um canhão de 75 mm e seu peso não ultrapassaria 24 toneladas, considerando a limitação imposta pela capacidade de carga das pontes rodoviárias alemãs. A velocidade máxima seria de 40 quilômetros por hora, com tripulação de cinco homens. Cada tanque seria equipado com um rádio e o operador do rádio e o motorista sentariam no interior do tanque. O artilheiro e carregador ficariam sentados na torre enquanto o comandante ocuparia uma pequena torre de comando acima deles. Isso daria a ele uma visão geral, com suas ordens sendo emitidas através de um microfone de laringe.

As empresas Rheinmetall e Krupp secretamente produziram cinco desses *Neubaufahrzeuge* (*NbFz*) ou "veículos de novo modelo", na verdade tanques médios de 23 toneladas com um canhão de 75 mm. No entanto, construi-los era um processo demorado e decidiu-se, nesse meio tempo, produzir um tanque de treinamento, baseado no chassis do transportador Carden-Lloyd de canhão antiaéreo de 20 mm, comprado na Inglaterra, e que não poderia levar nada maior do que uma metralhadora em sua torre. O resultado foi o *Panzerkampfwagen* ou "veículo blindado de combate", da Krupp, o *Pzkw* ou *Panzer I*, com 9 toneladas. Embora levasse duas metralhadoras e uma tripulação de dois homens, por causa das disposições do Tratado de

> **Por causa das cláusulas do Tratado de Versalhes, o Panzer I foi designado oficialmente "trator agrícola".**

A FORMAÇÃO DE UM CORPO

Parada dos Panzer I, em Nuremberg, 1935

Versalhes, foi designado oficialmente "trator agrícola". Ninguém jamais imaginou que, um dia, o exército alemão entrasse em ação nesses veículos. Um segundo tanque, fabricado pela empresa MAN, carregando um canhão de 20 mm e uma tripulação de três homens, o *Panzer II*, também foi encomendado.

Em 1933, Hitler e seu Partido Nazista chegaram ao poder. O novo chanceler do *Reich* estava comprometido com a criação de uma *Grossdeutschland*, ou "Grande Alemanha". Para isso, Hitler disse estar disposto a travar uma série de pequenas guerras, embora não vislumbrasse a guerra total prolongada que mais tarde engolfaria o *Reich*. O que o ele precisava era de uma força flexível altamente móvel, que pudesse travar uma campanha curta, decisiva, terminando com a derrota total do inimigo. Hitler pôs fim à colaboração com a União Soviética, retirando a Alemanha da Liga das Nações e de sua Conferência de Desarmamento, em Genebra. E em novembro de 1933, a Escola *Panzer* I foi fundada na área da guarnição de Wünsdorf-Zossen, 48 quilômetros ao sul de Berlim, a primeira de muitas que seriam criadas durante os 14 anos seguintes. A artilharia de tanques era ensinada em um centro de treinamento separado em Putlos, Holstein, na costa báltica ao norte de Hamburgo.

No início de 1934, Hitler viu uma demonstração de uma unidade mecanizada que consistia nos elementos básicos do que viriam a ser as divisões *Panzer*.

"É disso que preciso", disse Hitler. "É isso que vou ter."

Guderian, então, tinha amigos em posições de influência. O general Werner von Blomberg era ministro da guerra e o general Walter von Reichenau era chefe do Gabinete Ministerial do *Reichwehr*.

"Ambos os generais favoreciam ideias modernas", disse Guderian, "então, naquele momento, encontrei considerável simpatia pela ideia de uma força blindada, pelo menos no nível mais alto da *Wehrmacht*."

O general Freiherr von Fritsch foi nomeado comandante-em-chefe do exército. Guderian o achava um homem "sempre pronto a experimentar novas ideias sem preconceitos e, se lhe parecessem boas, a adotá-las. Como resultado, minhas relações com ele sobre o desenvolvimento da força de blindados eram mais fáceis do que com qualquer outro membro do Alto Comando do Exército", disse Guderian.

A partir de 1º de julho de 1934, Lutz e Guderian dirigiram o novo Comando de Tropas Blindadas. Em outubro, formaram a primeira unidade *Panzer* propriamente dita, em Ohrdruf, que recebeu o nome de Comando Mecanizado de Instrução, mais tarde Batalhão *Panzer* I. Essa seria a maior unidade *Panzer* que o novo chefe do estado-maior, general Ludwig Beck, permitiria. Seu comando estava nas mãos do general Ritter von Thoma.

"Foi a avó de todas as outras", disse von Thoma a Liddell Hart em 1945. "Posteriormente, foi ampliada em um regimento de dois batalhões, enquanto outras duas foram criadas em Zossen".

Quando Hitler repudiou o Tratado de Versalhes, os *Panzer* II começaram a sair das linhas de produção em números cada vez maiores. Em março de 1935, a Alemanha admitiu a existência da *Luftwaffe*, um novo estado-maior foi organizado e o recrutamento militar foi reintroduzido.

"Enquanto isso, nossa organização crescia", disse von Thoma. "Em 1935, foram formadas duas brigadas de tanques, uma para cada uma das duas divisões blindadas criadas até então."

Vencendo a discussão

Em julho de 1935, um exercício altamente bem-sucedido teve lugar em Münsterlager, com uma divisão *Panzer* improvisada, para demonstrar que um grande número de tanques poderia ser manobrado e controlado em campo. Guderian, porém, conforme a situação progredia, ainda insistia no uso de comunicações por rádio em um nível menor que o de uma companhia. Cada tanque deveria ter seu próprio aparelho, afirmava. Isso permitiria que uma formação de ataque fosse comandada da linha de frente. Beck rejeitava a ideia como um absurdo. "Um comandante de divisão fica na retaguarda, com mapas e um telefone", dizia ele. "Qualquer outra coisa é uma utopia."

Mas Beck finalmente concordou com a publicação de manuais de treinamento para as tropas blindadas e a criação de duas divisões *Panzer*. Guderian insistia em três divisões e, em 15 de outubro de 1935, as três primeiras divisões *Panzer* passaram a existir. Era preciso artilharia e infantaria transportada em caminhões para apoiar os tanques. Àquela altura, von Fritsch desprezava a tática de "defesa de retardamento" de Beck, que fazia parte dos manuais desde antes da Primeira Guerra Mundial. No entanto, Guderian foi removido de seu posto como chefe de estado-maior e recebeu o comando da 2ª Divisão *Panzer*.

A FORMAÇÃO DE UM CORPO

Um Panzer III, com o apoio dos Panzergrenadiere, entra em ação na Frente Russa

Isso efetivamente o afastou do centro das decisões sobre políticas. Contudo, Lutz ordenou a Guderian que escrevesse o livro *Achtung – Panzer*! (Atenção – Tanques!), o que foi feito ao longo de alguns meses, no inverno europeu entre 1936 e 1937. O objetivo do livro era chamar o máximo de atenção possível para os *Panzer* e obter para eles o máximo de recursos.

Guderian defendia o uso de tanques maiores e pesados para tomar de assalto fortificações permanentes ou posições fortificadas em campo. Esses tanques portariam canhões de até 150 mm c pesariam entre 70 e 100 toneladas, porém revelaram-se caros demais para fabricar e as pontes da engenharia de campanha limitavam seu peso a 24 toneladas. O Corpo *Panzer* teve de se contentar com tanques menores e mais rápidos: o *Panzer II* com seu canhão de 20 mm e velocidade máxima de 40 quilômetros por hora e o *Panzer IV*, um tanque médio de 18 toneladas. O *Panzer III*, que deveria vir entre eles, já havia sido encomendado e batizado em 1936. Projetado pela Krupp, o *Panzer IV* tornou-se a espinha dorsal da força *Pan-*

zer. Pesava 17,3 toneladas e sua velocidade máxima era de 30 quilômetros por hora. Com uma tripulação de cinco homens, o *Panzer IV* carregava duas metralhadoras e um canhão de 75 mm bastante impreciso, que não era poderoso o suficiente para abater um tanque francês 2C em combate. Para começar, nenhum desses tanques tinha uma blindagem mais espessa que 30 mm, o que era suficiente contra o fogo de armas ligeiras e fragmentos de disparos, mas oferecia pouca proteção contra um ataque direto de artilharia de campanha ou das armas antitanque já em uso.

Antes tarde do que nunca

Em 1937, o *Panzer III*, da Daimler-Benz, fez sua estreia. Pesando 15 toneladas (muito pesado para um tanque leve), transportava uma tripulação de cinco homens. Em tamanho e aparência, era muito semelhante ao *Panzer IV*. A principal diferença estava nos armamentos. O *Panzer III* portava três metralhadoras de 7,92 mm, uma no casco e duas na torre, e um canhão de 37 mm. Este seria posteriormente substituído por um canhão de 50 mm, que poderia ser montado sem grandes modificações estruturais.

Em *Achtung – Panzer!*, Guderian também delineou tudo o que havia aprendido sobre o uso de tanques e o livro seria a obra teórica que prepararia a Alemanha para um novo tipo de guerra. O mais notável sobre o livro é o fato de ter sido realmente publicado. A obra esbanjava elogios a Hitler, mas enquanto Hitler e os nazistas culpavam os judeus e os socialistas pela derrota da Alemanha na frente doméstica, Guderian deixava claro que o exército alemão fora derrotado decisivamente na

Frente Ocidental por tanques britânicos, além de elogiar o arqui-inimigo de Hitler, Winston Churchill, por seu papel no desenvolvimento dos tanques.

Guderian também dava um terrível alerta. A União Soviética, dizia ele, tinha o exército mais poderoso do mundo, tanto em termos de números quanto de equipamentos, incluindo, acreditava ele, 10.000 tanques. Também tinha uma amplidão de matérias-primas à sua disposição, que poderiam abastecer uma grande indústria de armamentos nas áreas mais remotas de seu vasto império. Enquanto Hitler via os eslavos como sub-humanos que só serviam para serem escravizados, Guderian dizia: "Já se foi o tempo em que os russos não tinham o menor interesse por tecnologia. Teremos de aceitar o fato de que os russos são capazes de dominar e construir suas próprias máquinas e que tal transformação na mentalidade fundamental dos russos nos apresenta a Questão Oriental de forma mais grave que nunca antes na história."

Mas ninguém o estava escutando. Após a guerra, Guderian disse ter enviado um memorando ao Alto-Comando declarando oposição à Operação Barbarossa, a invasão da União Soviética pelos alemães e o ato que, por si, garantiu a destruição do "*Reich de Mil Anos*" de Hitler.

Embora ninguém tenha prestado atenção ao aviso de Guderian, certamente compraram seu livro. *Achtung – Panzer!* tornou-se um campeão de vendas no pré-guerra, e Guderian, com os direitos autorais, comprou seu primeiro carro. No entanto, embora Guderian cite Swinton, Fuller, Liddell Hart e o tenente Giffard le Quesne Martel, um pioneiro britânico que construiu seu próprio tanque de um homem só, os britânicos não tiveram por ele a mesma deferência. O livro de Guderian não foi publicado na Grã-Bretanha e uma edição em inglês só surgiria em 1992, quase quarenta anos após a morte do autor.

Contratempos inoportunos

Entretanto, 1937 não foi um ano bom para os tanques. Os japoneses tentaram usá-los em sua guerra contra os chineses no Extremo Oriente, com sucesso limitado. Dois anos antes, tanques leves italianos haviam feito uma estreia sofrível contra tribos levemente armadas na Abissínia e os *Panzer I*

Tanques leves italianos tiveram fraco desempenho na Abissínia contra tribos levemente armadas, por não estarem preparados para o calor ou o terreno

A FORMAÇÃO DE UM CORPO

empregados na Espanha, comandados pelo major Ritter von Thoma, tiveram um fraco desempenho. O próprio Von Thoma não era aficionado, considerando o emprego dos tanques um fracasso e afirmando que não precisariam ser dotados de rádio.

Mas Guderian defendeu seus *Panzer* bravamente, até mesmo perante oficiais britânicos com que se reunia com frequência em Berlim, sustentando que "nem a guerra na Abissínia, nem a guerra civil na Espanha podem ser consideradas, em nossa opinião, como uma espécie de 'ensaio geral' no que diz respeito à eficácia do veículo de combate blindado". Todavia, para os bombardeiros de mergulho, a Espanha foi considerada um ensaio geral, de fato, muito eficaz.

As três divisões *Panzer* foram reunidas no XVI Corpo, subordinado ao Comando no Grupo 4, com todas as outras divisões mecanizadas do exército alemão, comandado pelo general Walter von Brauchitsch. Quando Lutz se aposentou em fevereiro de 1938, Guderian tornou-se comandante do corpo. Em 4 de fevereiro de 1938, von Brauchitsch tornou-se comandante-em-chefe do exército e von Reichenau o substituiu.

No início de 1938, houve exercícios de treinamento dos *Panzer* que, devido a ordens confusas, se mostraram um desastre. Hitler testemunhou o fiasco e ficou furioso. Guderian transferiu vários de seus oficiais superiores, e seus oficiais subalternos passaram por maus bocados. Não obstante, quando Hitler decidiu anexar a Áustria, em março de 1938, foi Guderian quem o general Beck pediu.

Guderian reassumiu o comando da 2ª Divisão *Panzer*, subordinada à Divisão *SS-Leibstandarte Adolf Hitler*, a guarda pessoal de Hitler, da *Waffen-SS*. Antes de partirem, Guderian soube que o comandante da *Leibstandarte*, Sepp Dietrich, iria ver Hitler uma última vez. Pareceu a Guderian que a *Anschluss*, a "união" entre Áustria e Alemanha, seria alcançada sem que um tiro fosse disparado e, sendo assim, pediu a Dietrich que perguntasse a Hitler se, numa demonstração de cordialidade, os *Panzer* poderiam ser decorados com bandeiras e folhagens. Hitler concordou.

> Guderian pediu a Dietrich que perguntasse a Hitler se poderia decorar seus Panzer com bandeiras e folhagens. Hitler concordou.

A 2ª Divisão *Panzer* deslocou-se para Passau, na fronteira austríaca, chegando ali em às 20 horas em 11 de março. Suas ordens eram para atravessar a fronteira às 8 horas na manhã seguinte. Por volta da meia-noite, o general Yeiel chegou para liderar a coluna, porém sem mapas da Áustria nem combustível para o avanço. Em vez de um mapa, Guderian entregou-lhe uma edição do guia turístico Baedeker. O combustível era mais que um problema. Embora houvesse um depósito de combustível em Passau, estava reservado

Multidões de moradores se reúnem enquanto tropas alemãs mecanizadas atravessam um posto da alfândega na fronteira da Alta Áustria, em 13 de março de 1938

para as tropas empregadas na defesa da Muralha Ocidental, a chamada Linha Siegfried, a linha alemã de fortificações em frente à Linha Maginot, e só poderia ser usado em caso de mobilização geral. Mesmo assim, a liberação deveria ser feita por oficiais superiores, que não tinham sido informados da operação e não poderiam ser contatados no meio da noite. Sendo assim, Guderian ameaçou o homem encarregado do depósito com o uso da força e conseguiu seu combustível. O prefeito de Passau, então, permitiu que Guderian usasse alguns caminhões como uma linha de abastecimento móvel improvisada. Mesmo assim, foi preciso enviar um pedido aos postos de abastecimento ao longo da rota para permanecerem abertos.

Às 9 horas, as barreiras fronteiriças foram levantadas e a *Wehrmacht* marchou Áustria adentro com a 2ª Divisão *Panzer* e Heinz Guderian na liderança.

"Em cada parada, as pessoas enfeitavam os tanques com flores e faziam questão de dar comida aos soldados", escreveu Guderian. "Houve apertos de mão, beijos e lágrimas de alegria. Nenhum incidente desagradável maculou a ocasião, muito ansiada durante tantos anos por ambos os lados, a tão adiada *Anschluss*. Filhos de uma nação, dividida em duas por política infelizes durante tantas décadas, agora estavam, por fim, unidos e felizes."

Os alemães chegaram a Linz ao meio-dia, onde Guderian almoçou com figurões locais. Ele estava prestes a seguir em frente quando o líder da *SS*, Heinrich Himmler, informou que Hitler estava para chegar em Linz às 15 horas, e Guderian deveria providenciar tropas para fechar a estrada e proteger o mercado onde Hitler faria um discurso. Isso retardou o avanço e Guderian só chegou em Viena, em meio a uma tempestade de neve, por volta da 1 hora da manhã seguinte. Ali, reuniu-se com generais do exército austríaco e foi levado para passar em revista suas unidades mecanizadas. Estas seriam incorporadas ao exército alemão, e Guderian convidou vários oficiais para visitá-lo em sua guarnição, na cidade de Würzburg.

Os *Panzer* foram alvo de críticas consideráveis pelo alto nível de avarias durante a marcha para Viena. Guderian defendeu sua unidade com vigor, apontando que sua divisão cobriu 675 quilômetros em 48 horas. Desde as manobras em março de 1938, ele vinha avisando que dispunha de instalações de manutenção insuficientes.

Isso foi logo retificado. O abastecimento de combustível era outro problema que teria de ser analisado, porém, de forma geral, sustentou Guderian, a *Anschluss* comprovara que "nossa crença teórica acerca das possibilidades operacionais das divisões *Panzer* foi justificada".

E prosseguiu: "A marcha nos ensinou que era possível, sem dificuldade, mover mais de uma divisão mecanizada ao longo de uma estrada... as tropas blindadas alemãs estavam no caminho certo".

Winston Churchill discordou. Na obra *The Gathering Storm* (A Tempestade que Chega), escreveu:

A máquina de guerra alemã claudicou hesitante sobre a fronteira e chegou a um impasse perto de Linz. Apesar das condições meteorológicas perfeitas e das condições da estrada, a maioria dos tanques quebrou. Defeitos surgiram na artilharia pesada mecanizada. A estrada de Linz a Viena ficou bloqueada por veículos pesados paralisados... O próprio Hitler, passando de automóvel por Linz, viu o engarrafamento e ficou furioso. Os tanques leves se destacaram da confusão e entraram em Viena nas primeiras horas da manhã de domingo. Os veículos blindados e a artilharia pesada mecanizada foram carregados em vagões ferroviários e só assim chegaram a tempo para a cerimônia.

Depois da guerra, Guderian ridicularizou esse relato. O tempo estava ruim, ele disse, com chuva no período da tarde, houve uma tempestade de neve naquela noite. O comboio só ficou retido em Linz para receber Hitler. Hitler, quando Guderian o encontrou em Linz, não estava furioso. Na verdade, lágrimas de alegria corriam por seu rosto quando se dirigiu à multidão da varanda da Câmara Municipal. A estrada de Linz a Viena estava em obras e, sendo assim, as condições eram ruins. Não houve defeitos na artilharia pesada, já que não havia artilharia pesada com eles.

A estrada nunca ficou bloqueada. Eles não tinham tanques pesados com eles, então jamais poderiam tê-los embarcado em vagões ferroviários e a ferrovia nem sequer estava funcionando naquele dia. Churchill, disse Guderian, estava apenas tentando demonstrar que se os Aliados tivessem entrado na guerra em 1938, conforme ele tanto insistiu, teriam uma boa chance de ganhar.

Sinal verde para o corpo de tanques

Após a *Anschluss*, a 2ª Divisão *Panzer* permaneceu na Áustria. Enquanto isso, o quartel-general do XVI Corpo de Exército mudou-se para Berlim e mais duas divisões *Panzer*, a 4ª e a 5ª, juntamente com uma divisão ligeira, foram formadas em Würzburg. Além disso, o Corpo *Panzer* passou a contar com uma estrutura de comando para colocá-lo em pé de igualdade com a infantaria e a artilharia.

Em 30 de setembro de 1938, o Acordo de Munique desmembrou a Tchecoslováquia e entregou os Sudetos à Alemanha. A 1ª Divisão Panzer, juntamente com a 13ª e a 20ª Divisão de Infantaria Mecanizada, subordinadas a Guderian e ao XVI Corpo, foram

> **Lágrimas de alegria corriam por seu rosto quando se dirigiu à multidão da varanda da Câmara Municipal em Linz.**

escolhidas para liderar a marcha sobre os Sudetos, que começaria em 3 de outubro. Em 4 de outubro, a 1ª Divisão *Panzer* entrou na cidade principal, Carlsbad, mais uma vez com os tanques enfeitados com flores e folhagens. Ali, Guderian recebeu a companhia de seu filho mais velho, Heinz Günter, então assistente no 1º Batalhão do 1º Regimento *Panzer*.

No dia seguinte, todas as três divisões se deslocaram para a nova fronteira.

Hitler passou os dois primeiros dias da ocupação com o XVI Corpo. Guderian o levou a uma de suas cozinhas de campanha, onde os homens desfrutavam de rações de campanha normais. Porém, quando o vegetariano Hitler percebeu que eles comiam um grosso ensopado com carne de porco, teve de se contentar com algumas maçãs.

No final do mês, o comandante-em-chefe do Exército, general Brauchitsch, ofereceu a Guderian o recém-criado posto de chefe das tropas móveis, o que o tornava o líder titular de todas as tropas mecanizadas da Alemanha, bem como da cavalaria. Guderian, contudo, observou que o posto não tinha poderes de comando, nenhum controle sobre a escrita ou publicação de manuais de serviços e nenhuma autoridade sobre o pessoal ou a organização das unidades. Assim, recusou. Foi dito a ele, então, que a ideia da promoção partira do próprio Hitler, não de Brauchitsch, e não seria inteligente recusá-la. Todavia, novamente Guderian recusou o posto, dizendo que ficaria feliz em explicar seus motivos para Hitler.

Convencendo Hitler

Poucos dias depois, Hitler o convocou. Guderian explicou que, em seu posto atual de comandante do Corpo *Panzer*, estava em melhor posição para influenciar o desenvolvimento dos blindados do que estaria na nova posição que lhe era oferecida. Também disse estar ciente de que havia um grupo poderoso do Alto-Comando do Exército que ainda pretendia subdividir as divisões blindadas entre a infantaria. Como líder das tropas móveis, estaria impotente para ir contra isso, como também não teria poderes suficientes para fazer as reformas que ele acreditava serem tão necessárias para a cavalaria.

Hitler deixou-o falar por aproximadamente 20 minutos e, em seguida, prometeu a Guderian a autoridade necessária para desenvolver as tropas mecanizadas e a cavalaria da maneira que bem entendesse e disse, ainda, que se Guderian se sentisse prejudicado de alguma forma ao fazer as mudanças necessárias, deveria reportar-se diretamente a ele.

"Juntos, teremos certeza de que a modernização necessária seja realizada", disse Hitler. "Portanto, ordeno que você aceite este novo compromisso."

A primeira tarefa de Guderian em sua nova função seria produzir manuais de treinamento para os *Panzer*. Minutas deveriam ser apresentadas ao Departamento de Treinamento do Exército, que, naquele momento, não tinha um oficial de tanque sequer. A minuta de Guderian foi devolvida com uma nota, que dizia: "O assunto não está organizado de acordo com o padrão adotado pelos manuais de infantaria. A minuta é, portanto, inaceitável."

O plano de Guderian para a cavalaria, que envolvia a compra de 2.000 cavalos, foi igualmente recusada. Isso tirava da cavalaria o papel de reconhecimento que Gu-

A FORMAÇÃO DE UM CORPO

Hitler chega em Viena em seu Mercedes blindado, enquanto os cidadãos entusiasticamente aclamam o Grande Reich alemão, em março de 1938

derian tinha em mente para ela e a deixou sem função quando a guerra chegou.

E como também notou Guderian, suas ordens estipulavam que, em caso de mobilização, ele deveria assumir o comando de um Corpo de Infantaria de Reserva. Foi preciso um esforço considerável para mudar a situação, para que pudesse comandar tropas blindadas.

O general Hoepner, sucessor de Guderian no XVI Corpo, estava à frente dos *Panzer* quando estes adentraram no que restava da Tchecoslováquia em março de 1939. Contudo, Guderian obteve informações em primeira mão das unidades blindadas, como também examinou o equipamento blindado checo apreendido pela *Wehrmacht* e usado na Polônia e na França.

Então, veio o verdadeiro teste para as ideias de Guderian. Em 22 de agosto de 1939, ele recebeu o comando do XIX Corpo. Essa nova unidade do exército seria responsável pelas fortificações ao longo da fronteira alemã. Sob seu comando estava a 3ª Divisão *Panzer*, juntamente com a 2ª e a 20ª Divisão de Infantaria Mecanizada. A 3ª Divisão *Panzer* foi reforçada pelo Batalhão de Demonstração *Panzer*, equipado com os novos *Panzer III* e *Panzer IV*.

O corpo também recebeu unidades de reconhecimento e demonstração das escolas de treinamento *Panzer*. À sua esquerda, ao norte, estavam unidades de defesa de fronteira, comandadas pelo general Kaupisch; à sua direita, estava o II Corpo, do general Strauss. Essas unidades estavam posicionadas para defender a fronteira em caso de um ataque polonês e, se fossem iniciadas hostilidades, deveriam ser reforçadas pela 10ª Divisão *Panzer*, que naquele momento ocupava Praga.

Depois de um encontro entre Hitler e seus comandantes de exército, Guderian descobriu qual era sua verdadeira missão: eles seriam mobilizados para fazer um ataque preventivo contra a Polônia. O XIX Corpo de Exército deveria integrar o Quarto Exército do general von Kluge. Os homens de Guderian deveriam cruzar a fronteira e, em seguida, avançar rapidamente para o Vístula, cortando a retirada de todas as forças polonesas no Corredor Polonês. Guderian disse que não estava ansioso para ir à guerra, especialmente porque seu filho mais novo, Kurt, era segundo-tenente no 3º Batalhão de Reconhecimento Blindado da 3ª Divisão *Panzer* e estava, portanto, sob seu comando.

O ataque estava marcado para a noite de 25 de agosto, mas foi adiado. Então, na noite de 31 de agosto, houve um novo alerta. A 2ª Divisão de Infantaria Mecanizada, comandada pelo general Bader, deveria romper as defesas polonesas na fronteira e tomar a cidade de Tuchel.

A 3ª Divisão *Panzer*, do General Freiherr von Geyr Schweppenburg, deveria rumar direto para o Vístula, seguido por tropas do corpo e pela 23ª Divisão de Infantaria da Reserva do Exército, enquanto a 20ª Divisão de Infantaria Mecanizada, comandada pelo general Wiktorin, avançaria através da mata pantanosa em Tuchel e tomaria as cidades de Osche e Graudenz.

Às 4h45, na manhã de 1º de setembro de 1945, todo o corpo se deslocou fronteira adentro simultaneamente. Guderian estava com a 3ª Divisão *Panzer* na primeira onda e encontrou resistência ao norte de Zempelburg, onde sua família já tivera uma propriedade. Seu pai nascera ali e lá era o local da sepultura de seu avô. Guderian reivindicou a distinção de ter sido o primeiro comandante de corpo a acompanhar seus tanques para o campo de batalha e foi de seu veículo de comando, um meia-lagarta blindado, que viu pela primeira vez a propriedade da família. Foi então que a divisão de artilharia pesada começou a disparar em meio à névoa, apesar de ter ordens para não fazê-lo. Um petardo caiu 45 metros à frente do veículo de comando de Guderian; outro, 45 metros atrás. Convencidos de que o próximo o atingiria, Guderian ordenou ao motorista que desse meia-volta. Em pânico, o homem acabou dirigindo o veículo para dentro de uma vala, empenando o mecanismo de direção e pondo o meia-lagarta fora de ação. Este foi um final um tanto vergonhoso para a primeira incursão de Guderian como comandante dos *Panzer* em tempo de guerra. O general fez seu caminho de volta para o posto de comando do corpo a pé, parando para ter uma conversa serena com seus homens de artilharia no caminho.

Como, naquele momento, todos os tanques de Guderian estavam equipados com rádio, era possível para ele, na retaguarda, manter constante contato com as divisões que comandava. Contudo, Guderian requisitou outro veículo e voltou à 3ª Divisão *Panzer*. Àquela altura, a névoa se dissipara e os primeiros tanques se viram face a face com as posições defensivas polonesas.

Os artilheiros antitanque poloneses rapidamente divisaram seu alvo, matando um

Então, veio o verdadeiro teste para as ideias de Guderian. Em 22 de agosto de 1939, recebeu o comando do XIX Corpo.

oficial, um cadete e outros oito de diferentes patentes.

Quando Guderian os alcançou, descobriu que a divisão havia parado para descansar, já que o comandante divisional, general von Bock, fora chamado por von Kluge. Um jovem tenente disse-lhe que as forças polonesas no outro lado do rio Brahe, seu objetivo naquele dia, eram leves e, embora houvessem incendiado a ponte em Hammermühle, o incêndio fora apagado e a ponte era transponível.

Liderando na frente

"O avanço só foi interrompido porque não havia ninguém para liderá-lo", disse o tenente. "O senhor mesmo terá de fazê-lo, senhor."

Guderian desceu por uma trilha de areia na floresta e chegou a Hammermühle logo depois das 16 horas, onde encontrou os tanques do 6º Regimento *Panzer* e os soldados do 3º Regimento de Fuzileiros disparando no inimigo escondido em trincheiras na margem oposta. O general ordenou que cessassem fogo e, em seguida, enviou homens de um batalhão de motocicletas até a outra margem do rio em um bote de borracha, para avaliar a situação e dar combate a uma companhia de ciclistas poloneses, enquanto os tanques cruzavam a ponte. A companhia de ciclistas poloneses foi rapidamente cercada, com poucas baixas alemãs.

O corpo rapidamente construiu uma ponte sobre o lado mais distante do Brahe e todo o corpo estaria do outro lado do rio até as 18 horas. Enquanto isso, o 3º Batalhão de Reconhecimento Blindado estava a caminho do Vístula e, naquela noite, a 3ª Divisão *Panzer* tomou seu objetivo, a

cidade de Sviekatovo. Antes do anoitecer, Guderian voltou para o quartel-general de sua unidade em Zahn, onde encontrou seu estado-maior usando capacetes de aço, aprontando com pressa um canhão antitanque. Disseram-lhe que a cavalaria polonesa era esperada a qualquer momento. Guderian os deixou desapontados, ao informar que, no caminho que fizera ao voltar, as estradas estavam abandonadas.

As tropas avançadas também estavam nervosas. A 20ª Divisão de Infantaria Mecanizada tomara seu objetivo, a cidade de Konitz, com alguma dificuldade e não avançara além disso, enquanto a 2ª Divisão Mecanizada, que havia sido bloqueada por barreiras polonesas de arame farpado, avisava por rádio que estava sendo forçada pela cavalaria polonesa a recuar. Guderian pegou o rádio e perguntou ao comandante da divisão se já ouvira falar de algum granadeiro da Pomerânia sendo sobrepujado por cavalaria inimiga. O comandante disse que não e prometeu manter sua posição. Na manhã seguinte, Guderian assumiu a liderança da 2ª Divisão e a fez avançar rapidamente

Com o 3º Batalhão de Reconhecimento Blindado no Vístula, a 3ª Divisão *Panzer* começava a ocupar o Brahe quando os poloneses atacaram ao longo da margem oriental. Ao meio-dia, a 3ª Divisão *Panzer* contra-atacou, empurrando os poloneses para um bosque.

No dia seguinte, a 3ª Divisão *Panzer* estava no Vístula, sobrepujando e destruindo um regimento de artilharia polonês. O avanço dos *Panzer* fora tão rápido que a 23ª de Infantaria só conseguiu acompanhar com marcha forçada. Foi ali que, segundo Guderian, a Brigada de Cavalaria Pomorska dos poloneses, "ignorando a natureza dos nossos tanques, fez carga com espadas e lanças, sofrendo baixas enormes". Na verdade, a 20ª Divisão Mecanizada conseguiu cercar o inimigo, que impôs determinada resistência à 23ª Divisão de Infantaria. Contudo, um regimento destacado da 32ª Divisão de Infantaria, da unidade do general Strauss, pôs fim à oposição, e a batalha pelo Corredor Polonês fora vencida.

As baixas foram leves, mas a perda de oficiais foi desproporcionalmente alta. Dois generais, colegas de Guderian, perderam filhos, apesar de ter sido assegurado a Guderian que veria seu filho vivo e incólume quando chegasse ao Vístula. Do outro lado do rio, Guderian podia ver sua terra natal, Kulm.

O 3º *Panzer*, em seguida, rumou ao oeste para acabar com quaisquer focos de resistência. Foi quando souberam que França e Grã-Bretanha haviam declarado guerra à Alemanha, algo que esperavam que acontecesse.

No dia seguinte, Hitler visitou o XIX Corpo. Vendo os restos do regimento de artilharia que fora destruído, ele perguntou: "Nossos bombardeiros de mergulho fizeram isso?"

"Não", disse Guderian, "foram nossos *Panzer*".

"Hitler estava claramente surpreso", escreveria Guderian em seu livro de memórias, *Panzer Leader* (Líder dos *Panzer*).

Salva-vidas

Hitler também perguntou sobre as baixas. Guderian informou os números mais recentes: 150 mortos, 700 feridos. Hitler ficou surpreso por terem sido tão baixas, dizendo que, na Primeira Guerra Mundial, seu antigo regimento perdera 2.000 só no primeiro dia de batalha. Guderian disse a Hitler que o fato de as baixas serem mínimas devia-se ao uso dos *Panzer*.

"Tanques são uma arma que salva vidas", disse Guderian. Vidas alemães, talvez. Uma brigada de cavalaria e duas ou três divisões de infantaria dos poloneses haviam sido destruídas, com centenas de canhões e milhares de homens aprisionados pelos alemães só na batalha do Corredor Polonês.

Guderian aproveitou a oportunidade para pedir a Hitler para produzir mais *Panzer III e IV*. Eles eram rápidos o suficiente, disse ele, mas recomendou a instalação de blindagem mais pesada, especialmente frontal. Também precisavam de canhões mais poderosos, de maior alcance. Seus canos precisavam ser mais longos, para que seus projéteis pudessem portar uma carga mais pesada. O mesmo se aplicava aos canhões antitanque.

Em 6 de setembro, uma guarda avançada cruzou o rio Vístula até a Prússia Oriental e estabeleceu um quartel-general no castelo de Finkenstein, que Napoleão usara como quartel-general em duas ocasiões. Guderian dormiu por algumas semanas no mesmo quarto em que Napoleão usufruíra da companhia da bela condessa Walewska antes de seu desastroso ataque à Rússia em 1812 e, enquanto o resto do corpo atravessava o rio, saiu para caçar veados.

O XIX Corpo de Guderian foi, então, anexado ao Terceiro Exército do general von Küchler e designado para proteger seu flanco esquerdo. Guderian, porém, reclamou que um trabalho em cooperação tão estreita com a infantaria não faria pleno uso do potencial de suas divisões *Panzer*, retardando seu avanço e permitindo que os

A FORMAÇÃO DE UM CORPO

> O 3º Panzer rumou para oeste. Foi então sabido que França e Grã-Bretanha haviam declarado guerra à Alemanha.

poloneses recuassem e estabelecessem uma nova linha defensiva ao longo do Rio Bug. Como contraproposta, sugeriu que seu Corpo *Panzer* deveria contornar ao longo da margem oriental do Bug e tomar Brest-Litovsk na retaguarda dos poloneses. Seus planos foram aprovados.

No entanto, Guderian ficou desfalcado da 2ª Divisão de Infantaria Mecanizada, que passou para a reserva, mas recebeu o comando da 10ª Divisão *Panzer*, juntamente com a Brigada de Infantaria da Fortaleza de Lötzen, composta em grande parte por homens mais velhos. A infantaria da 10ª *Panzer* e a Brigada de Lötzen já haviam se retirado da Prússia Oriental e estavam envolvidas em confusos combates nas cercanias de Vizna, no Rio Narev, um afluente do Bug. Assim, Guderian avançou seu quartel-general até Vizna e começou a atravessar o Narev com seus *Panzer* usando balsas. Enquanto isso acontecia, a 20ª Divisão de Infantaria Mecanizada se envolvia em intensos combates, 24 quilômetros mais além, em Zambrov.

Entretanto, adiante deles estava o Batalhão de Demonstração de Reconhecimento, que não encontrou resistência. Evitando Zambrov, a 10ª Divisão *Panzer* avançou para Bransk, enquanto Guderian seguia para a esquerda com a 3ª Divisão, cujo progresso só foi interrompido quando não conseguiu abrir caminho através de uma aldeia em chamas.

A 20ª Divisão de Infantaria Mecanizada, em Zambrov, deparou-se com forças polonesas em retirada vindas de Lomsha para o norte e estava em dificuldades. Para lidar com a situação, a divisão recuou, numa tentativa de envolver as tropas que se aproximavam. Guderian enviou alguns elementos da 10ª Divisão *Panzer* para ajudar. No dia seguinte, os alemães conseguiram cercar os poloneses, que se renderam em 12 de setembro. Enquanto isso, a 3ª Divisão *Panzer* avançava para Bielsk. O comando da 2ª Divisão de Infantaria Mecanizada foi devolvido a Guderian, que ordenou seu avanço através de Lomsha até Bielsk, com o general Bader, seu comandante de divisão, na ponta de lança. Bader chegou a Bielsk no dia seguinte, acompanhado apenas por um caminhão de comunicação por rádio, tendo ficado retido por algumas horas por alguns poloneses que escaparam do cerco. Todavia, o oficial de comunicações de rádio alcançou Guderian, que enviou os *Panzer*. Enquanto isso acontecia, a 3ª Divisão *Panzer* avançara mais 64 quilômetros rumo a Kaminiec-Litovsk, com unidades de reconhecimento chegando até Brest-Litovsk, 32 quilômetros mais além.

Guderian sabia que as forças polonesas haviam se retirado para a floresta de Bielovieza. Ali, o terreno não favorecia os tanques e, sendo assim, o general deixou unidades de observação ao longo dos limites da floresta e seguiu adiante. Em 14 de setembro, elementos 10º *Panzer* romperam a linha de fortificações fora de Brest-Litovsk. A unidade, então, recebeu ordens para avançar sobre a cidade em máxima velocidade.

Progresso vacilante

No dia seguinte, Brest-Litovsk foi cercada. Contudo, um ataque surpresa de tanques para tomá-la fracassou. Os poloneses haviam estacionado um antigo tanque Renault na entrada da cidadela e os *Panzer* não conseguiram sobrepujá-lo. No dia seguinte, um ataque do 20º de Infantaria Mecanizada e do 10º *Panzer* hesitou quando o regimento de infantaria que acompanhava os *Panzer* foi bloqueado por uma atordoante barragem de artilharia. Quando conseguiu avançar, viu-se sob fogo de suas próprias unidades na retaguarda. Um atirador de elite polonês, encimado nas trincheiras, disparou contra o ajudante de Guderian e o matou. No dia seguinte, enquanto o 3ª Divisão *Panzer* contornava a cidade rumo ao leste, a cidadela foi tomada por uma divisão de infantaria alemã, que avançou sobre o Bug vinda do oeste no exato momento em que os desafortunados defensores tentavam escapar.

O Quarto Exército de von Kluge alcançou Guderian em Brest-Litovsk, consolidando todo o terreno que haviam coberto. Guderian, então, planejou avançar o XIX Corpo com uma divisão *Panzer* indo para nordeste e outra para o sul. Contudo, antes que pudesse fazê-lo, os russos chegaram. Foi então que Guderian tomou conhecimento do protocolo secreto dividindo a Polônia entre a Alemanha nazista e a União Soviética. As forças alemãs, segun-

O Panzer IV foi equipado com saias blindadas e canhões de 75 milímetros.

do as instruções que recebeu, deveriam se retirar de Brest-Litovsk, já que a fronteira entre as zonas alemã e soviética deveria ser o rio Bug. Guderian reclamou de ter que recuar tão às pressas, sem tempo sequer para remover os feridos ou recuperar seus tanques danificados.

"Parece improvável que qualquer militar estivesse presente quando foi elaborado o acordo sobre a linha de demarcação e o cessar-fogo", escreveu ele.

Conforme os *Panzer* de Guderian recuavam de volta para a Prússia Oriental, sua unidade foi desmobilizada. Após uma curta licença na Prússia Oriental, onde visitou parentes e sua terra natal, Guderian foi convocado à Chancelaria em Berlim, onde foi condecorado com a Cruz de Ferro de Cavaleiro. No almoço que se seguiu, estava sentado ao lado de Hitler, que lhe perguntou como o exército reagira ao pacto com a União Soviética. Guderian disse que ele e seus homens haviam ficado aliviados, já que combater em duas frentes fora a causa do desastre na guerra anterior. Guderian teve a impressão de que não era aquilo o que Hitler queria ouvir.

4. O FIM DA "GUERRA DE ARAQUE"

Em seguida, veio o período que Churchill chamou de drôle de guerre, também conhecido como Guerra de Araque ou, ironicamente, a Sitzkrieg. Por meses após a declaração da guerra, os Aliados Ocidentais não fizeram nada, na esperança de evitar uma carnificina como a da Primeira Guerra Mundial.

Os alemães usaram esse tempo para avaliar o que aprenderam na Polônia. Foi decidido que as divisões ligeiras, com sua mistura anômala de veículos e soldados, não funcionaram. Deveriam, então, ser reorganizadas em divisões *Panzer* apropriadas. No entanto, a oferta dos *Panzer III* e *IV* estava baixa, devido às constantes restrições nas fábricas de tanques. Guderian também se queixou da "tendência do Alto-Comando do Exército de estocar os novos tanques". Também ficou decidido que as divisões de infantaria mecanizadas eram muito grandes e pesadas. Assim, foram reduzidas com a retirada de um regimento de infantaria de cada divisão.

Hitler estava ansioso para atacar a França como desforra da derrota alemã de 1918, e o Alto-Comando do Exército tirou do baú o "Plano Schlieffen" que haviam empregado em 1914. Idealizado pelo general prussiano Alfred Graf von Schlieffen, falecido em 1913 antes de ver seu plano ser implementado, envolvia um avanço rápido pela Bélgica. Obviamente, o plano não conquistara uma vitória decisiva em 1914 e já fora usado antes, seria pouco provável que pegasse os Aliados Ocidentais de surpresa. Assim, outras alternativas foram estudadas.

Erich von Manstein iniciou a invasão da França em 1940

CAPÍTULO 4

Blitzkrieg no Ocidente: a Batalha da França, maio a junho de 1940

derian que examinasse seu plano pelo ponto de vista dos *Panzer*. Guderian estivera nas Ardenas durante a Primeira Guerra Mundial e conhecia o terreno. O general estudou os mapas e a disposição das tropas dos Aliados. Por sua experiência na Primeira Guerra Mundial, também entendia a psicologia do inimigo.

As forças de oposição

Em 1940, os franceses tinham o maior exército terrestre da Europa Ocidental, com as mais fortes unidades de tanques. Os franceses não somente tinham mais tanques como estes eram superiores aos dos alemães, tanto em poder de fogo quanto blindagem. As forças anglo-francesas no norte da França somavam, ao todo, 4.000 veículos blindados. Os alemães tinham 2.800, incluindo carros blindados de reconhecimento, e apenas 2.200 deles estavam disponíveis para ação.

Em novembro, o general von Manstein visitou Guderian. Os serviços de informações alemães haviam conseguido quebrar os códigos militares franceses e, pelo tráfego de rádio, descobriram um ponto fraco entre duas divisões de segundo escalão em Sedan, o mesmo local em que os alemães haviam conquistado sua vitória decisiva na Guerra Franco-Prussiana de 1870. Um ataque ali flanquearia a extremidade norte da Linha Maginot e dividiria a Frente Ocidental em duas. Von Manstein pediu a Gu-

Embora a Linha Maginot se estendesse ao longo da fronteira entre a França e a Alemanha, as fortificações de Sedan ao longo da fronteira com a Bélgica até o mar eram consideravelmente mais débeis. No entanto, a maior parte do exército francês e da Força Expedicionária Britânica estava em Flan-

O FIM DA "GUERRA DE ARAQUE"

Tanques franceses Hotchkiss H35 em exercício em 1940, antes da invasão alemã: muitos foram capturados e levados pelo inimigo

dres, voltada para nordeste, enquanto as forças belgas e holandesas se concentravam em suas fronteiras, prontas para um ataque vindo do leste. Obviamente, esperavam que o Plano Schlieffen fosse usado de novo. E Guderian via outro motivo para otimismo. Embora os franceses tivessem lutado tenazmente para defender seu país na Primeira Guerra Mundial, o general não esperava que opusessem resistência semelhante desta vez. Se estivessem determinados a lutar para vencer, teriam desfechado um ataque total sobre a Alemanha, enquanto a maior parte do exército alemão estivesse envolvido nos combates na Polônia. Os franceses, acreditava, esperavam que um confronto armado sério pudesse ser evitado.

A construção da Linha Maginot em si indicava a Guderian que os franceses ainda estavam empenhados na antiga guerra de posições da Primeira Guerra Mundial. As reformas propostas por de Gaulle e outros entusiastas dos tanques foram ignoradas e os tanques haviam sido designados a divisões de infantaria, em vez de serem mantidos reunidos em uma força blindada. Guderian decidiu que a organização do Corpo *Panzer* pôs o exército alemão em vantagem e informou que o plano de von Manstein funcionaria, desde que contasse com uma concentração grande o suficiente de divisões blindadas e mecanizadas. Se possível, disse Guderian, todas elas devem ser mobilizadas.

Manstein, com a aprovação de von Rundstedt, seu comandante, apresentou seu plano para o Alto-Comando. No entanto, os conservadores do Alto-Comando preferiam seguir o Plano Schlieffen e enviar, talvez, apenas uma ou duas divisões

O general von Rundstedt pediu uma pausa para permitir que a infantaria alcançasse os tanques, o que permitiu aos britânicos evacuar Dunquerque

Panzer através das Ardenas. Na opinião de Guderian, isso teria sido inútil.

"Qualquer subdivisão da nossa força de tanques já enfraquecida teria sido o maior erro que poderíamos ter cometido", disse ele.

O plano de Manstein foi rejeitado e o general foi enviado para comandar um corpo de infantaria, em vez de um corpo *Panzer*, como havia pedido. Contudo, por força da sorte, o Plano Schlieffen logo teria de ser abandonado de qualquer maneira. Contrariando ordens, um mensageiro da *Luftwaffe* transportava documentos importantes em um voo noturno quando seu avião foi forçado a pousar na Bélgica. Entre os documentos, havia propostas para atacar a França através da Bélgica usando o Plano Schlieffen. Não se sabia se o mensageiro destruíra os papéis, mas foi preciso supor que haviam caído em mãos belgas e, por conseguinte, Grã-Bretanha e França saberiam tudo sobre eles.

Discussões estratégicas

Ao assumir seu novo comando, von Manstein estava subordinado diretamente a Hitler e aproveitou a oportunidade para expor seu plano. Hitler ficou impressionado. Em 7 de fevereiro, o plano foi testado em um jogo de guerra em Koblenz. Guderian estava presente e propôs que, no quinto dia da campanha, blindados e forças mecanizadas cruzassem o Mosa em Sedan, ampliando seu avanço em direção a Amiens. O general Franz Halder, chefe do estado-maior do exército, descartou a ideia como "sem sentido". Halder disse que os blindados deveriam esperar no Meuse até que a infantaria os alcançasse no nono ou décimo dia da campanha, para que pudessem desfechar "um ataque devidamente conjunto e em massa". Guderian discordou com veemência.

O general insistiu que os seus poucos blindados fossem reunidos para um ataque-surpresa em um ponto decisivo para, em seguida, avançar de forma tão ampla e profunda que não precisassem se preocupar com seus flancos. Os *Panzer*, disse ele, deveriam estar livres para explorar os ganhos sem esperar pela infantaria.

A questão veio à tona novamente em outro jogo de guerra em Mayen, em 14 de fevereiro. A preocupação de Guderian era que nem mesmo von Rundstedt entendesse todo o potencial dos *Panzer*. No entanto, ficou finalmente decidido que o Corpo *Panzer* lideraria o ataque através das Ardenas. Contudo, errando pelo excesso de cautela, von Kleist, um general conhecido por sua falta de entusiasmo pelos blindados, foi posto no comando.

Guderian recebeu o comando da 1ª, 2ª e 10ª Divisão *Panzer*, da divisão de infantaria *Grossdeutschland* e algumas unidades do corpo, incluindo um batalhão de morteiros, formando um novo XIX Corpo. Junto com outros comandantes do exército, Guderian foi convocado à Chancelaria por Hitler.

Ao assumir seu novo comando, von Manstein aproveitou a oportunidade para expor seu plano a Hitler, que ficou impressionado.

Cada comandante deveria informar sua missão e como pretendia levá-la a cabo. Guderian foi o último a falar, informando que deveria avançar através de Luxemburgo, atingir a fronteira belga e romper suas defesas no primeiro dia. No segundo dia, pretendia atingir Neufchâteau. No terceiro dia, cruzaria o Semois em Bouillon. No quarto, chegaria ao Meuse. E no quinto dia, atravessaria o rio e estabeleceria uma cabeça de ponte na margem oposta. Hitler, então, perguntou: "E depois disso?"

Essa era a pergunta que valia o prêmio, a que ninguém pensara em fazer a ele até aquele momento.

"A menos que receba ordens em contrário", disse Guderian, "pretendo continuar meu avanço para o oeste no dia seguinte. A liderança suprema deverá decidir se o meu objetivo será Amiens ou Paris. Em minha opinião, o curso correto é ultrapassar Amiens e rumar para o Canal da Mancha."

Hitler concordou. Os outros comandantes do exército foram pegos de surpresa. O general Busch, oficial de infantaria que deveria comandar o XVI Exército no flanco esquerdo de Guderian, disse sarcasticamente: "Não acho que você atravesse o rio, para começar."

Hitler aguardou a resposta de Guderian, que foi desdenhoso. "De qualquer forma, o senhor não precisará fazê-lo", disse a Busch.

Da forma que estava, Guderian de fato jamais recebera ordens dizendo-lhe o que fazer após cruzar o Meuse. Todas as decisões em seu avanço até o mar foram tomadas com base em sua própria autoridade.

Na preparação para o ataque, Guderian manteve contato com a *Luftwaffe*. Novamente, o que discutiram foi a travessia do Meuse. Um apoio aéreo constante seria necessário. O trabalho da *Luftwaffe* seria atacar as baterias francesas, enquanto os *Panzer* atravessavam o rio. O líder da *Luftwaffe*, Hermann Goring, também tinha planos para que um batalhão da divisão *Grossdeutschland* fosse levado por transporte aéreo até Wirty, atrás das linhas belgas.

O plano de Guderian previa a 2ª Divisão *Panzer*, comandada pelo general Veiel, no flanco direito; a 10ª Divisão *Panzer*, comandada pelo general Schaal, no flanco esquerdo, junto com a *Grossdeutschland*; e a 1ª Divisão *Panzer*, do general Kirchner, no centro, com o quartel-general no corpo, a artilharia e armas antiaéreas na retaguarda. Guderian conhecia bem seus generais e, com exceção da *Grossdeutschland*, já trabalhara com todos os seus homens em tempos de paz.

Em marcha

O corpo entrou em estado de alerta às 13h30 de 9 de maio de 1940. As unidades foram posicionadas em ordem ao longo da fronteira entre Echternach e Yianden. Às 5h30 da manhã seguinte, entraram em Luxemburgo. À noite, elementos avançados da 1ª Divisão *Panzer* alcançaram a fronteira belga. A 2ª Divisão *Panzer* estava lutando perto de Strainchamps e a 10ª Divisão *Panzer* fizera contato com a cavalaria francesa e divisões da Infantaria Colonial, enquanto a *Grossdeutschland* ficara retida em fainas de demolição ao longo da estrada, que não pôde ser liberada até aquela noite. Incapaz de alcançar os *Panzer*, a *Grossdeutschland* logo foi chamada de volta para a reserva.

Na manhã seguinte, o campo minado fronteiriço estava limpo e os trabalhos de demolição concluídos, e a 1ª Divisão *Panzer* avançou para Neufchâteau. Após uma breve escaramuça com forças francesas e belgas, a cidade foi tomada. Ao anoitecer, a 1ª Divisão *Panzer* chegara a Bouillon, que os franceses haviam conseguido defender até aquela noite. A 2ª Divisão *Panzer* tomou Libramont contra leve oposição. Naquela noite, von Kleist instruiu que a 10ª Divisão *Panzer* mudasse seu avanço para Longwy, onde a cavalaria francesa havia sido avistada. Guderian cancelou essa ordem. A cavalaria não representava nenhuma ameaça para os tanques e o desfalque da 10ª *Panzer* poria em perigo a travessia do Meuse. Sabendo que von Kleist era da velha escola e seria difícil convencê-lo de que a cavalaria não era ameaça, Guderian fingiu obedecer a ordem e deslocou a 10ª *Panzer* para o flanco esquerdo, porém mantendo-a em um curso paralelo. No fim

O FIM DA "GUERRA DE ARAQUE"

Forças alemãs avançando passam por um tanque Renault destruído, em maio de 1940

das contas, as ordens foram revogadas e a cavalaria francesa não apareceu.

Bouillon caiu em 12 de maio. Os franceses haviam destruído as pontes sobre o Semois, porém os *Panzer* conseguiram atravessar o rio em alguns pontos. Depois de começar a reconstrução de uma ponte, Guderian seguiu adiante, mas foi forçado a recuar quando descobriu que a estrada fora minada. O general retornou a Bouillon no exato momento em que era desfechado um ataque aéreo dos Aliados. O ataque não atingiu a nova ponte, mas incendiou algumas casas.

Guderian, então, seguiu com a 10ª Divisão *Panzer* pela floresta, chegando à fronteira francesa a tempo de ver um batalhão de reconhecimento vencer as defesas de fronteira, e moveu seu quartel-general para Bouillon, onde se viu novamente sob ataque aéreo. Aviões belgas também bombardearam acampamentos dos *Panzer*, mas com poucas vítimas.

Após voar de volta ao quartel-general de von Kleist, Guderian recebeu ordens para atravessar o Meuse às 16 horas do dia seguinte, 13 de maio. Guderian informou que embora a 1ª e a 10ª Divisão *Panzer* estivessem em posição àquela altura, a 2ª Divisão encontrara problemas em Semois e não estaria pronta. Embora isso enfraquecesse a sua força de ataque, Guderian admitia que houvesse uma vantagem em manter o avanço. No entanto, em vez de usar a *Luftwaffe* para bombardear as baterias e imobilizar os artilheiros em suas posições enquanto os *Panzer* atravessavam o Meuse, o plano de von Kleist previa um amplo ataque aéreo de antemão. Guderian se opôs, temendo que o bombardeio não neutralizasse os canhões e deixasse suas tropas sem apoio aéreo durante a travessia. Seus argumentos foram rejeitados.

No caminho de volta ao seu quartel-general, seu avião perdeu o rumo e foi parar sobre linhas francesas, mas o general retornou a Bouillon ileso. Havia pouco tempo para emitir ordens, então Guderian recorreu àquelas que usara no jogo de guerra em Koblenz, mudando datas e horários.

Na noite de 12 de maio, a 1ª e a 10ª Divisão *Panzer* foram posicionadas na margem norte do Meuse, com vista para a fortaleza de Sedan. Durante a noite, foi trazida a artilharia. Guderian inspecionou seu quartel-general de divisão e, às 15h30, estava com a 10ª Divisão *Panzer* aguardando a *Luftwaffe*. Entretanto, quando os aviões chegaram, o que viu não foram as fileiras cerradas de bombardeiros pesados que von Kleist prometera, mas esquadrões de bombardeiros e *Stuka* escoltados por caças, na formação que havia planejado com a *Luftwaffe* de antemão. Claramente, as novas ordens de Von Kleist não chegaram em seu destino a tempo.

Soldados já estavam atravessando o rio, e Guderian atravessou na primeira embarcação do assalto. O desembarque deu-se praticamente sem oposição, enquanto os bombardeiros e bombardeiros de mergulho atacavam a artilharia francesa. À meia-noite, toda a brigada de infantaria da 1ª Divisão *Panzer* havia atravessado o rio e os tanques aguardavam a conclusão de uma ponte.

A 10ª Divisão *Panzer* cruzara o rio sem apoio de artilharia e estabelecera uma pequena cabeça de ponte na outra margem. No entanto, foi atingida por fogo pesado em seu flanco, vindo do extremo norte da Linha Maginot. De manhã, porém, a 2ª Divisão *Panzer* chegou, trazendo consigo pesadas armas antiaéreas.

Consolidação

No momento em que os *Panzer* estavam firmemente posicionados do outro lado do Meuse, Guderian enviou um telegrama a Busch, que havia dito não ser possível para Guderian cruzar o rio. A resposta foi comedida, porém cordial. Àquela altura, a 1ª Divisão *Panzer* já atingira Chéméry.

Foram feitos milhares de prisioneiros. Em seguida, a 1ª Divisão *Panzer* soube que blindados franceses estavam a caminho e, sendo assim, os tanques partiram para encontrá-los. Guderian ordenou, então, que a 2ª Divisão *Panzer* atravessasse o rio e foi atrás dela.

Na confusão, os *Stuka* atacaram Chéméry por engano, causando pesadas baixas

entre os alemães. Os pilotos franceses e os britânicos não se saíram tão bem quando atacaram as pontes e não conseguiram destruí-las. Ao cair da noite, os artilheiros antiaéreos do XIX Corpo contaram 150 aviões dos Aliados abatidos.

Enquanto o restante da 2ª Divisão *Panzer* continuava a atravessar o rio, o general von Rundstedt chegou para ver pessoalmente o que acontecia. A 1ª e a 2ª Divisão *Panzer* foram obrigadas a rumar para o sul, atravessar o Canal das Ardenas e depois girar para oeste, a fim de romper as defesas francesas. Ao anoitecer, a 1ª Divisão *Panzer* havia atravessado o canal e tomado Vendresse e Singly contra uma oposição feroz. A 10ª Divisão *Panzer* também tivera sucesso, capturando mais de quarenta canhões. A cabeça de ponte, naquele momento, estava segura e von Kleist interrompeu o avanço para permitir a chegada da infantaria. Guderian ligou para ele e pediu que a ordem fosse cancelada. Seguiu-se uma acalorada discussão. Por fim, von Kleist deu ordens para que o avanço continuasse por mais um dia, para abrir espaço na cabeça de ponte para a infantaria que estava a caminho.

Àquela altura, o Corpo *Panzer* de Guderian estava cansado, mas seu espírito ganhou novo ânimo quando capturaram uma ordem do comandante-em-chefe do exército francês, general Maurice Gamelin, que dizia: "A torrente de tanques alemães deve finalmente ter cessado".

Guderian leu-a para seus homens e ordenou que avançassem com toda a velocida-

À direita: Homens da 1ª Divisão Panzer com prisioneiros franceses em Floing

O FIM DA "GUERRA DE ARAQUE"

de possível. O avanço da 1ª e da 2ª Divisão *Panzer*, agora, era completo. Na cidade de Montcornet, essas divisões encontraram a 6ª Divisão *Panzer* do general Kempff, que também havia cruzado o Meuse. Como o Grupo Panzer já estabelecera que não haveria demarcação entre as unidades, as três divisões concordaram em avançar juntas até que ficassem sem combustível. Os elementos avançados já estavam a 88 km de Sedan.

Na manhã seguinte, chegou novamente uma ordem para interromper o avanço e Guderian foi instruído a retornar e comparecer perante von Kleist, que o censurou por desobedecer ordens e prosseguir com o avanço. Quando von Kleist parou para tomar fôlego, Guderian pediu para ser dispensado de seu comando. Von Kleist ordenou-lhe que passasse o comando para seu general de patente mais elevada. Assim Guderian o fez e, em seguida, de volta ao seu quartel-general, enviou uma mensagem a von Rundstedt, dizendo que voaria para a quartel-general do Grupo do Exército para fazer seu relatório. Guderian recebeu uma resposta imediata, ordenando-lhe que ficasse onde estava. Em seguida, outra mensagem chegou do quartel-general de von Rundstedt, ordenando que Guderian não renunciasse ao seu comando e explicando que a ordem para deter o avanço fora originada não de von Kleist, mas do Alto-Comando. O avanço fora interrompido para que o quartel-general de Guderian permanecesse onde estava, ou seja, em Soize, e pudesse ser alcançado facilmente. No entanto, o general estaria livre para continuar com um "vigoroso reconhecimento".

Guderian voltou à ofensiva e avançou junto com seus *Panzer*, porém instalou uma linha telefônica entre o seu novo quartel-general e o quartel-general de seu estado-maior em Soize. Dessa forma, o Alto-Comando teria a impressão de que Guderian ainda estaria em Soize e o general poderia se comunicar sem que suas ordens fossem captadas por unidades de interceptação de rádio do Alto-Comando.

No momento em que recebeu a segunda ordem para interromper o avanço, em 17 de maio, a 1ª Divisão *Panzer* e elementos avançados da 10ª Divisão *Panzer* estavam a 112 km de Sedan. Às 9 horas, em 18 de maio, a 2ª Divisão *Panzer* alcançou St. Quentin. Na manhã seguinte, a 1ª Divisão *Panzer* cruzou o Somme, capturando vários oficiais de estado-maior franceses que chegaram a Péronne para ver o que estava acontecendo. Enquanto os *Panzer* cruzavam, em Somme, campos onde ocorreram batalhas da Primeira Guerra Mundial, tanques da recém-formada 4ª Divisão Blindada do general de Gaulle irromperam a aproximadamente um quilômetro e meio do quartel-general avançado de Guderian, em Holon. Guderian também foi informado de que um exército francês de reserva, com cerca de oito divisões de infantaria, estava sendo reunido na área de Paris. O general, contudo, não acreditava que representassem alguma ameaça, contanto que seus *Panzer* continuassem em movimento.

Naquela noite, Guderian avançou seu quartel-general novamente, desta feita para Marleville. Mais tarde naquele dia, recebeu ordens franqueando liberdade de movimento mais uma vez e autorizando-o a seguir para Amiens. Essa tarefa foi designada à 1ª Divisão *Panzer*, enquanto a 10ª guardava seu distendido flanco esquerdo e a 2ª avançava rápido através de Albert até Abbéville, capturando mais um ponto de travessia no Somme e, em seguida, cercando qualquer força dos Aliados entre Abbéville e o mar.

Avanço rápido

O próprio Guderian seguiu para Amiens, chegando lá às 8h45 de 20 de maio, no mo-mento em que a 1ª Divisão *Panzer* desfechava seu ataque. Ao meio-dia, a cidade já fora tomada. Em Albert, a 2ª Divisão *Panzer* capturara uma bateria britânica. A unidade estava equipada apenas com munição de treinamento, já que ninguém esperava que os alemães aparecessem tão rapidamente. A praça do mercado logo ficou cheia de prisioneiros de várias nacionalidades e o general Veiel, reclamando por estar com pouco combustível, propôs que parassem ali. Guderian desconsiderou a reclamação e ordenou a Veiel que rumasse para Abbéville, onde chegou às 19 horas.

No caminho para o seu novo quartel-general de corpo em Querrieu, nordeste de Amiens, Guderian se viu sob ataque de aviões alemães. Seus canhões antiaéreos abateram dois deles. Dois pilotos da *Luftwaffe* flutuaram em seus paraquedas até o solo, apenas para serem repreendidos por um general dos *Panzer*. Ao terminar a repreensão, Guderian reanimou os dois jovens pilotos com champanhe capturado.

Naquela noite, a 2ª Divisão *Panzer* chegou à costa. O avanço fora tão rápido que, até aquele momento, nenhuma ordem chegara com instruções sobre onde ir em seguida, e Guderian foi forçado a parar. No dia seguinte, contudo, chegaram ordens instruindo o general que girasse para o norte e avançasse sobre os portos do canal. Guderian ordenou que a 1ª Divisão *Panzer* tomasse Calais, a 2ª tomasse Boulogne e a 10ª avançasse para Dunquerque. No entanto, no dia seguinte, a 10ª foi retirada de seu comando e posta na reserva. Guderian protestou, mas o seu pedido para ter a 10ª de volta foi recusado.

O motivo da recusa foi que, em 21 de maio, tanques britânicos tentaram avançar em direção a Paris, dividindo a coluna alemã em duas e fazendo contato com o restante do exército francês ao sul. Em Arras, os ingleses se viram cara a cara com a Divisão SS *Totenkopf* (literalmente, Cabeça da Morte). Formada por soldados inexperientes, a divisão da SS mostrou sinais de pânico. Ainda mais em pânico ficou o estado-maior do Grupo *Panzer* de von Kleist, que imediatamente temeu que os *Panzer* estivessem sobrecarregados.

Escaramuças costeiras

No entanto, A 1ª e a 2ª Divisão seguiram para portos do Canal da Mancha, mesmo estando abaixo de sua capacidade, já que haviam deixado unidades para trás defendendo as cabeças de ponte em Somme. A 2ª encontrou forte resistência de unidades francesas, britânicas, belgas e holandesas e estava tão avançada que a *Luftwaffe* não pôde dar muita cobertura. As forças aéreas dos Aliados bombardearam os alemães, porém estas também pareciam estar no limite de seu alcance e Boulogne caiu em 22 de maio.

A 10ª Divisão *Panzer* foi devolvida ao comando de Guderian, que a enviou para substituir a 1ª Divisão *Panzer* em Calais, enquanto esta seguia para Dunquerque. O general tinha urgência em tomar Dunquerque, para cortar a rota de fuga dos Aliados. Conforme a luta em torno dos portos do Canal da Mancha se intensificava, a Divisão SS *Leibstandarte Adolf Hitler* foi posta sob o comando de Guderian para fortalecer seu avanço sobre Dunquerque. Elementos da 2ª Divisão também foram enviados, enquanto a artilharia empregada em Boulogne foi enviada para Calais, cujo

Guderian a bordo de um veículo de comunicação maio de 1940

porto, naquele momento, estava cercado pela 10ª Divisão *Panzer*.

Foi então que, em 24 de maio, Hitler ordenou que o avanço para Dunquerque parasse no Canal d'Aire, logo na entrada do porto. Dunquerque e as tropas dos Aliados amontoadas ali deveriam ser deixados para a *Luftwaffe* e se tomar Calais fosse mais difícil que o previsto, também deve ser deixada para a *Luftwaffe*. A *Luftwaffe*, porém, não estava por perto e os aviões dos Aliados assediavam os *Panzer* enquanto estes permaneciam parados e aguardando. Quando Guderian chegou às cercanias de Dunquerque para verificar se o avanço realmente fora interrompido, descobriu que a *Leibstandarte* ainda avançava. O comandante da divisão, Sepp Dietrich, explicou que sua unidade estava à mercê de qualquer um que estivesse em Mont Watten, que se elevava a quase 72 metros do outro lado do canal, o único ponto elevado na área. Guderian aprovou sua decisão e ordenou à 2ª Divisão *Panzer* que seguisse para dar apoio.

Frustração

Em 26 de maio, a 10ª Divisão *Panzer* tomou Calais. Contudo, fora de Dunquerque, tudo que os *Panzer* podiam fazer era observar uma heroica frota de pequenas embarcações e retirar das praias o que restava do exército britânico. Somente na noite de 26 de maio é que chegaram ordens para que o avanço fosse retomado.

"Àquela altura, já era tarde demais para lograr uma grande vitória", disse Guderian.

No dia 29, o XIX Corpo de Exército de Guderian foi retirado e substituído pelo XIV Corpo. Liderado pela 9ª Divisão *Panzer*, tomou a cidade alguns dias depois.

Em 1º de junho, Maurice Few, um oficial britânico, foi capturado perto de Godeswald pela 7ª Divisão *Panzer*, comandado pelo já lendário Erwin Rommel, que liderara outra arremetida para o norte, capturando Lille. Few disse:

Achei seus soldados corretos e corteses, sem a arrogância que veríamos mais tarde. A divisão inteira parecia estar vestida com calças de combate no estilo britânico, novíssimas, com jaquetas da Wehrmacht. Muitos usavam um lenço de seda colorido ao pescoço e usavam cabelos longos. Disseram-me que todos na divisão tinham menos de 30 anos, mas sem dúvida isso não se aplica a Rommel [que nasceu em 1891] e, tal-

Soldados verificam seu equipamento, enquanto um Panzer 38 recebe manutenção

vez, a alguns poucos do estado-maior de sua divisão. Alguém silenciosamente me presenteou com uma manta, possivelmente porque meu uniforme estava em frangalhos. Alguém, obviamente um piadista entre as tropas Panzer, estendeu os punhos cerrados, um acima do outro. Então, movimentou o punho de cima vigorosamente para cima e para baixo, enquanto o punho de baixo permanecia imóvel, enquanto recitava: "Chemblin, Chemblin". (Uma galhofa com o hábito de Neville Chamberlain de abrir e fechar seu famoso guarda-chuva.)

Mas os *Panzer* não estavam tão bem equipados como ele pensara no princípio: *Notei uma engenhosa economia de despesas. Tratava-se de uma cozinha de campanha "mecanizada", consistindo simplesmente de um conjunto de cozinha de campanha puxado por um cavalo na carroceria de um caminhão, com suas rodas presas por pinos. O cozinheiro ficava na parte de trás do caminhão, cozinhando,*

O FIM DA "GUERRA DE ARAQUE"

como faria na coluna em marcha quando seu fogão fosse puxado por dois cavalos fortes. Os mapas em toda a divisão de Rommel pareciam ser mapas turísticos da Michelin. Eram bem atualizados, mas até onde me lembre, sem grades de coordenadas. No entanto, eram bem melhores que nossos mapas topográficos, datados de 1924. Todos os veículos pareciam estar equipados com pneus Dunlop, bem como as aeronaves.

Guderian disse que a oportunidade de capturar toda a Força Expedicionária Britânica em Dunquerque fora desperdiçada por causa do nervosismo de Hitler.

"A razão que ele posteriormente deu para segurar minhas tropas era de que o terreno em Flandres, com suas muitas valas e canais, não era adequado aos tanques, era sofrível", disse Guderian.

Embora o prêmio final lhe tivesse sido negado, nada poderia diminuir o tamanho da realização de Guderian e seus *Panzer*.

Em apenas 17 dias, eles haviam coberto os 640 km da fronteira com a Alemanha até a costa do Canal da Mancha. No caminho, haviam rompido fortificações belgas, forçado uma travessia do Meuse, quebrado as defesas francesas ao norte da Linha Maginot, cruzado o Somme, capturado as importantes cidades de St. Quentin, Péronne, Amiens e Abbéville e capturado os portos do Canal da Mancha em Boulogne e Calais. Os franceses desmoronaram, os belgas foram sobrepujados e os britânicos foram postos para correr de volta para casa com o rabo entre as pernas. Ninguém poderia duvidar de que tal vitória surpreendentemente rápida era devida aos *Panzer*.

No plano pessoal, Guderian recebeu a notícia de que seu filho mais velho fora ferido. Seu segundo filho, Kurt, também estava em ação e tinha sido condecorado com a Cruz de Ferro, primeira e segunda classe. A recompensa do próprio Guderian não demoraria a chegar. Em 28 de maio, Hitler ordenou que um Grupo *Panzer* fosse orga-

Soldados britânicos feridos são levados para tratamento a bordo de um tanque alemão, após a conquista de Calais, em maio de 1940

nizado sob seu comando. O Grupo *Panzer* Guderian foi estabelecido no início de junho, próximo a Charleville, no nordeste da França. Naquele momento, Guderian tinha sob seu comando a 1ª, a 2ª e a 8ª Divisão *Panzer* e a 20ª e a 29ª Divisão de Infantaria Mecanizada. A 1ª e a 2ª Divisão *Panzer* tiveram de percorrer mais de 240 km desde a costa do Canal da Mancha, sendo que a destruição de pontes ao longo do caminho acrescentou 96 km à jornada. Quando chegaram, seus homens estavam cansados e os tanques precisavam de reparos.

A batalha pela França não havia terminado. O exército alemão ainda enfrentaria 70 divisões, incluindo duas britânicas. No entanto, a maioria dos blindados e unidades mecanizadas dos Aliados tinha sido destruída. Então, a *Wehrmacht* teve que atacar ao sul. Primeiro, Guderian precisaria descansar seus homens e reparar seus tanques.

> **List repreendeu Guderian, dizendo que seus homens não estavam prontos para a ação. Guderian respondeu que não era sua culpa se as cabeças de ponte não foram tomadas.**

O Grupo *Panzer* Guderian era parte do 12º Exército, comandado pelo general List, que empregou os *Panzer* atrás da infantaria. Guderian objetou. O general achava que os *Panzer* deveriam sair na frente novamente. Caso contrário, seu progresso seria prejudicado pelas colunas de abastecimento da infantaria, que bloqueariam as estradas. List, porém, queria reservar os *Panzer* para um avanço decisivo e recusou o pedido da Guderian para colocá-los na linha de frente.

Retido

O ataque deveria começar no dia 9 de junho. A infantaria deveria estabelecer oito cabeças de ponte sobre o Aisne para que os *Panzer* atravessassem, com as unidades mecanizadas vindo logo atrás. O ataque começou às 5 horas. Às 12 horas, Guderian foi avisado de que o ataque fracassara. Apenas uma pequena cabeça de ponte fora estabelecida, com menos de 2,4 km de penetração. Guderian sugeriu que todos os tanques fossem deslocados para essa única cabeça de ponte durante a noite, de modo que estivessem prontos para avançar na manhã seguinte.

List foi ao encontro de Guderian, mas no caminho viu alguns dos homens de Guderian sem suas jaquetas. Outros tomavam banho em um córrego. List censurou Guderian, dizendo que seus homens não estavam prontos para entrar em ação. Guderian rebateu, afirmando que não era sua culpa se sete das cabeças de ponte não tinham sido tomadas e a oitava não penetrara o bastante para que fosse ocupada por seus tanques imediatamente. List aquiesceu. Os dois homens apertaram as mãos e, em seguida, discutiram o futuro do ataque.

Durante a tarde, a infantaria conseguiu estabelecer duas novas cabeças de ponte com pouca penetração, mas que permitiram o avanço da 1ª e da 2ª Divisão *Panzer*. Às 6h30 do dia 10 de junho, os *Panzer* atacaram, avançando rapidamente através das cidades de Avançon, Tagnon, Neuflize e Retourne. Àquela altura, os franceses haviam abandonado o campo aberto, sabendo que não poderiam enfrentar os *Panzer* ali. Em vez disso, defenderam bosques e aldeias, que os *Panzer* ignoraram e deixaram para a infantaria a tarefa de abrir caminho por florestas bem defendidas e ruas barricadas.

Em Juniville, no início da tarde, os franceses contra-atacaram com o que restava de seus blindados. Aconteceu, então, uma batalha de tanques que durou duas horas. Os *Panzer* descobriram que seus canhões de 20 mm e 37 mm eram ineficazes contra os pesados tanques *Char B* franceses. Até mesmo os disparos de um canhão antitanque de 47 mm capturado ricocheteavam na blindagem de 60 mm do *Char*, que era duas vezes mais espessa do que a blindagem dos tanques alemães. O *Char B* era equipado com um canhão 47 mm em sua torre e um canhão fixo de 75 mm no casco, porém sua torre de um homem só dificultava sua manobra no campo de batalha. Enquanto comandava o tanque, ou até mesmo um grupamento deles, o comandante do tanque também teria de carregar e disparar o canhão. Os *Panzer* sofreram pesadas baixas. Mas a batalha foi vencida pelos alemães quando os soldados de Guderian capturaram o bastião francês.

No final da tarde, houve outro encontro com tanques franceses, mas a 1ª Divisão *Panzer* conseguiu batê-los mais uma vez e tomou Juniville. Enquanto isso, a 2ª Divisão *Panzer* havia atravessado o Aisne a oeste e rumava para o sul. O quartel-general do grupo foi deslocado para Bois de Sévigny, no Aisne, e Guderian dormiu por três horas sobre um feixe de palha. O general estava tão exausto que nem sequer tirou seu quepe e foi preciso erguer uma tenda em torno dele.

Contra-ataque francês

Na manhã seguinte, Guderian supervisionou o ataque de 1ª Divisão *Panzer* em La Neuville. Após uma barragem de artilharia, tanques e soldados cercaram a aldeia e rumaram em direção a Béthénville, uma aldeia que Guderian conhecera durante a Primeira Guerra Mundial. Os franceses contra-atacaram com cerca de cinquenta tanques. A 3ª Divisão Blindada e a 3ª Divisão Mecanizada francesas também atacaram pelos flancos. Isso retardou o progresso dos *Panzer*. A situação ficou mais confusa quando a infantaria alcançou tanques e as duas armas do exército passaram a competir pela liderança. Guderian tentou fazer com que List impedisse que a infantaria cruzasse a linha de ataque dos *Panzer*, sem sucesso. As ordens que chegavam eram confusas e, por vezes, contraditórias. Assim, Guderian ignorou-as e avançou para o sul.

A 1ª Divisão *Panzer* recebeu ordens de não cruzar o Canal Reno-Marne. Entretanto, quando Guderian lá chegou, descobriu que seus homens já haviam tomado a ponte em Éptépy e estabelecido uma cabeça de ponte do outro lado. Em seguida, Guderian avançou pela ponte. Em vez de repreender os dois oficiais responsáveis pela travessia do canal por desobedecer ordens, o general lhes concedeu a Cruz de Ferro, primeira classe, de imediato e perguntou por que não tinham ido mais longe. Depois disso, ordenou-lhes que avançassem diretamente para St. Dizier. Como acreditava Guderian, uma vez que as linhas inimigas foram rompidas, não havia motivo para hesitação ou demora. Quando a 1ª Divisão *Panzer* tomou St. Dizier, seus homens esperavam algumas horas de descanso. Guderian, contudo, ordenou-lhes que avançassem para Langres, dizendo simplesmente: "Agora, quanto mais rápido continuarmos nosso avanço, maior deverá ser nossa vitória".

Falha de comunicação

Na manhã seguinte, a 1ª Divisão *Panzer* havia capturado a antiga fortaleza em Langres e três mil prisioneiros.

Incerto sobre o que o Alto-Comando queria que se fizesse a seguir, Guderian enviou seu oficial de ligação de volta para informar sobre sua intenção de avançar até a fronteira com a Suíça.

No entanto, seu progresso foi prejudicado pela *Luftwaffe*, que bombardeou a ponte em Gray. Mas Guderian estava, naquele momento, sem contato com o Grupo de Exércitos e não pôde repreendê-los.

Durante o avanço, seus homens capturaram trinta tanques e milhares de prisioneiros, incluindo vários poloneses. Em 17 de junho, enquanto Guderian e seus oficiais de gabinete se reuniam para celebrar seu aniversário, seu chefe de estado-maior, coronel Nehring, entregou-lhe um presente de aniversário especial. Era uma mensagem dizendo que sua 29ª Divisão de Infantaria Mecanizada havia chegado à fronteira suíça. Guderian partiu imediatamente para felicitar suas tropas. Enquanto isso, enviou uma mensagem para o Alto-Comando, informando que seus homens haviam atingido a fronteira com a Suíça, em Pontarlier.

"Mensagem equivocada", respondeu Hitler, "suponho que você queira dizer Pontailler-sur-Saône".

"Não há equivoco", foi a resposta de Guderian, "eu mesmo estou em Pontarlier, na fronteira com a Suíça", que ficava 110 km mais adiante.

Oficiais alemães de alta patente supervisionam o avanço alemão para Verdun: o chefe de polícia Kurt Daluege segura um mapa ou um jornal às costas

O FIM DA "GUERRA DE ARAQUE"

Nesse ponto, Guderian girou sua coluna para nordeste, para atacar as defesas francesas ao longo da fronteira com a Alemanha pela retaguarda. Isso aprisionaria as forças francesas na Alsácia-Lorena e as forçaria contra o Sétimo Exército do general Dollmann, que avançava ao longo da fronteira alemã. As tropas bem treinadas de Guderian fizeram um giro de 90 graus sem dificuldade. Foi só então que Guderian recebeu ordens para girar a nordeste. O general respondeu que a ordem já fora levada a cabo.

Naquela noite, Guderian recebeu outro presente de aniversário. Seu filho mais novo, Kurt, apareceu. Ele acabara de ser transferido do 3º Batalhão de Reconhecimento Blindado para a guarda pessoal de Hitler, o Batalhão de Escolta do *Führer*.

Mais uma vez, a velocidade do avanço dos *Panzer* pegou tanto o inimigo quanto o Grupo de Exércitos de surpresa. Milhares de prisioneiros haviam se rendido, junto com sua artilharia e transporte. Os *Panzer* chegaram a Belfort, objetivo designado a eles pelo Grupo de Exércitos, naquela noite. Pela manhã, a cidade havia sido tomada e as tropas aquarteladas ali haviam se rendido. Só o forte resistia. Guderian organizou um ataque relâmpago. Depois de uma curta barragem de artilharia da 1ª Divisão *Panzer*, um canhão antiaéreo de 88 mm e um batalhão de infantaria em veículos blindados de transporte de tropas foram levados às pressas até a base do forte. Os homens ultrapassaram trincheiras e escalaram as muralhas, enquanto o canhão antiaéreo mantinha os defensores de cabeça baixa. A velocidade do ataque pegou os franceses de surpresa e estes foram obrigados a se render.

Embora Belfort fosse seu objetivo, enquanto o forte estava sendo tomado, elementos avançados da 1ª Divisão *Panzer* prosseguiram para Giromagny ao norte, onde fizeram 10.000 prisioneiros e capturaram sete aviões e quarenta morteiros.

Enquanto isso, o governo francês havia caído e, em 16 de junho, o marechal Petáin, o mesmo da Primeira Guerra Mun-

Um posto policial na Alsácia-Lorena em 1940, quando os alemães começaram a apertar o controle sobre os países vizinhos

dial, começou a negociar um armistício. Mesmo assim, Guderian não via motivo para reduzir o passo e continuou avançando para fazer contato com a general Dollmann e cercar os franceses. No momento em que a 2ª Divisão *Panzer* chegou à cabeceira do Moselle, em Rupt, e a 6ª Divisão *Panzer* tomou o forte em Épinal, mais de 40.000 prisioneiros haviam sido capturados.

Em 19 de junho, foi feito contato com o Sétimo Exército. Em seguida, a infantaria do I Corpo do Exército chegou à área, mas teve seu avanço interrompido por Guderian, já que as estradas estavam congestionadas com os *Panzer*. A infantaria queixou-se ao quartel-general do Grupo de Exércitos. De nada adiantou, pois os *Panzer* já haviam tomado as fortalezas restantes da Linha Maginot para, em seguida, rumar até a região de Vosges, em Lorena, capturando outros 150.000 prisioneiros. Desde que cruzara o Aisne, o Grupo *Panzer* Guderian capturara 250.000 homens.

Cessar-Fogo

O governo francês concordou com um armistício em 22 de junho. Com os *Panzer* liderando o ataque, o exército alemão havia conquistado a França em apenas seis semanas, algo que não conseguiu fazer em quatro anos sem blindados na Primeira Guerra Mundial. No dia seguinte, Guderian visitou o general Dollman, cujo quartel-general ficava em Colmar. Fora ali onde Guderian passara sua infância. O general também visitou o filho mais velho, hospitalizado em Lyon. Heinz Günter fora ferido pela segunda vez, mas seu sofrimento rendeu-lhe uma promoção.

O próprio Guderian foi anfitrião do Dr. Fritz Todt, ministro da produção de armamentos e de guerra, que buscou conselhos do general sobre o desenvolvimento da produção de tanques à luz de sua experiência em ação. Como resultado, Hitler ordenou que o canhão de 37 mm do *Panzer III* fosse substituído por um canhão de 50 mm, o *L60*. Na prática, foi usado o *L42*, também de 50 mm, por ter um cano mais curto. Hitler ficou furioso quando descobriu, apesar de um cano mais curto ser muito melhor para a capacidade de manobra dos tanques.

O Grupo *Panzer* Guderian foi dissolvido em 30 de junho de 1940. Em seu discurso de despedida aos seus homens, Guderian disse: "O avanço vitorioso desde Aisne até a fronteira com a Suíça e Vosges entrará para a história como um exemplo heroico de conquista por forças móveis".

Alguns dos componentes do Grupo *Panzer* Guderian voltaram para a Alemanha. Outros, juntamente com o estado-maior,

Sinais de trânsito instalados às pressas em letras góticas revelam novos caminhos em Colmar

O FIM DA "GUERRA DE ARAQUE"

Como parte dos preparativos para a Operação Leão-Marinho, um tanque alemão é reformado para tornar-se anfíbio, na costa francesa

foram para Paris. Guderian foi com eles e aproveitou a oportunidade para visitar o Museu Napoleônico, em Malmaison. Depois disso, Guderian retornou a Berlim, onde foi promovido a coronel-general. Os preparativos para a Operação Leão-Marinho, a invasão da Grã-Bretanha, estavam em curso. Os *Panzer III* e *IV* foram modificados para operar submersos na invasão. Esses tanques foram testados em Putlos, em Holstein, mas nunca foram mobilizados contra os britânicos. Em vez disso, seriam enviados para a União Soviética no ano seguinte.

Os *Panzer* tinham desempenhado um papel tão vital na batalha pela França que Hitler ordenou um aumento da produção, de 800 para 1.000 tanques por mês. Contudo, o Escritório de Material Bélico do Exército ressaltou que seriam necessários 10.000 operários qualificados e especialistas adicionais.

O custo calculado seria de dois bilhões de marcos e Hitler foi forçado a abandonar seu plano.

Hitler também ordenou que o número de divisões *Panzer* fosse duplicado. O resultado foi simplesmente uma redução da força de tanques de cada uma delas pela metade. O ditador também aumentou o número de unidades mecanizadas, mas a indústria automobilística alemã não conseguia dar conta da demanda de veículos novos. Foi preciso usar veículos capturados. Estes eram geralmente de qualidade inferior àqueles produzidos pela indústria alemã e completamente inadequados para as condições na União Soviética e no deserto norte-africano, onde seriam empregados.

Guderian estava ocupado trainando as novas unidades *Panzer* e mecanizadas e, durante esse período, não teve contato com o Alto-Comando do Exército ou o estado-maior.

"Não perguntaram minha opinião", escreveu, "fosse sobre a reorganização da força blindada", uma área em que era o especialista, "fosse quanto ao futuro andamento da guerra". Guderian já havia deixado claro em *Achtung – Panzer!* que achava a guerra com a Rússia um erro.

5. EM PLENO DESERTO

"De todos os teatros de operações, o Norte da África foi, provavelmente, aquele onde a guerra tomou sua forma mais moderna", escreveu o brilhante comandante de *Panzer*, Erwin Rommel. "Ali, formações totalmente mecanizadas se defrontaram sobre um deserto plano, livre de obstruções, oferecendo possibilidades até então imprevistas. Ali, os princípios da guerra com veículos mecanizados e tanques, conforme ensinados antes de 1939, puderam ser integralmente aplicados e, o mais importante, desenvolvidos."

A capacidade de Rommel para lidar com formações *Panzer* em campo, diz-se, seria superior à de Guderian e lhe valeu o relutante respeito dos britânicos, que o chamavam de "Raposa do Deserto". Nascido em Heidenheim an der Brentz, em 15 de novembro de 1891, Rommel ingressou no 6º Regimento de Württemberg em 1910. Como muitos dos grandes comandantes de *Panzer*, serviu na infantaria durante a Primeira Guerra Mundial. Seu primeiro combate na Frente Ocidental deu-se em Verdun, em 1914, onde recebeu a Cruz de Ferro, segunda classe. Sua Cruz de Ferro, primeira classe, viria depois de organizar um ataque ousado contra as trincheiras francesas em Argonne, no ano seguinte. Em 1916, Rommel foi enviado para o recém-formado Regimento de Montanha de Württemberg e lutou com o Corpo Alpino na campanha romena. Durante a campanha de Caporetto, em 1917, onde as *Stosstruppen* foram empregadas pela primeira vez, seu batalhão abriu caminho lutando de Isonzo até Piave, atrás das linhas italianas, capturando 81 canhões, 9.000 homens e 150 oficiais italianos. A distância das trincheiras ensinou a Rommel um tipo diferente de guerra.

"Fiquei com a impressão de que não devia ficar parado, senão perderia", escreveu em seu livro *Ataques de infantaria*, publicado em 1938, com base nas palestras que deu como instrutor na Escola de Infantaria, em Dresden, onde passou quatro anos estudando táticas. Estratégia e aspectos políticos e diplomáticos das operações milita-

No alto: Himmler e Heydrich participam de uma reunião de cúpula, em Roma

res não lhe interessavam e o limite de 4.000 oficiais, imposto ao exército pelo Tratado de Versalhes, o impedia de ser promovido para além de comandante de companhia. Embora não tivesse nenhuma especial afeição para os nazistas, o Terceiro *Reich* apresentava oportunidades para um militar ambicioso. Quando Rommel conheceu Hitler, em 1934, ficou impressionado. Por sua vez, Rommel deixou uma impressão favorável no ministro da propaganda de Hitler, Josef Goebbels, que procurou promovê-lo como um herói popular. Promovido a major, recebeu o comando do 17º Regimento de Infantaria. Então, em outubro de 1935, Hitler fez dele um instrutor militar da recém-reaberta Academia de Guerra. Rommel também atuou como instrutor militar da Juventude Hitlerista. Além disso, quando Hitler marchou em direção à região dos Sudetos, em 1938, Rommel liderou sua escolta pessoal, o Batalhão *Führerbegleit*.

Quando Rommel mostrou especial habilidade na organização da comitiva de Hitler, o ditador nomeou-o comandante da 7ª Divisão *Panzer*, uma das divisões ligeiras cujos blindados estavam sendo modernizados após a campanha polonesa, em fevereiro de 1940. Rommel era comandante de *Panzer* havia apenas três meses quando a batalha da França começou. Porém saiu-se muito bem, desempenhando um papel fundamental na travessia do Meuse em Dinant. Na corrida pelo norte da França até o Canal da Mancha, superou as outras divisões, a tal ponto que a 7ª Divisão ganhou o apelido de "Divisão Fantasma". Rommel também foi elogiado por sua coragem pessoal, pois esteve sob fogo diversas vezes durante a campanha.

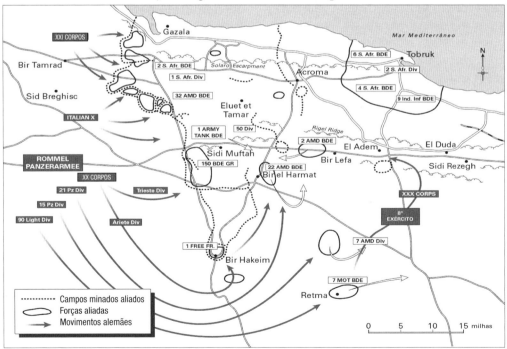

Batalha de Gazala, maio a junho de 1942

A guerra se espalha

A guerra no Norte da África começou quando o ditador italiano Benito Mussolini ordenou ao marechal Rodolfo Graziani, seu comandante na Líbia, que estava em mãos italianas desde 1911, que tomasse o Egito, Colônia britânica desde 1882. Em 13 de setembro de 1940, o Décimo Exército italiano tomou o pequeno porto fronteiriço de Solium. Dali, os italianos avançaram mais 80 km Egito adentro e ocuparam a base britânica em Sidi Barrani, em 16 de setembro. Seis semanas mais tarde, a Força Britânica do Deserto Ocidental, comandada pelo general Richard O'Connor, contornou rapidamente o flanco sul italiano. Essa seria uma tática usada por ambos os lados na guerra do deserto. O flanco norte dos dois exércitos estava seguro, por estar limitado pelo mar, e os exércitos inimigos se aferravam à estrada costeira. Mas o flanco sul era deserto aberto. O'Connor, então, girou e bateu os italianos na retaguarda com cinquenta tanques pesados *Matilda*, reforçando a 4ª Divisão de Infantaria indiana. Isso evitou um ataque frontal contra as fortificações e pegou os italianos de surpresa. Com os italianos em confusão total, a 7ª Divisão Blindada avançou, com seus tanques escondidos em nuvens de poeira, deixando ver as ameaçadoras torres com seus canhões, encimadas pelas cabeças de seus comandantes e com duas flâmulas tremulando no alto das antenas de rádio. Os britânicos atingiram com dureza o flanco e a retaguarda dos italianos, isolando as unidades avançadas. Foram feitos cerca de 40.000 prisioneiros.

Em 10 de dezembro, os italianos que conseguiram escapar se refugiaram no outro lado da fronteira da Líbia, na província da Cirenaica, onde o restante das forças italianas de Sidi Barrani se encerrou na fortaleza de Bardia. Os tanques de O'Connor cercaram a fortaleza rapidamente. Em 3 de janeiro de 1941, o ataque britânico em Bardia começou e três dias depois toda a guarnição de Bardia, 45.000 homens ao todo, se rendeu.

Reforçada pelos australianos, a Força do Deserto Ocidental continuou seu avanço. A próxima fortaleza a oeste, Tobruk, foi atacada em 23 de janeiro e capturada no dia seguinte: foram feitos 30.000 prisioneiros no processo. Depois de tomar Mechili e Msus, restava aos britânicos tomar o porto de Benghazi para concluir a conquista da Cirenaica. Em 3 de fevereiro de 1941, no entanto, O'Connor soube que os italianos estavam prestes a abandonar Benghazi e recuar para oeste até a estrada costeira para Agheila. Assim, ousadamente ordenou que os tanques da 7ª Divisão Blindada atravessassem o deserto

Mostrando uma bandeira italiana capturada, um tanque Matilda britânico a caminho de Tobruk, em 24 de janeiro de 1941

EM PLENO DESERTO

Levantando poeira, tanques italianos avançam sobre Marmarica, na Tunísia

pelo interior e isolassem o grande bolsão na Cirenaica, interceptando o lento recuo italiano ao cortar a estrada costeira bem a leste de Agheila, segurando-os lá para a 4ª Divisão de Infantaria indiana e seus *Matilda*. Em 5 de fevereiro, depois de um avanço de 270 km em 33 horas, os tanques britânicos bloquearam a linha de retirada italiana ao sul de Beda Fomm. Na manhã de 6 de fevereiro, as principais colunas italianas apareceram, e a batalha de Beda Fomm começou. Embora os italianos tivessem quase quatro vezes mais tanques que os britânicos, na manhã seguinte, sessenta tanques italianos haviam sido incapacitados, outros quarenta abandonados e o restante do exército de Graziani se rendia em massa. Os britânicos, com apenas 3.000 homens e tendo perdido apenas três de seus 29 tanques, capturou 20.000 prisioneiros, 120 tanques e 216 canhões. No momento em que os italianos se renderam em Beda Fomm, em 7 de fevereiro, os britânicos já os tinham feito recuar 800 km, capturando mais de 130.000 soldados, 400 tanques e 1.290 canhões. Sem encontrar mais nenhuma resistência, a Força do Deserto Ocidental poderia ter prosseguido e tomado Trípoli, mas suas linhas de abastecimento já estavam sobrecarregados e Churchill queria desviar homens e recursos para a Grécia.

Hitler, então, foi em auxílio de Mussolini, enviando-lhe uma força *Panzer* (que deveria ter sempre, no máximo duas divisões) "para prestar serviços aos nossos aliados na defesa da Tripolitânia, especialmente contra a divisão blindada britânica".

Depois de ter-se destacado na campanha francesa, Rommel foi enviado para a Líbia. Em 12 de fevereiro, chegou a Trípoli. No dia seguinte, houve um desfile de *Panzer* na rua principal. Rommel fez um discur-

Coluna de prisioneiros italianos capturados durante o assalto a Bardia, na Líbia, em janeiro de 1941, amontoando-se a caminho de um campo britânico de prisioneiros

CAPÍTULO 5

> **MOBILIZAÇÃO DE UNIDADES DO EIXO NO NORTE DA ÁFRICA, 1941**
>
> *27 DE JUNHO DE 1941*
>
> *Deutsches Afrikakorps (Rommel)*
>
> *5ª Divisão Ligeira (Streich)*
>
> *15ª Divisão Panzer (von Esebeck)*
>
> *15 DE AGOSTO DE 1941*
>
> *PANZERGRUPPE AFMKA (Rommel)*
>
> *Afrikakorps (Cruwell)15ª Divisão Panzer (Neumann-Silkow)*
>
> *21ª Divisão Panzer (von Ravenstein)*
>
> *Divisão Afrika (Summermann)*
>
> *55ª Divisão de Infantaria de Davona (Giorgis)*
>
> *XXI Corpo de Exército Italiano (Navarrini)*
>
> *17ª Divisão de Infantaria de Pavia (Franceschini)*
>
> *27ª Divisão de Infantaria de Brescia (Zambón)*
>
> *25ª Divisão de Infantaria de Bologna (Gloria)*
>
> 102ª Divisão de Infantaria Mecanizada de Trento (De Stefanis)
>
> *XX Corpo Italiano (Gambarra)*
>
> *132ª Divisão Blindada Ariete (Balotta)*
>
> *101ª Divisão de Infantaria Mecanizada de Trieste (Piazzoni)*

so que foi traduzido frase por frase para o italiano. A multidão só aplaudiu quando Rommel fez referência às "conquistas" das tropas italianas. No entanto, os italianos ficaram impressionados com o desfile dos *Panzer*, embora alarmados com os danos que as lagartas do pesados *Mark IV* causaram à rua. Espiões britânicos em Trípoli também ficaram impressionados.

"As transmissões deixaram claro que o Quartel-General no Oriente Médio foi surpreendido pelo vigor da força expedicionária alemã na Tripolitânia", disse o tenente Heinz Schmidt, ajudante de ordens de Rommel, nascido na África do Sul.

Duas horas após o final do discurso de Rommel, os *Panzer* saíam de Trípoli com destino à linha de frente. Rommel imediatamente abandonou qualquer postura defensiva e se preparou para atacar. Isso alarmou Hitler e o Alto-Comando. Eles achavam que uma grande ofensiva no Norte da África seria um desperdício de homens e material e temiam que Rommel destruísse os *Panzer* que seriam necessários para o ataque à União Soviética.

O general Halder escreveu em seu diário: "Relatórios de oficiais que chegam daquele teatro de operações (...) mostram que Rommel não está de forma nenhuma à altura da tarefa. Ele corre o dia todo entre unidades amplamente dispersas, organiza expedições de reconhecimento e desperdiça suas forças. Ninguém tem nenhuma ideia de sua disposição e força de combate. A única certeza é de que as tropas estão muito dispersas e sua força de combate está reduzida".

Halder chegou mesmo a enviar o general de *Panzer* Friedrich Paulus para a Líbia, com ordens para "assumir o comando daquele soldado descontrolado que perdera o juízo". Ao longo da campanha no norte africano, Halder considerou Rommel um homem que "não conseguia lidar com a situação". A facção do Alto-Comando que antagonizava os *Panzer* começou a fazer avanços novamente. Mas Rommel era ambicioso. Os britânicos estavam enfraquecidos e ele acreditava que poderia, sozinho, expulsá-los do Egito. Havia muito em jogo.

"À nossa frente, estão territórios contendo uma enorme riqueza de matérias-primas", disse ele. "A África, por exemplo, e o Oriente Médio, que poderiam ter acabado com nossas preocupações".

Falsas projeções

Em 1940, o general von Thoma escreveu um relatório dizendo que o Egito poderia ser tomado com apenas quatro divisões blindadas. Rommel recebeu duas: a 15ª Divisão *Panzer* e a 21ª Divisão *Panzer*, a antiga 5ª Divisão Ligeira, que se tornara uma divisão *Panzer* em outubro de 1941. Também contava com uma divisão ligeira e uma divisão de infantaria. Juntas, essas unidades formaram o famoso *Afrika Korps*. Rommel também estava no comando das forças mecanizadas italianas no norte da África, enquanto ele próprio, teoricamente, respondia ao marechal Graziani e a Mussolini. Na verdade, estava subordinado diretamente a Hitler.

Paulus escreveu em seu relatório a Halder que o *Afrika Korps* não somente carecia de apoio logístico, como também não tinha o número de homens ou o material necessário para organizar uma ofensiva bem-sucedida. Rommel precisava muito de recursos, pois seus planos para uma ofensiva não contava com o apoio de seus superiores.

"É claro que, se a oportunidade para uma ação ofensiva se apresentasse, aproveitaríamos", Halder escreveu, "mas no geral, considerávamos o assunto como uma luta por vez".

A situação não melhorou quando Rommel surpreendeu a todos ao vencer batalha após batalha.

Liddell Hart escreveu:
Mesmo quando Rommel mostrou o quão longe poderia ir com uma força Panzer tão pequena, Hitler e Halder permaneceram relutantes em fornecer os reforços relativamente pequenos que, com toda probabilidade, teriam decidido a questão. Com essa recusa, os alemães perderam a chance de conquistar o Egito e expulsar os britânicos do Mediterrâneo num momento em que estes ainda estavam enfraquecidos, ao mesmo tempo em que se viram forçados a um compromisso e um sacrifício muito maiores no longo prazo.

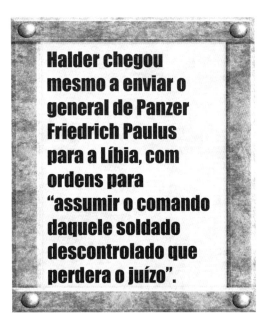

Halder chegou mesmo a enviar o general de Panzer Friedrich Paulus para a Líbia, com ordens para "assumir o comando daquele soldado descontrolado que perdera o juízo".

Rommel tinha outro problema. A Marinha Real ainda controlava o Mediterrâneo e, por isso, os comboios de abastecimento enviados a ele estavam em constante perigo de serem capturados ou afundados e a perda de um grande número de paraquedistas durante a invasão de Creta forçara Hitler a cancelar sua planejada invasão de Malta. Isto deixou a RAF com uma grande base aérea no meio do Mediterrâneo.

Halder reclamou que Rommel simplesmente ignorou o fato de não ser possível abastecer suas tropas adequadamente enquanto estavam no ataque, mas Rommel disse: "Com certa dose de boa vontade, suprimentos para essas formações poderiam ter sido providenciados em quantidades suficientes. Mais tarde, quando era, naturalmente, tarde demais, revelou-se perfeitamente possível dobrar subitamente a quantidade de suprimentos".

CAPÍTULO 5

A desculpa foi de que homens e material eram necessários na Rússia. Mas a duplicação dos suprimentos para o Norte da África, em 1942, viria em um momento em que a Alemanha ainda não estava tão plenamente comprometida com a luta na União Soviética. Até então, Rommel se queixou do "esgotamento do Exército *Panzer* em todos os elementos essenciais da guerra motorizada". Mas Rommel tinha uma grande vantagem: Hitler estava longe demais para interferir.

Incansável, Rommel começou a trabalhar com o pouco que tinha. Como levaria até meados de maio para que seus *Panzer* atingissem sua força total, Rommel usou oficinas em Trípoli para construir um grande número de tanques falsos montados em carros Volkswagen que, insistiu Rommel, eram "enganosamente como os originais".

O general organizou seus *Panzer* para que trabalhassem em estreita cooperação com as unidades móveis de infantaria e artilharia, especialmente as armas antitanque. Foi empregado o *FLAK* 88 mm (*Flieger-abwehrkanone*, um canhão antiaéreo). Os britânicos consideraram a medida bastante "antidesportiva", embora se mostrasse devastadoramente eficaz.

Quando Rommel começou seu avanço em fevereiro de 1941, contava com cinquenta tanques, metade dos britânicos. Ao final do ano, a superioridade britânica já era de sete para um e continuava subindo. Os sucessos de Rommel, contudo, não vinham da força dos números, mas de seu comando magistral das táticas *Panzer*. No ataque, o general empregava unidades de reconhecimento altamente móveis, seguidas por armas antitanque protegidas pela infantaria. Logo atrás dessa formação avançada, vinha o corpo principal: os *Panzer* e a infantaria mecanizada.

Rommel desenvolveu manobras defensivas que atrairiam um avanço britânico para atacar a formação antitanques alemã. Os britânicos atacariam com seus tanques, sem apoio, rompendo as defesas externas alemãs somente para se depararem com baterias de canhões *FLAK* 88 mm e outras peças de artilharia, que estariam posicionadas de modo a atingir um flanco vulnerável, os *FLAK* 88 em particular, levando caos aos blindados britânicos e deixando o campo de batalha coalhado de tanques britânicos em chamas. Enquanto isso, os *Panzer* atacariam o flanco e a retaguarda da posição inimiga, enquanto tropas móveis cortariam as linhas de comunicação

Originalmente um canhão AA, o FLAK 88 mm foi um eficaz destruidor de tanques

e retirada dos britânicos. Apesar de ser um soldado de infantaria por formação, Rommel usou seus *Panzer* como cavalaria, com mudanças rápidas de direção, fintas e retiradas súbitas que lhe valeram o apelido de "Raposa do Deserto".

Esquentando

Rommel tinha outras vantagens. Embora as condições do deserto fossem novidade para seus *Panzer*, os tanques eram novos. Os tanques britânicos estavam mecanicamente esgotados após a longa campanha que haviam acabado de travar.

Areia e poeira efetivamente reduziam a vida mecânica das máquinas pela metade, e os tanques britânicos precisavam muito de manutenção. Muitos deles tinham sido levados de volta ao Egito para reparos.

Outros haviam sido enviados para a defesa da Grécia, que estava sendo invadida primeiro pela Itália, depois pela Alemanha. Rommel também descobriu que o clima do Norte da África fazia bem a ele, mas não era tão bom para os tanques. Em junho, a temperatura chegou a 42°C, fazendo com que a temperatura nos tanques ao sol subisse para 71°C, deixando-os quente demais até para tocar.

O tenente Kurt Wolff, que estava com o 5º Regimento *Panzer* quando este entrou em ação com a 21ª Divisão *Panzer* no Norte da África, descreveu a situação:

Um regimento Panzer é uma organização gigantesca. Caminhões de munição e reservatórios de combustível avançam e muitas vezes explodem no curso da batalha. Cozinhas de campanha e caminhões de suprimentos procuram os rastros dos Panzer de suas unidades. No entanto, a movimentação importante no crepúsculo é dos grupos de reparos. Homens que reparam motores, limpam e ajustam carburadores. Molas, roletes e elos de lagartas devem ser inspecionados e consertados Canhões e metralhadoras devem ser verificados. É possível ouvir o palavreado chulo dos homens trabalhando duro, o barulho de martelos na noite úmida e fria. Mas milhares de outras coisas são providenciadas antes que uma batalha seja vencida. À luz amarela do luar, longos comboios de caminhões se movem pela estrada costeira, atacada vez após outra por bombardeiros ingleses. Água, combustível, munição, pão, alimentos e pessoas, tudo se move na noite escura, o que não é diferente durante o calor ofuscante do dia. Assim que o sol se levanta através da névoa da manhã, o regimento começa a avançar. Dispersamo-nos no deserto, mas avançamos, de 40 a 50 quilômetros, é o que mostra nosso velocímetro. Mas o melhor é o ataque... o Panzer alemão, nosso belo, grande e murmurante Panzer. Secretamente, temos orgulhoso de que todos precisam de nós quando o perigo é grande. Panzer! Panzer ao ataque!

Em 31 de março, Rommel atacou em Agheila, embora seus *Panzer* ainda não estivessem com toda a força. O general fora informado de que não deveria esperar reforços, mas não quis dar tempo aos britânicos para preparar defesas. Acreditando que os falsos tanques de Rommel fossem reais, os britânicos recuaram. Os *Panzer* os perseguiram.

Em 2 de abril, o 5ª Regimento *Panzer* se deparou com tanques britânicos. Logo, sete deles estavam queimando no campo de batalha. Como os britânicos opuseram pouca resistência, Rommel decidiu tomar toda a Cirenaica de um só golpe.

"Provavelmente nunca antes na guerra moderna fora tentada uma ofensiva tão completamente despreparada como esse ataque através da Cirenaica", disse Rommel. O general foi informado de que tal movimento seria uma contradição direta às ordens vindas de Roma, mas prosseguiu assim mesmo e estava se preparando para tomar Benghazi quando recebeu mensagem do Alto-Comando alemão dando-lhe total liberdade de ação.

Em Benghazi, os britânicos já haviam queimado seus suprimentos e fugido. Rommel escreveu para sua esposa Lucie-Maria que não conseguira dormir de felicidade. E avançou seus *Panzer* mais uma vez. "Naquele momento, velocidade era tudo", escreveu. "Queríamos a todo custo forçar uma parte do contingente britânico ao combate antes que todo ele conseguisse se retirar."

O avanço foi tão rápido que Rommel teve que se deslocar pelo ar com a *Luftwaffe* para acompanhar a ação. Os italianos, pegos de surpresa, abriram fogo. "Foi um milagre não termos sido abatidos", escreveu Rommel, "e isso não depõe a favor da pontaria italiana".

Em 5 de abril, Rommel assumiu o comando do contingente avançado com seu *Gefechtstaffel* – uma pequena equipe de quartel-general com pessoal de comunicações e combate, um caminhão de comunicações por rádio e veículos para transporte das tropas que Rommel levava consigo em ação. Em várias ocasiões, o grupo do quartel-general de Rommel teve a oportunidade de atacar a retaguarda da coluna

britânica em retirada e, no dia 8 de abril, os *Panzer* capturaram em seu avanço o general *Sir* Richard O'Connor, recentemente condecorado por seu sucesso contra os italianos, e todo o seu gabinete.

Rommel observou que os generais britânicos tinham caminhões com lagartas, equipados com rádios e espaço para escritório, que foram apelidados de "mamutes" pelos alemães. O general fez de um deles seu próprio caminhão de comando. E, na areia, encontrou um par de grandes óculos britânicos para proteção contra o sol e a areia, que passou a usar.

"Butim é admissível, acho" disse, "mesmo para um general."

Esses óculos sobre o trançado dourado no alto de seu quepe se tornariam a marca registrada da "Raposa do Deserto". Uma vez equipados, os *Panzer* prosseguiram. Em 10 de abril, toda a Cirenaica estava em mãos alemãs. Paulus ficou furioso e culpou o avanço não planejado de Rommel através da Líbia pela retirada britânica da Grécia. Rommel, porém, disse duvidar que os alemães pudessem ter imobilizado os britânicos na Grécia. Os britânicos sempre foram bons em evacuar suas tropas por mar, quando necessário.

Os Bálcãs

Àquela altura, os *Panzer* haviam levado 20 dias para conquistar toda a região dos Bálcãs. A fim de proteger o flanco sul da Alemanha, Hitler pressionou o príncipe regente da Iugoslávia Paul, para que se juntasse ao Eixo alemão-italiano. Enquanto isso, os britânicos haviam deslocado tropas do Oriente Médio para defender a Grécia contra um ataque de Mussolini. Isso encorajou elementos antigermânicos na Iugoslávia a derrubar Paul. Hitler respondeu ordenando ao Alto-Comando que atacasse tanto a Iugoslávia quanto a Grécia. Foi elaborado um plano de ataque em apenas dez dias. Esse plano envolvia o Décimo-Segundo Exército do marechal de campo List e um grupo *Panzer* especial, comandado pelo general de cavalaria von Kleist. Esse contingente já estava reunido na Hungria e na Romênia, países com governo pró-nazista, e foi deslocado para o sudoeste da Romênia e para a Bulgária, outro país pró-nazista, em frente às fronteiras de Iugoslávia e Grécia. O Segundo Exército, do general Maximilian von Weichs, também começou a ser reunido na Áustria e na Hungria, em frente ao norte da Iugoslávia.

Havia poucas estradas nos Bálcãs e praticamente nenhuma ferrovia. Sendo assim, o Alto-Comando alemão concluiu que a península só poderia ser tomada rapidamente por tropas mecanizadas. Um terço dos tanques alemães foi mobilizado nas formações de ataque. Iugoslavos e gregos acreditavam que estavam seguros na fortaleza natural dessa região montanhosa e que os métodos de *Blitzkrieg* empregados na Polônia, na França e nos Países Baixos não funcionariam ali. Eles teriam uma surpresa.

Em 6 de abril de 1941, a *Luftwaffe* bombardeou Belgrado, paralisando o Alto-Comando iugoslavo. Vários *Panzer* rolaram sobre as fronteiras ao norte, leste e sudeste. A Iugoslávia tinha três divisões de cavalaria e 17 divisões de infantaria guardando as passagens montanhosas, mas nenhuma arma antitanque. Assim, enquanto tropas de montanha alemãs atacavam posições iugoslavas, os tanques avançavam direto pelos vales. A 2ª e a 9ª Divisão *Panzer*, no flanco esquerdo do Décimo-Segundo Exército de List atacando pela Bulgária, avançava através de Skopje, girando a sudoeste para encontrar com os italianos lutando na Albânia. A 2ª Divisão *Panzer*, em seguida, girou para sudeste e avançou sobre a Grécia.

A 5ª Divisão *Panzer* e a Divisão *SS-Panzer Das Reich*, no flanco direito do Décimo-Segundo Exército, giraram para o norte e rumaram pelo vale do Rio Morava em direção a Belgrado, ignorando as forças iugoslavas em seus flancos. Enquanto isso, vinda do norte, a 14ª Divisão *Panzer*, com a 16ª Divisão de Infantaria Mecanizada, também desceu para Belgrado, enquanto a 8ª Divisão *Panzer* marchava em direção a Zagreb.

A falta de estradas adequadas não era obstáculo para os tanques, que podiam operar em campo aberto, mas representava um problema para as colunas de abastecimento que vinham atrás, especialmente quando começou a nevar nas montanhas. Mesmo assim, Zagreb caiu em 10 de abril. Dois dias depois, foi a vez de Belgrado quando a 14ª Divisão *Panzer*, vinda do

Durante a campanha iugoslava, um soldado alemão dispara atrás de um R-35 francês capturado, que agora exibe as insígnias alemãs

norte, se reuniu à 5ª Divisão *Panzer* vinda do sul. Sarajevo caiu em 15 de abril e as forças iugoslavas se renderam incondicionalmente no dia 17. As perdas alemãs foram de apenas 558 homens, tendo feito 345.000 prisioneiros de guerra.

Com a Iugoslávia pacificada, o país poderia ser ocupado pela infantaria, enquanto os *Panzer* seriam lançados contra a Grécia. Divisões de montanha alemãs já haviam penetrado as defesas de montanha do exército grego e as pontas de lança alemãs atingiram Tessalônica em 9 de abril. Isso isolou o Segundo Exército grego no leste da Macedônia, que se rendeu, permitindo que os *Panzer* de Kleist se deslocassem para oeste contra os ingleses, que preparavam posições defensivas entre o Monte Olimpo e Tessalônica. A 5ª Divisão *Panzer*, rumando para o sul, vinda de Skopje, enfrentou uma divisão grega que defendia a Passagem de Monastir, no flanco esquerdo britânico. Os gregos sucumbiram, deixando o caminho aberto para o Monte Olimpo.

As coisas ficam difíceis

A 2ª Divisão *Panzer* chegou ao Monte Olimpo no dia 13 de abril, mas recebeu ordens de contornar a fortaleza. O terreno ali era difícil, mesmo para animais de carga. No entanto, alguns dos *Panzergrenadiere* da 2ª Divisão conseguiram se esgueirar em torno das posições britânicas durante a noite. Temendo um cerco, os britânicos recuaram para Termópilas, onde no passado os espartanos haviam barrado o exército persa.

Os gregos, porém, capitularam em 23 de abril, e os britânicos retiraram-se para o Peloponeso, de onde foram evacuados pela Marinha Real com os *Panzer* em seus calcanhares.

Com a Iugoslávia pacificada, o país poderia ser ocupado pela infantaria, enquanto os Panzer seriam lançados contra a Grécia.

Mais uma vez, os *Panzer* haviam triunfado. Seus movimentos ousados haviam minado sistematicamente a oposição, fazendo que fosse aniquilada aos poucos. Os tanques haviam demonstrado que podiam manobrar em um terreno anteriormente impensável, mesmo em condições climáticas adversas. No entanto, isso desgastou os veículos, tirando cada tanque de combate para uma revisão de três semanas.

Rommel acreditava que, se o objetivo era expulsar os britânicos do Mediterrâneo, os homens e materiais despendidos na Grécia teriam sido empregados de modo mais efetivo em apoio às suas forças mecanizadas no Norte da África. Naquela situação, Rommel atribuía seu sucesso na Cirenaica ao fato de os britânicos se deixarem enganar em relação à sua força real.

"Sua movimentação teria sido muito astuta se de fato tivessem sido atacados por uma força tão forte quanto supunham", disse.

EM PLENO DESERTO

Vários Panzer IV avançam em campo aberto, na Grécia. Os britânicos se viram cercados no Peloponeso e tiveram de ser evacuados

Rommel ficou particularmente impressionado com a decisão do comandante britânico no Egito, general *Sir* Archibald Wavell, de defender Tobruk enquanto o restante dos britânicos se retirava para o Egito, para se reagrupar.

"Se nossos primeiros ataques à fortaleza não tivessem sucesso", disse, "estou certo de que ficaríamos em situação extremamente desagradável, tanto do ponto de vista tático quanto estratégico".

Como Tobruk foi tomada facilmente pelos britânicos em 21 de janeiro, suas fortificações estavam, em grande parte, intactas. A fortaleza contava com pontos fortificados em uma linha defensiva sinuosa, um clássico da Primeira Guerra Mundial, estabelecida em fileiras alternadas. Paredes de concreto com 90 cm de espessura ofereciam proteção contra canhões de 15 cm, os mais pesados do *Afrika Korps*. Também havia uma vala antitanque, coberta com tábuas e camuflada com areia. As defesas do perímetro se estendiam por 14 km para o interior e formavam um arco com 45 km de extensão em volta do porto, defendido pela 9ª Divisão Australiana, comandada pelo general Leslie Morshead, reforçada por uma brigada da 7ª Divisão e pelos *Sikhs* do 18º Regimento de Cavalaria.

O apoio de artilharia era dado pela Artilharia Real Australiana e pela Artilharia Real de Cavalaria. Apesar de seus canhões de 26 libras não terem sido projetados como armas antitanque, foram muito eficazes contra os *Panzer* de Rommel, considerando-se que a arma antitanque padrão era de 2 libras. Tobruk também era defendida por baterias antiaéreas com 75 canhões distribuídos entre elas e, nos primeiros dias do cerco, havia quatro caças *Hurricane*, mas estes logo foram abatidos ou retirados.

Em 10 de abril, Rommel chegou a Tobruk. O general sabia que era importante iniciar o ataque o mais rápido possível, enquanto o moral britânico estava baixo e antes que os defensores tivessem chance de organizar suas defesas. Rommel enviou um destacamento mecanizado para atacar a cidade, mas foi repelido por uma artilharia pesada que matou seu comandante, general von Prittwitz. Rommel havia sido impedido de liderar o ataque pessoalmente por uma tempestade de areia repentina. Contudo, no dia seguinte, chegou à frente de combate, arriscando-se a ser atingido pela artilharia ou ser capturado por um grupo de reconhecimento britânico. O teto de seu Mamute, segundo ele, dava uma excelente torre de observação. Para Rommel, como Guderian, era necessário comandar da linha de frente.

"Muitas vezes, não é uma questão de qual dos comandantes que se enfrentam é o mais qualificado mentalmente, ou qual deles tem a maior experiência", disse, "mas

CAPÍTULO 5

O Afrika Korps em 1942: em 11 de abril, o cerco a Tobruk estava fechado e todos os suprimentos britânicos tinham de ser entregues por transporte marítimo

À espera de reforços

No dia seguinte, Rommel ordenou um novo ataque partindo do sul. Desta feita, Rommel seguiu em seu Mamute atrás dos tanques. O 5ª Regimento *Panzer* ficou sob fogo de artilharia pesada e teve seu avanço bloqueado pela vala antitanque. Foi só então que Rommel teve uma boa noção das defesas, que eram muito mais extensas que o general imaginara e, sendo assim, decidiu adiar um ataque total até que chegasse mais artilharia.

Na noite de 13 de abril, Rommel ordenou uma incursão de reconhecimento por um batalhão de infantaria da 5ª Divisão Ligeira, para explodir a vala antitanque. Logo no início da manhã do dia 14, o ataque principal começou com uma barragem de artilharia. Pouco antes do amanhecer de 14 de abril, Rommel lançou seus tanques contra Tobruk pela primeira vez. Logo, os *Panzer* estavam relatando um bom progresso.

Trinta e oito tanques irromperam pelas duas linhas de defesas do perímetro sinuoso e avançaram contra a própria cidade. Rommel chegou a até aproximadamente 90 metros da cerca de arame farpado para ver por si mesmo, mas foi forçado a se retirar quando os britânicos começaram a disparar contra sua posição e a antena de seu caminhão de comunicações foi cortada por um estilhaço.

Quando retornou ao quartel-general do corpo às 9 horas, soube que os tanques haviam sido recebidos com um fogo feroz. Após penetrarem 5 km, atingiram a segunda linha de defesa britânica, chamada Linha Azul. Ali, receberam disparos de

qual deles tem melhor compreensão do campo de batalha e, na guerra mecanizada, relatórios recebidos de segunda mão raramente dão as informações necessárias para uma decisão".

Em 11 de abril, o cerco a Tobruk estava fechado. Enquanto isso, os elementos do *Afrika Korps* contornaram Tobruk e alcançaram a fronteira egípcia. A partir de então, os 22.000 homens em Tobruk teriam de ser abastecidos pelo mar. Era uma atividade perigosa, já que a *Luftwaffe* detinha superioridade aérea completa, investindo centenas de vezes contra Tobruk. No entanto, os artilheiros antiaéreos conseguiram manter o porto aberto. Naquele momento, Rommel fortificou a fronteira do Egito, para impedir um contra-ataque britânico. Com grande parte do Norte da África em mãos alemãs, a *Luftwaffe* podia bombardear os comboios de Malta e atacar o transporte dos Aliados no Mediterrâneo.

canhões britânicos de 25 libras a curta distância. A infantaria australiana mantivera posição quando os tanques avançaram, bloqueando a artilharia, a infantaria e as metralhadoras de apoio dos *Panzer*.

Confrontados pelo fogo letal dos canhões de 25 libras, os *Panzer* se viram forçados a recuar. Enquanto retornavam às linhas alemãs, canhões antitanque australianos e tanques britânicos atacaram seu flanco. Os alemães deixaram para trás 17 tanques em chamas no campo de batalha. Cerca de 110 homens foram mortos e 254 capturados. Os sobreviventes se retiraram, deixando a infantaria indefesa. Rommel ordenou que os tanques voltassem em socorro da infantaria, mas novamente foram interrompidos por fogo de artilharia pesada.

A Divisão *Ariete* italiana, que Rommel ordenou ao combate, dispersou-se em confusão sob bombardeio britânico.

Naquela noite, os *Panzer* fizeram contato com a infantaria, apenas para descobrir que grande parte do batalhão fora dizimada, incluindo seu comandante, o tenente-coronel Ponath, que recebera a Cruz de Cavaleiro por suas façanhas durante o avanço pela Cirenaica. Somente no ano seguinte, quando o Exército *Panzer Afrika* por fim invadiu Tobruk, Rommel descobriria que, naquela noite, os tanques haviam tomado a importantíssima Colina 209, uma colina que dava para as defesas do canto sudoeste do perímetro. Se os flancos tivessem resistido, acreditava Rommel, a fortaleza teria caído. Do jeito que estavam, foram destruídos e após 18 meses de vitórias espetaculares, os *Panzer* saborearam a derrota pela primeira vez.

Quando Rommel por fim recebeu os planos de Tobruk do Alto-Comando italiano, acabou convencido de que Tobruk não poderia ser tomada empregando-se suas táticas habituais. O que precisavam era de um ataque total, mas o general não contava com os homens e os materiais para tal ofensiva. Seus homens estavam cansados e seus tanques haviam sofrido com as condições desérticas. Rommel pediu reforços, mas a Marinha Real interceptou um comboio que levava suprimentos para a 15ª Divisão *Panzer*. Havia uma falta especialmente de tanques, já que, àquela altura, também estavam sendo empregados na região dos Bálcãs e preparados para o ataque à Rússia. Claramente, Rommel teria que se contentar com o que já tinha e passou duas semanas sem sair do lugar, enquanto reunia suas forças. Seus *Panzer*, acreditava, lhe dariam uma vantagem decisiva. Ao final de abril, o general tinha aproximadamente 400 tanques alemães e italianos fora de Tobruk, enquanto, em seu interior, os britânicos tinham 31.

Na noite de 30 de abril, Rommel lançou um ataque contra a importantíssima Colina 209, uma colina que dava para as defesas do canto sudoeste do perímetro. Vinte e dois *Stuka* se lançaram em bombardeios de mergulho contra as posições australianas e uma barragem de artilharia foi iniciada. Isso neutralizou as defesas da linha de frente e cortou as linhas de comunicação. Com a cobertura aérea e o ataque da artilharia, os alemães abriram espaço na cerca de arame farpado e caminhos através do campo minado. Às 21h15, o batalhão alemão de metralhadoras estava a aproximadamente 1,5 km dentro do perímetro e abriu fogo. Os australianos tentaram um contra-ataque, mas com suas comunicações inoperantes, não conseguiram localizar na escuridão os pos-

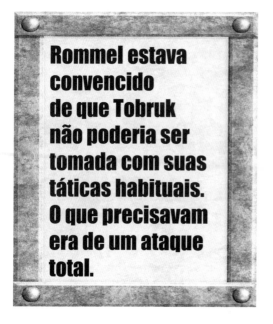

> Rommel estava convencido de que Tobruk não poderia ser tomada com suas táticas habituais. O que precisavam era de um ataque total.

tos em perigo no perímetro. Na luz da manhã seguinte, puderam ver que os alemães haviam aberto uma passagem de aproximadamente 2,5 km de largura em suas defesas externas, fazendo mais de 100 prisioneiros e capturando sete postos do perímetro. Mas a determinada resistência australiana esvaziara o impulso do ataque alemão. Rommel ficou furioso com o fato de suas tropas terem parado para tomar pontos fortificados, ao invés de continuarem avançando com o ataque principal. Assim, os *Panzer* foram chamados novamente. Pouco depois das 8 horas, quarenta tanques alemães entraram em ação, mas foram bloqueados por um campo minado. Um pesado bombardeio os forçou a fugir, mas não sofreram danos graves, graças a uma tempestade de poeira que acobertou sua retirada.

Rommel, em seguida, tentou atrair os blindados dos Aliados com cerca de 20 tanques, mas àquela altura os britânicos já estavam bem cientes de suas táticas de distração. O general Morshead ficou relutante em comprometer seus preciosos tanques e preferiu deixar a artilharia e as minas cobrarem seu preço dos *Panzer*. Rommel respondeu enviando a *Luftwaffe* contra a artilharia britânica. Contudo, repetidos ataques aéreos não conseguiram neutralizá-la e o ataque alemão parou. Neste assalto apenas, os alemães perderam mais de 1.200 homens.

"Isso mostra o quão acentuadamente o número de baixas aumenta quando voltamos da guerra móvel para a guerra de posições", escreveu Rommel.

Uma coisa que o incomodava em especial era o fato de a *Luftwaffe* não estar sob o comando do *Afrika Korps*. Rommel pensava que seria mais eficaz se seus grupos de caças e apoio ao solo fossem empregados no apoio tático de suas tropas.

Outros retrocessos

Os *Panzer* e seu apoio a infantaria, em seguida, voltaram sua atenção para os pontos fortes na foz da cabeça de ponte alemã. Um deles caiu ao meio-dia, mas o pesado bombardeio impediu que os *Panzer* coordenassem com sua infantaria de apoio e suas tentativas de tomar o outro falharam.

No entanto, 25 tanques leves foram além do perímetro dos postos e correram ao redor da borda sul do campo minado por trás deles, sob pesado fogo de artilharia. No fim, foram bloqueados por 14 tanques. Rommel enviou outros nove tanques como reforços e uma batalha de tanques isolada se seguiu. Os *Panzer* claramente superavam em número os tanques britânicos, mas depois de perderem três dos seus, se retiraram.

Rommel, contudo, não desistiria tão facilmente. O general reabasteceu os *Panzer*, que atacaram novamente naquela tarde. Mais uma vez, enfrentaram um bombardeio britânico preciso. Os australianos nos postos de perímetro estavam armados apenas com fuzis e metralhadoras *Bren*. No entanto, opuseram feroz resistência. Dois *Panzer* tentaram forçar um posto a se render, bombardeando-o a uma distância de aproximadamente 70 metros, mas seu apoio à infantaria foi repetidamente rechaçado. O ataque dos *Panzer*, contudo, teve seus efeitos nos defensores. Ao anoitecer, metade deles estava ferida e, quando a escuridão caiu, os *Panzer* atacaram novamente, dessa vez com lança-chamas, e tomaram o posto às 19h30. Outro posto do perímetro foi capturado na manhã seguinte.

Qualquer avanço em direção ao porto estava bloqueado, de modo que os *Panzer* continuaram avançando dentro do perímetro até poderem contornar a borda do campo de minas ao sul. Mas naquela noite, os britânicos contra-atacaram. A fraca luminosidade e a poeira levantada pelos disparos dos alemães prejudicavam a visibilidade, e os australianos avançaram mais de 1,5 km antes que fossem atacados pelo fogo das metralhadoras e das posições antitanque na Colina 209. Àquela altura, já estavam fora do alcance de seu próprio apoio de artilharia e não tinham metralhadoras. Assim, tiveram de recuar. Mesmo não tendo sucesso em retomar a Colina 209, conseguiram pôr os alemães de volta na defensiva e impediram que os *Panzer* contornassem seu crítico campo minado defensivo.

A tempestade de areia irrompeu, impedindo qualquer avanço alemão. Isso deu tempo aos defensores para que mantivessem a infantaria descansada, fortalecessem posições e estabelecessem novos campos minados. Apesar da pouca visibilidade, a artilharia britânica tinha as posições alemãs sob mira e continuava a bombardeá-las. Quando a tempestade cessou, Rommel descobriu que não estava em condições de retomar a ofensiva. Na luta, 12 *Panzer* foram destruídos completamente e outros 34 estavam fora de ação, deixando bem mais da metade da força de tanques de Rommel fora de combate. Os britânicos, por sua vez, haviam perdido apenas cinco tanques. Os alemães haviam conseguido romper as defesas exteriores do forte e ocuparam um grande saliente, mas os *Panzer* não conseguiram tirar proveito disso. Aquilo era diferente da inação que haviam encontrado na Polônia e na França. Os *Panzer* sofreram sua segunda derrota, e o moral enfraquecia.

Então, os britânicos partiram para a ofensiva. O general Morshead enviou dois batalhões para atacar a foz do saliente. Se pudessem retomar os postos do perímetro, isolariam a ponta de lança do inimigo. Um terceiro batalhão faria incursões profundas em território inimigo, para desequilibrar os alemães. Os alemães ainda mantinham a Colina 209 e sabiam que um ataque era iminente, já que podiam ver os australianos se reunindo. No entanto, encobertos pela escuridão, os australianos atacaram por trás de uma barragem progressiva de artilharia. Um pesado fogo de artilharia e morteiros dos alemães parou o avanço australiano no flanco norte. Ao sul, porém, os australianos retomaram um posto de perímetro. Em seguida, atacaram outro, sem conseguir retomá-lo, mas outros avanços forçaram os alemães a recuar mais de 800 metros. As baixas britânicas foram 797, in-

Tanques Matilda britânicos, tanques de infantaria pesados, alinham-se em desfile

cluindo 59 mortos. Os alemães perderam 1.700 homens, e Rommel recebeu ordens para não atacar novamente. Os britânicos sentiam que, finalmente, estavam fazendo algum progresso contra os *Panzer*.

"As ações diante de Tobruk, em abril e maio, foram as primeiras em que formações blindadas do exército alemão foram desafiadas e derrotadas", escreveu Morshead.

Isso foi psicologicamente importante para a causa dos Aliados, pois mostrou, pela primeira vez, que os *Panzer* não eram invencíveis e poderiam ser parados por fogo de artilharia, minas e uma infantaria firme em suas posições.

Ignorando o fato de que Rommel fora forçado a parar, a propaganda alemã zombava dos defensores, dizendo que os britânicos haviam sido pegos como ratos em uma armadilha. Os "ratos de Tobruk" abraçaram o apelido, saboreando a ideia de que meros roedores foram capazes de fazer frente aos *Panzer* e frustrar a Raposa do Deserto.

Mesmo o impasse favorecia diretamente os britânicos. Foram necessários três batalhões das melhores tropas de Rommel e quatro divisões italianas para segurar o saliente em torno da Colina 209. Um agressivo patrulhamento noturno significava que os britânicos dominavam a terra de ninguém e incursões atrás das linhas alemãs enfraqueciam ainda mais o moral alemão. Além disso, um punhado de tanques britânicos continuou a assediar as forças alemãs na fronteira egípcia, para impedir Rommel de reagrupar seu exército ali e voltá-lo novamente para Tobruk.

Com a queda da Grécia em 11 de maio de 1941, cinquenta tanques foram desviados para o Egito, e Wavell os usou para montar uma operação que socorresse Tobruk. Em 15 de maio, os britânicos tomaram o Passo de Halfaya que, juntamente com o Passo de Solium, eram as únicas vias para atravessar a escarpa de 183 metros que barrava a entrada para o Egito. Rommel enviou um batalhão *Panzer* reforçado por dois canhões antiaéreos e seguiu ele mesmo para a linha de frente, para supervisionar o ataque na manhã de 27 de maio. Os alemães retomaram o passo que, em seguidas foi fortificado com canhões antiaéreos de 88 mm posicionados de modo que seus canos ficassem horizontais e não pudessem

Um tanque britânico Crusader, que era rápido, mas pouco blindado

ser vistos acima do solo. Liddell Hart disse que os alemães não somente dominavam a arte da guerra blindada, mas também da defesa contra ela.

"Rommel foi o primeiro líder de *Panzer* a demonstrar a versão moderna da combinação de "escudo e espada" e provar o valor do método de "defesa e ataque" na guerra mecanizada móvel", escreveu. "A eficácia de seus golpes ofensivos era em muito auxiliada pela forma hábil com que preparava armadilhas defensivas para os ataques de seus adversários, que acabavam batendo com a ponta de suas 'espadas' em seu 'escudo.'"

Os combates continuavam, intensos em Tobruk, com os australianos, que Rommel considerava tropas de elite do Império Britânico, fazendo algumas conquistas. Tobruk barrava a estrada costeira, e os caminhões que transportavam suprimentos para a linha de frente em Sollum-Halfaya-Bardia tiveram de passar pelo deserto aberto, em trilhas desgastadas ao ponto de estarem quase intransitáveis. Não obstante, àquela altura, o restante da 15ª Divisão *Panzer* já chegara e se deslocara para a fronteira com o Egito.

Em 15 de junho, Wavell fez uma segunda tentativa de socorrer Tobruk. Cerca de 200 tanques britânicos da 7ª Divisão Blindada, reforçados pela 4ª Divisão Indiana e pela 22ª Brigada de Guardas, foram rechaçados pelos oitenta tanques da 15ª Divisão *Panzer*, reforçados pela 21ª Divisão *Panzer*, dando aos alemães um total de 150 tanques, dos quais 95 eram *Panzer III* e *IV*. Os britânicos, no entanto, ainda contavam com tanques de infantaria *Matilda*, que eram lentos, levemente armados, mas fortemente blindados. Também contavam com o *Crusader Mark VI*, um tanque rá-

> Os britânicos dominavam a terra de ninguém e incursões atrás das linhas alemãs enfraqueciam ainda mais o moral alemão.

pido, com velocidade máxima de 64 km/h. Rommel, no entanto, considerava o armamento desses tanques leve demais para dar muito trabalho a seus *Panzer*.

Após três dias de batalhas de tanques, os britânicos estavam ficando sem combustível e munição e foram obrigados a se retirar. Dois terços dos tanques britânicos estariam fora de ação até o final do confronto. Rommel estimou as perdas britânicas em cerca de 220 tanques, mas o número real de tanques destruídos ou capturados foi 87.

Rommel também afirmou que apenas 25 de seus tanques foram perdidos, enquanto os britânicos estimaram esse número em 100. Mesmo assim, os *Panzer* comemoraram o reencontro com sua série de vitórias. Rommel derramou elogios sobre o planejamento estratégico da Wavell, atribuindo sua derrota à lentidão de seus tanques pesados de infantaria, que não conseguiram reagir rápido o suficiente aos movimentos dos *Panzer*, mais rápidos. Não obstante,

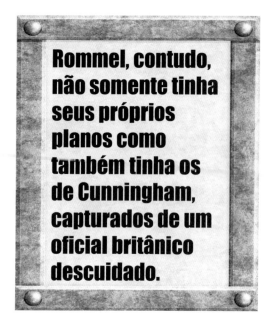

> Rommel, contudo, não somente tinha seus próprios planos como também tinha os de Cunningham, capturados de um oficial britânico descuidado.

Churchill desapontado substituiu Wavell pelo general *Sir* Claude Auchinleck.

Enquanto Rommel planejava um novo ataque, novamente contra a vontade do Alto-Comando alemão, Auchinleck começou a organizar uma terceira tentativa para socorrer Tobruk, chamada Operação Cruzado. Para levá-la a cabo, formou um novo exército, o Oitavo, comandado pelo general *Sir* Alan Cunningham. O plano de Cunningham foi enviar seu XXX Corpo através da fronteira Líbia adentro, bem ao sul. O general pressentia que Rommel e seus *Panzer*, que àquela altura eram 260, com 150 *Panzer III* e 55 *Panzer IV*, ainda estariam ansiosos para uma batalha de tanques e aproveitaria a oportunidade para combatê-los em um lugar chamado Gabr Saleh. Enquanto os *Panzer* estivessem sendo esmagados no deserto, Cunningham enviaria o XIII Corpo pela estrada costeira acima até Tobruk. Apesar da temível reputação dos *Panzer*, as forças britânicas e sul-africanas comandadas por Cunningham eram mais numerosas e, acreditava ele, melhor equipadas, contando com 724 tanques, sendo 200 em reserva, que estavam sendo enviados em um ritmo de quarenta por dia.

Rommel, contudo, não somente tinha seus próprios planos como também sabia os de Cunningham, capturados de um oficial britânico descuidado que fora aprisionado na frente de combate. Rommel ainda estava determinado a tomar Tobruk e, sendo assim, em vez de se deslocar para o sul para combater o XXX Corpo em Gabr Saleh, manteve os *Panzer* em torno de Gambut na estrada costeira. Devido à sua força inferior, Rommel pretendia atacar as formações britânicas uma de cada vez. Os britânicos não tiveram escolha a não ser avançar para o norte, fazendo o que Rommel queria ao enviar suas brigadas de blindados em unidades separadas, que poderiam ser confrontadas individualmente. Em 19 de novembro, os britânicos tentaram tomar Bir el Gubi ao sul de Tobruk e cinquenta de seus novos tanques *Crusader* foram destruídos. A 21ª Divisão *Panzer* atingiu outra coluna em Sidi Rezegh e destruiu grande parte de seus blindados.

A 15ª Divisão penetrou pelo flanco e pela retaguarda da força de ataque, invadindo o quartel-general da 4ª Brigada Blindada britânica, capturando seu comandante e dispersando a brigada.

Ataque e contra-ataque

Enquanto o XXX Corpo era surrado ao sul, o XIII Corpo fazia progressos ao longo da estrada costeira. O general Cruwell, que naquela altura estava por conta própria, deixou seu quartel-general em Gasr el Arid às 5h30 à frente de suas tropas. Meia hora depois, todo o estado-maior de seu quartel-general seria feito prisioneiro pela Divisão Nova Zelândia, que avançara despercebida, embora o próprio general Cruwell escapasse para liderar seus 15 *Panzer* contra a retaguarda do inimigo no dia seguinte, deparando-se com extensas formações de veículos britânicos estacionados no deserto. Uma enorme batalha de tanques irrompeu. O objetivo era fazer os britânicos recuarem contra a 21ª Divisão *Panzer*.

Para os alemães, o ataque começou bem, mas logo se viram enfrentando a artilharia e a formação antitanque dos sul-africanos. Tanque após tanque foram nocauteados e ficou impossível progredir. A artilharia alemã também foi neutralizada. No entanto, ao final da tarde, os *Panzer* haviam feito algumas brechas na linha de frente e conforme voltaram a avançar, aconteceram duelos entre tanques em uma enorme área.

"Em uma luta incerta, às vezes de tanque contra tanque, tanque contra canhão ou ninho antitanque, às vezes frontal, às vezes em um ataque de flanco, usando todos os truques de guerra móvel e táticas de tanques, o inimigo foi finalmente forçado a recuar para uma área restrita", escreveu o general Fritz Bayerlein, que estava com o general Cruwell.

Durante a batalha, o Mamute do general Cruwell se viu cercado por tanques britânicos. Graças às condições no campo de batalha, as cruzes alemãs nas laterais do Mamute não eram fáceis de ver e, como o Mamute era, originalmente, um equipamento britânico, os comandantes dos tanques presumiram que se tratasse de um deles.

Um comandante britânico saltou de sua torre, foi até o Mamute e bateu na chapa da

Discussões estratégicas envolvendo o general Sir Archibald Wavell e o general Sir Claude Auchinleck, em 8 de setembro de 1941

blindagem. O general Cruwell abriu a escotilha e viu-se frente a frente com o soldado britânico, para surpresa de ambos. Naquele momento, uma arma antiaérea alemã de 20 mm abriu fogo contra os tanques, e os britânicos fugiram. Mais uma vez, o general Cruwell escapou da captura.

A batalha não terminou ao anoitecer. Centenas de tanques e canhões em chamas iluminavam o campo de batalha. Entretanto, bem depois da meia-noite, quando os comandantes contavam suas perdas, os britânicos descobriram que haviam perdido dois terços de seus tanques e os 150 restantes estavam dispersos. Os *Panzer* poderiam ter eliminado todo o XXX Corpo se tivessem dado continuidade ao ataque no dia seguinte. Em vez disso, Rommel reuniu 100 *Panzer* e fez um movimento de flanco através do deserto até a fronteira com o Egito, na esperança de isolar o Oitavo Exército e atacá-lo pela retaguarda. Rommel explicou:

CAPÍTULO 5

Em uma área de deserto marcada pelas lagartas dos tanques, um Crusader britânico se aproxima de um Panzer IV em chamas durante a Operação Crusader

A maior parte da força destinada a Tobruk foi destruída. Agora, vamos rumar para o leste e atacar os neozelandeses e indianos antes que sejam capazes de juntar-se ao restante da força principal para um ataque combinado em Tobruk. Ao mesmo tempo, cortaremos seus suprimentos. Velocidade é vital. Devemos aproveitar ao máximo o efeito de choque da derrota sobre o inimigo e avançar.

A intenção de Rommel era explorar a desorganização e a confusão que, segundo ele, existiriam no acampamento britânico, fazendo uma incursão audaciosa e inesperada na área ao sul da linha de frente em Solium.

Segundo o general Fritz Bayerlein:
Rommel esperava aumentar a confusão entre o inimigo e até mesmo induzi-lo a recuar de volta para o Egito. Toda a nossa força móvel deveria tomar parte na operação. Essa decisão de Rommel, provavelmente a mais ousada que já tomara, tem sido severamente criticada por algumas autoridades alemãs, que eram irremediavelmente incapazes de compreender

o cenário africano, mas foi elogiada e admirada pelo inimigo.

O plano de Cunningham, naquele momento, estava em frangalhos e o general pretendia fazer uma retirada. Auchinleck, porém, acreditava que o ousado movimento de flanco de Rommel fora um equívoco e substituiu Cunningham por seu próprio chefe de gabinete, general Neil Methuen Ritchie, assumindo ele próprio o comando de fato.

Rommel sustentou que sua "corrida até as cercas" fora um enorme sucesso. Contudo, a 21ª Divisão *Panzer* fora rechaçada pelos neozelandeses e pela 4ª Divisão Indiana, que protegeu a retaguarda. Rommel viu-se a pé durante a noite no deserto, quando seu Mamute quebrou. Por pura sorte, o general Cruwell apareceu e ofereceu uma carona.

Os britânicos estavam muito mais fortes na retaguarda do que Rommel esperara, graças ao fato de Auchinleck ter cancelado a retirada planejada por Cunningham, e Rommel não conseguiu cortar as linhas de abastecimento do Oitavo Exército. Além disso, seu veículo de rádio ficara atolado na areia e o general avançou sem ele. Assim, seu quartel-general do grupo *Panzer* ficou sem receber ordens por quatro dias.

Esse era o grande defeito da política de "comandar da linha de frente" de Guderian, se o comandante fosse alguém tão audacioso como Rommel.

Mas a aposta de Auchinleck foi ainda maior do que a de Rommel. Ele arriscou

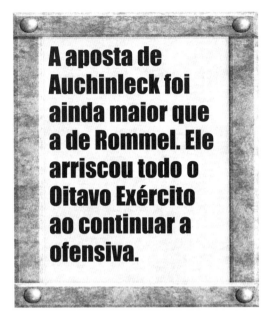

> A aposta de Auchinleck foi ainda maior que a de Rommel. Ele arriscou todo o Oitavo Exército ao continuar a ofensiva.

todo o Oitavo Exército ao continuar a ofensiva. E valeu a pena. Rommel conseguiu tudo, menos vencer a batalha quando avançou sobre a fronteira com o Egito. No momento em que terminou seu ataque, a vantagem estava com os britânicos.

Em 25 de novembro, os neozelandeses contataram o general Scobie, cuja 17ª Divisão britânica guarnecia Tobruk, informando que atacariam em Sidi Rezegh no dia seguinte. A guarnição deveria tentar romper o cerco pelo mesmo lugar. Depois de violentos combates, o Oitavo Exército rompeu o cerco de Tobruk. Mas por pouco tempo. Com Rommel fora de contato, a 21ª Divisão *Panzer*, que estivera estacionada na fronteira com o Egito, recebeu ordens para se voltar para Tobruk. Na batalha confusa que se seguiu, a Divisão Nova Zelândia foi cortada em duas, e o comandante da 21ª Divisão *Panzer*, general von Ravenstein, foi capturado. Os *Panzer*, contudo, conseguiram fechar o cerco a Tobruk mais uma vez.

Auchinleck rapidamente reagrupou o XXX Corpo e o enviou de volta a Tobruk. Àquela altura, Rommel estava ficando sem seus *Panzer* e sabia que seria reabastecido até o final de dezembro, então recuou suas forças para leste de Tobruk. No processo, as forças alemãs se depararam com uma Brigada de Guardas Britânicos recém-chegada e brigadas reaparelhadas da 7ª Divisão Blindada. Enquanto isso, os defensores de Tobruk tentavam romper o cerco. No dia 6 de dezembro, os *Panzer* fizeram um ataque final. Deram de cara com a 1ª Divisão Blindada, que acabara de chegar da Inglaterra, e Rommel, acreditando que, naquele momento, estaria em número consideravelmente menor, ordenou que seus *Panzer* fizessem uma retirada geral. Naquele dia, Rommel estava ocupado demais para escrever a carta diária para sua esposa, mas seu ordenança, o cabo Herbert Guenther escreveu uma em seu lugar, dizendo que o general e as duas galinhas que levavam com eles como mascotes estavam bem.

Uma divisão italiana foi deixada para trás em Tobruk com ordens para resistir o máximo possível, para retardar a perseguição britânica. Ela se rendeu em 17 de janeiro, quando sua comida e munição acabaram.

Após a ruptura do cerco em Tobruk, a intenção de Rommel era estabelecer uma linha defensiva em Gazala, mas isso representava o risco de um ataque pelos flancos.

"Depois de quatro semanas de combates ininterruptos e dispendiosos", relatou Rommel ao Alto-Comando alemão, "a capacidade de combate das tropas, apesar de soberbas realizações individuais, está mostrando sinais de deterioração, sem fa-

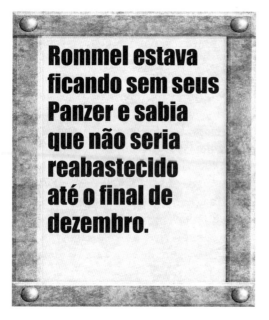

> Rommel estava ficando sem seus Panzer e sabia que não seria reabastecido até o final de dezembro.

lar que o suprimento de armas e munições está absolutamente no fim".

Em vez de parar em Gazala, apesar das objeções do Alto-Comando italiano, os *Panzer* fizeram todo o caminho de volta até Agheila, onde haviam parado os britânicos pela primeira em fevereiro de 1941. Porém, no caminho, os britânicos não conseguiram desgarrar nenhuma das unidades em retirada com manobras de flanco, já que foram prejudicados pela excessiva extensão de suas linhas de abastecimento . Então, em dezembro de 1941, a situação logística mudou drasticamente. Quando os japoneses atacaram Pearl Harbor em 7 de dezembro, também atingiram colônias britânicas no Extremo Oriente e os suprimentos foram desviados para a Ásia. De repente, eram os britânicos que enfrentavam a escassez. Enquanto isso, Rommel recebera duas novas companhias *Panzer* e alguma artilharia intacta durante sua retirada de Tobruk, embora outras duas companhias *Panzer* e uma bateria tivessem ido parar no fundo do Mediterrâneo. Então, em janeiro de 1942, um comboio chegou até Trípoli, transportando mais reforços. Logo, o *Afrika Korps* poderia contar com 111 tanques, com mais 28 na reserva, e os italianos ainda tinham 89.

Os alemães reagem

Confiando nas vitórias japonesas no Extremo Oriente, Rommel rapidamente girou os *Panzer*, mais uma vez sem a aprovação Italiana, e atacou, tirando de ação quase metade dos blindados britânicos. Subitamente, os britânicos estavam em fuga.

Mais blindados britânicos foram perdidos na retirada e, conforme a Raposa do Deserto corria para o leste, os alemães capturaram mais suprimentos britânicos. A *Luftwaffe* intensificou seus ataques contra Malta e os navios de abastecimento britânicos agora tinham de fazer todo o caminho contornando o Cabo da Boa Esperança. Os britânicos estavam bem abastecidos de combustível, pois tinham refinarias no Oriente Médio. No entanto, deixando de lado a posição logística, as táticas dos *Panzer* eram superiores às dos britânicos, que ainda estavam atrasados em termos de teoria e prática da guerra de tanques. Heinz Schmidt, da 21ª Divisão *Panzer*, escreveu:

> Tivemos nossa primeira escaramuça com os britânicos no segundo dia da marcha [22 de janeiro]. Avistamos cerca de trinta tanques estacionados ao pé de uma elevação em terreno acidentado. Quando recebemos a ordem de atacar, estávamos certos de que não tínhamos sido vistos. Posicionamos nossos canhões antitanque de 50 mm em uma depressão. O inimigo ficou totalmente surpreso quando abrimos fogo e alguns Panzer avançaram

contra os tanques. O inimigo decidiu que sua posição era insustentável após a perda de alguns tanques. Naquele instante, tínhamos acabado de desenvolver um novo método de ataque. Com nossos doze canhões antitanque, nos deslocávamos de um ponto de vantagem para outro, enquanto nossos Panzer, estacionados e semiocultos, quando possível, desferiam disparos de cobertura. Em seguida, nós mesmos tomaríamos posição para dar-lhes fogo de cobertura enquanto se deslocavam novamente. A tática funcionou bem e, apesar da intensidade do fogo, os tanques do inimigo não conseguiram segurar o nosso avanço, sofrendo perdas constantes e sendo obrigados a recuar. Não podíamos deixar de sentir que estávamos enfrentando adversários difíceis e experientes que nos atormentaram tanto havia apenas algumas semanas.

Em 6 de fevereiro, os britânicos estavam a apenas 48 km a oeste de Tobruk. Ali, os britânicos pararam para lutar, instalando um campo minado ininterrupto desde Gazala, na costa do Mediterrâneo, 48 km milhas terra adentro até Bir Hacheim, no deserto, conectando-a a Bir Harmat, 24 km a nordeste, por outro campo minado: mais de um milhão de minas foram depositadas. Os dois campos minados eram unidos por um cinturão de minas, 8 km ao sul de Aslag Ridge, formando o que ficou conhecido como o "Caldeirão". "Toda a linha foi planejada com grande habilidade", disse Rommel. "Foi a primeira vez em que uma tentativa de construir uma linha desse tipo deserto adentro fora feita... Todas as posições e fortificações defensivas estavam de

acordo com as exigências mais modernas de guerra".

No entanto, Rommel percebeu que as defesas britânicas eram a "segunda melhor solução", já que haviam sido planejadas principalmente tendo em vista uma ofensiva, devido à pressão do Gabinete de Guerra.

Por trás dessa linha defensiva, os britânicos se reagruparam e começaram a construir sua força para uma nova ofensiva. Logo, haviam reunido cerca de 900 tanques. Rommel, todavia, com 320 tanques alemães e 240 italianos, atacou primeiro, acreditando que seus canhões de 88 mm lhe davam vantagem. Os tanques britânicos, com seu canhão de 40 mm, não eram páreo para os *Panzer III*, muito menos para o *Panzer IV*. O Panzer III, porém, mesmo com um canhão de 50 mm, foi ultrapassado pelos novos tanques *Grant* feitos nos EUA, com seu canhão de 75 mm, que àquela altura os ingleses estavam começando a receber. A única oposição aos *Grant* vinha dos *Panzer IV*, de cano longo, mas Rommel tinha apenas quatro deles. Seus *Panzer IV* de cano curto eram mais rápidos e mais ágeis do que os *Grant*, mas estes poderiam disparar contra eles a uma distância em que os disparos dos *Panzer* eram incapazes de penetrar a blindagem pesada dos *Grant*.

Além disso, os alemães tinham apenas quarenta *Panzer IV* de cano curto, contra 160 *Grant* britânicos. Os 240 tanques italianos mal contavam e havia muito que suas tripulações os chamavam de "caixões autopropulsados". Os britânicos também tinham vantagem na artilharia de cerca de oito para cinco. Assim, foi com forças inferiores que os *Panzer*, mais uma vez, enfrentaram o inimigo.

Tanques Grant no deserto ocidental: feitos nos EUA, eles só eram igualados pelos Panzer IV de cano longo, e Rommel tinha apenas quatro destes

Os italianos, com um regimento *Panzer* liderando cada formação italiana, manteve a pressão na frente da linha, enquanto o corpo principal dos *Panzer* varria todo o flanco sul da Linha Gazala, ao luar da noite de 26 de maio de 1942. A 15ª e a 21ª Divisão *Panzer* destruíram a 3ª e a 7ª Brigada Motorizada indianas, em uma grande batalha de blindados a sudeste de Bir Hacheim. Em seguida, giraram para o norte, avançando pela retaguarda da linha Gazala em direção ao litoral, para atacar os defensores por trás. Enquanto isso, a 90ª Divisão Ligeira alemã rumou para Tobruk, levando consigo motores de avião montados em caminhões, a serem usados para criar grandes nuvens de poeira, o que levaria o inimigo a crer que uma grande formação *Panzer* estava a caminho.

Mas esse ataque não teria o efeito que Rommel havia previsto. A 4ª Brigada Blindada britânica reagiu. Seus *Grant*, com seus canhões de 75 mm e canhões antitanque em ambos, disparavam com vigor. "Tanque após tanque, alemães e britânicos, eram destruídos pelo fogo dos canhões dos tanques", escreveu Rommel. "Por fim, conseguimos fazer os britânico recuarem, mas à custa de baixas pesadas".

Fogo impiedoso

A 15ª Divisão *Panzer* perdeu 100 tanques no primeiro dia e, por volta do meio-dia, um contra-ataque da 2ª Brigada Blindada, em Bir Harmat, forçou os *Panzer* à defensiva. Sob impiedoso fogo de artilharia, algumas colunas se dispersaram e fugiram para sudoeste. O avanço da 21ª Divisão *Panzer* foi interrompido 16 km a noroeste de Knightsbridge, reduto fortificado da 1ª Divisão Blindada britânica. A 90ª Divisão Ligeira foi parada logo nas imediações do perímetro defensivo de Tobruk, em El Adem.

No final do primeiro dia, era evidente que o plano de Rommel não tivera sucesso. O avanço para a costa falhara e o general não conseguira isolar a 50ª Divisão britânica e a 1ª Divisão Sul-Africana do restante do Oitavo Exército. Isso se deveu inteiramente aos novos tanques *Grant*, disse Rommel. No entanto, seus *Panzer* conseguiram infligir sérios danos a eles, já que Ritchie empregara seus tanques aos poucos.

Em 28 de maio, o tenente GPB Roberts, do 3º Batalhão do Real Regimento de Tanques, que era parte da 4ª Brigada Blindada e da 7ª Divisão Blindada, entrou em ação em um contra-ataque a sudoeste de El Adem.

O tenente Roberts deu seu relato:
Continuamos a avançar lentamente, nos aproximando da formação de tanques leves e procurando uma posição adequada para nossos tanques. Então, lá estavam eles. Mais de 100: vinte na primeira linha, com mais seis, talvez oito linhas atrás, à distância. Toda uma imensa divisão Panzer estava claramente diante de nós. Droga, pensei, não foi o que planejamos. Onde diabos está o resto da brigada?

Sem alternativas, Roberts mobilizou seus homens para atacar o flanco dos *Panzer*. Os *Grant* receberam ordem de não abrir fogo até que o inimigo estivesse a 1.000 metros, ou tivesse parado. Enquanto isso, os artilheiros britânicos tinham ouvido as comunicações de rádio dos tanques e seguiram trás.

"Os tanques inimigos avançados pararam a cerca de 1.200 metros de distância", disse Roberts. "Todos os nossos tanques estavam atirando, não faltavam alvos, certamente dois dos nossos tanques foram abatidos, mas o inimigo também sofreu perdas. Pude ver um tanque queimando e outro destroçado, com sua tripulação saltando para fora."

Embora os britânicos estivessem acertando os tanques alemães, os *Panzer* simplesmente usavam suas linhas de retaguarda para substituir as baixas, e Roberts ordenou a seu ajudante que esta sinalizasse uma retirada para sua brigada, antes que esta fosse isolada. Em seguida, instruiu seu motorista para que avançasse um pouco e se alinhasse com os outros tanques, depois instruindo o artilheiro do canhão de 75 mm que o usasse no *Panzer* logo à frente. Ao mesmo tempo, Roberts divisou um tan-

que alemão à esquerda, um alvo perfeito para o canhão de 37 mm.

"Artilheiro do 37, girar à esquerda", ordenou, "giro à esquerda completo, tanque inimigo a 450 metros, fogo. Artilheiro do 37, no alvo, fazer mais dois disparos e preparar a metralhadora coaxial".

Outro *Panzer* fora despachado.

Àquela altura, os *Panzer* estavam perigosamente dispersos, com falta de munição e combustível. Não havia comunicação entre as várias partes do Exército *Panzer* e os britânicos caçavam suas colunas de abastecimento. O general Cruwell foi capturado e o comandante da 15ª Divisão *Panzer*, general von Yaerst, foi ferido. O posto de comando de Rommel foi atacado e o para-brisa de seu Mamute foi estilhaçado antes que saísse do alcance.

Rommel, então, passou para a defensiva e retirou seus *Panzer* de volta para o Caldeirão. Uma vez ali, estariam protegidos em três lados pelos campos minados britânicos. O X Corpo italiano abriu dois caminhos através da frente na Linha Gazala para reabastecer os *Panzer* ao longo de linhas que não estavam mais vulneráveis a ataques dos fortes contingentes britânicos ao sul.

A rota de abastecimento do norte, porém, estava ao alcance da 105ª Brigada britânica, apoiada pela 1ª Brigada de Tanques do Exército, em Got el Ualeb. Os alemães mobilizaram novos canhões de 57 mm, canhões antitanques de 6 libras e tanques de infantaria. A força britânica em Got el Ualeb logo se viu cercada. Em grande desvantagem numérica, foi forçada a se render. Os alemães fizeram mais de 3.000 prisioneiros, 124 canhões e 101 tanques.

Naquele momento, uma ordem emitida pela 4ª Brigada Blindada britânica, infor-

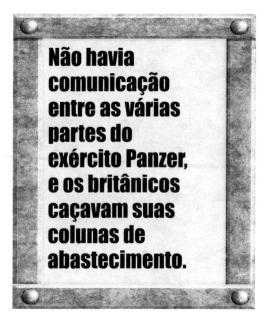

> **Não havia comunicação entre as várias partes do exército Panzer, e os britânicos caçavam suas colunas de abastecimento.**

mando que prisioneiros alemães e italianos não deveriam receber nada para comer ou beber antes de serem interrogados, caiu em mãos alemãs. Rommel transmitiu suas objeções aos britânicos no mais alto nível, temendo que a guerra entre a Alemanha e a Grã-Bretanha, que o general considerava trágica, desandasse em crueldade, e a ordem britânica acabou por ser cancelada. Durante uma pausa nos combates, o *Afrika Korps* começou a fazer reparos. Em 2 de junho, contavam apenas com 130 tanques operantes, dos 320 com que iniciaram a batalha. Lentamente, esse número voltou a subir. O posto de comando de Rommel foi atacado mais uma vez e seu chefe de estado-maior, o general Gause, foi ferido e substituído pelo coronel Bayerlein.

No extremo norte da Linha Gazala, o avanço italiano foi bloqueado pelos sul-africanos, que estavam bem entrincheirados. Então, em 4 de junho, o general Ritchie lançou a Operação Aberdeen, para esmagar os *Panzer* no Caldeirão. A operação fora planejada para 2 de junho, antes de os italianos terem aberto caminho e estabelecido linhas de abastecimento e antes de a 150ª Brigada ter sido esmagada. Naquele momento, contudo, Rommel estava em uma posição defensiva muito mais forte e o ataque vacilou quando a 15ª Divisão *Panzer* fez uma ousada arremetida contra a retaguarda britânica.

"Logo, os canhões de nossos tanques estavam disparando de três lados contra os britânicos, que revidaram com sua extrema obstinação habitual, mas muito pouca mobilidade", escreveu Rommel. "Ao anoitecer, mais de cinquenta tanques britânicos jaziam no campo de batalha".

No dia seguinte, a 21ª Divisão *Panzer* se defrontou com os britânicos em um batalha de tanques feroz. Nos dois dias que se seguiram, os alemães fizeram 4.000 prisioneiros e dizimaram a recém-chegada 10ª Brigada indiana.

Ritchie tentou novamente em 7 de junho. Percebendo que os *Panzer* estavam em uma forte posição, Ritchie ordenou aos sul-africanos que atacassem os italianos, com a esperança de minar o flanco norte. Os italianos, contudo, também estavam bem entrincheirados e haviam plantado campos minados. Mesmo quando tinham as linhas livres à sua frente, os britânicos limitaram o tamanho do ataque, que nunca foi grande o suficiente para derrotar os defensores.

Com linhas de abastecimento abertas para o oeste, o Caldeirão formava um enorme saliente na Linha Gazala e as tropas da França Livre, que defendiam Bir Hacheim ao sul, ficaram isoladas. Na noite de 1º de junho, a 90ª Divisão Ligeira Bir Hacheim atacou pelo norte, enquanto a

Divisão Trieste italiana atacava pelo oeste, apoiada por pesados bombardeios da *Luftwaffe*. As tropas da França Livre resistiram com vigor por 11 dias, mas quando a 15ª Divisão *Panzer* foi liberada da luta contra os britânicos ao norte, sua posição ficou insustentável e os franceses se renderam.

Tempos de desespero

Os *Panzer* se reagruparam em Bir Hacheim. Em seguida, em 12 de junho, fizeram um avanço relâmpago sobre El Adem, destruindo quatro brigadas blindadas no caminho. Os britânicos perderam 50 unidades de infantaria e 185 tanques. No dia seguinte, os *Panzer* de Rommel aniquilaram o restante dos blindados britânicos em Acroma, atrás do setor norte da Linha Gazala. Em 14 de junho, os britânicos só contavam com 20 unidades de infantaria e 50 tanques restantes.

Auchinleck queria abandonar Tobruk, mas Churchill ordenou-lhe que mantivesse a posição. Assim, Auchinleck enviou ordens a Ritchie para que mantivesse uma linha defensiva externa, presumindo que Ritchie tivesse à sua disposição as duas divisões que haviam defendido a metade norte da Linha Gazala. Ritchie, contudo, já havia ordenado que a 1ª Divisão sul-africana e a 15ª Divisão britânica voltassem para o Egito. Sua linha direta de retirada já havia sido cortada pelos *Panzer* de Rommel, que arremetiam para o mar, de modo que giraram para oeste através da Linha Gazala e, em seguida, para o sul através do deserto e de volta para o Egito. Sem essas duas divisões, Ritchie não tinha a força necessária para defender a linha e Knightsbridge teve de ser evacuada. Depois dessa derrota inesperada, Ritchie foi severamente criticado. Mais tarde, Rommel se deparou com um artigo de Liddell Hart atribuindo as deficiências dos comandantes britânicos durante as campanhas do Norte da África devido ao fato de terem sido treinados como militares da infantaria. Rommel, ele mesmo um homem de infantaria, foi forçado a concordar.

"Acredito que meu adversário, o general Ritchie, como tantos generais da velha escola, não compreendera totalmente as consequências de uma conduta totalmente mecanizada das operações, nem a natureza do campo de batalha no deserto", disse o general.

Em 18 de junho, o *Afrika Korps* cortou a estrada costeira a leste de Tobruk e o porto foi novamente sitiado. Mais uma vez, a principal força desviou-se da fortaleza e avançou para leste em direção à base aérea da RAF em Gambut, forçando a retirada e, por conseguinte, impedindo o apoio aéreo da guarnição sitiada.

Júbilo para Rommel

Rommel tirou da gaveta seu plano de abrir caminho através da seção sudeste do perímetro defensivo, como pretendera fazer em novembro de 1941, antes de ser atrapalhado pela Operação Cruzado. Desta feita, o plano funcionou como um relógio. Pouco antes das 5h20 de 20 de junho, a *Luftwaffe* começou a golpear a linha defensiva externa, acossando a Infantaria Ligeira de Mahratta, que guarnecia a área. Às 8h30 a 15ª Divisão *Panzer* havia cruzado a vala antitanque. O próprio Rommel cruzou-a com Bayerlein, meia hora mais tarde. Juntas a 15ª e a 21ª Divisão *Panzer* rumaram para King's Cross, um cruzamento importantíssimo dentro do perímetro. Às 9h30, a 22ª Brigada de Tanques do Exército atacou a coluna, mas foi repelida e, às 13h30, King's Cross estava em mãos alemãs. Em seguida, a 21ª Divisão *Panzer*, rumou para o porto, enquanto que a 15ª Divisão *Panzer* avançava ao longo da serra de Pilastrino, que corria para o oeste. As forças britânicas foram cortadas em duas e, ao anoitecer, restavam apenas bolsões isolados de resistência.

O general Klopper, da 2ª Divisão sul-africana, então comandante da guarnição em Tobruk, teve de mudar seu quartel-general. O general não tinha mais tanques e contava com apenas alguns canhões: seria impossível parar os *Panzer*. No início da manhã seguinte, as tropas que ainda contavam com transporte foram evacuadas, mas a maioria dos veículos britânicos estava, àquela altura, em mãos alemãs. Klopper ordenou a destruição das instalações portuárias e do estoque restante de gasolina. Pouco depois das 6h30, se rendeu. Foram aprisionados 32.200 homens, além de uma grande quantidade de suprimentos. Os *Panzer* triunfaram novamente. Rommel estava eufórico.

"Para cada um dos meus 'africanos', aquele 21 de junho era o ponto mais alto da guerra na África", escreveu.

O general emitiu uma ordem do dia para o Exército *Panzer* parabenizando a todos e exortando-os a fazer mais um grande esforço.

"Agora, para a completa destruição do inimigo", lia-se, "não descansaremos até que tenhamos destruído os últimos vestígios do Oitavo Exército britânico".

No dia seguinte, Rommel foi promovido ao posto de marechal de campo. Nos atarefados dias que se seguiram, Rommel esqueceu de trocar os galões em seus ombros por aqueles de sua nova patente: dois bastões cruzados. Mais tarde, em El Alamein,

o marechal de campo Kesselring percebeu o acontecido e deu a Rommel um par de seus próprios galões. Em Berlim, em setembro, após a maré ter virado decisivamente contra ele em El Alamein, Rommel recebeu de Hitler o bastão de marechal de campo.

"Preferiria que ele tivesse me dado mais uma divisão", disse à sua esposa.

Embora suas tropas estivessem esgotadas, Rommel havia capturado suficiente munição, combustível, alimentos e outros materiais em Tobruk para que os *Panzer* prosseguissem para Egito antes que os britânicos tivessem tempo para se reagrupar. Rommel acreditava que se pudesse destruir o restante depauperado do Oitavo Exército, os britânicos não poderiam fazer nada para impedi-lo de chegar a Alexandria e ao Canal de Suez. Ritchie pensou que poderia parar os *Panzer* com uma nova linha de fortificação no sul, ao longo da fronteira com o Egito, indo de Solium a Sidi Omar. Entretanto, na Linha Gazala, havia um flanco aberto para o sul. Em 24 de junho, 44 *Panzer* irromperam por ele. Os tanques avançavam mais de 160 km por dia. O Oitavo Exército foi rápido o suficiente para não ser pego por esse movimento de flanco. O contingente já havia recuado para Mersa Matruh, 193 km a leste da fronteira, onde Ritchie estava preparando outra linha. Alexandria já estava ao alcance da *Luftwaffe* e os *Panzer* estavam prestes a tomar o Egito. Depois que o fizessem, nada poderia impedi-los de avançar sobre campos petrolíferos do Golfo Pérsico. A Alemanha já havia atacado a União Soviética e, do Golfo, os *Panzer* de Rommel poderiam vergastar o sitiado flanco sul dos russos. Rommel estava tão confiante de que a guerra no norte da África estava quase no fim que planejou férias na Itália com sua esposa.

Auchinleck percebeu que uma linha defensiva em Mersa Matruh não seria melhor do que as linhas de Gazala e Solium. Assim, demitiu Ritchie, assumiu o comando do Oitavo Exército pessoalmente e emitiu novas ordens. Não haveria uma nova linha de Mersa Matruh. Em vez disso, enfrentaria Rommel em seu próprio jogo, mantendo formações fluidas com grupos de combate do tamanho de brigadas, formados por artilharia, blindados e infantaria. Essas colunas móveis atacariam o inimigo de todos os lados.

Sob uma nuvem de fumaça, Erwin Rommel (à esquerda) e Fritz Bayerlein com um Panzer III à sua esquerda, em junho de 1942

Em fuga de novo

Em 27 de junho, alemães e Aliados combateram novamente, porém os grupamentos móveis de combate britânicos não eram páreo para os *Panzer*. As unidades britânicas foram sobrepujadas e tiveram que lutar para voltar às suas próprias linhas, recuando para El Alamein, a apenas 96 km de Alexandria. Auchinleck bloqueou o avanço dos *Panzer* com uma nova linha defensiva. A diferença dessa vez foi que essa linha não tinha um flanco aberto no deserto. Ao sul, estava a Depressão de Qattara, consistindo em 18.000 km² de pântanos e lagos salgados, 132 metros abaixo do nível do mar. Como era intransponível para tanques e veículos militares pesados, os alemães simplesmente não podiam flanquear por ali. Desta vez, teriam de combater os britânicos de frente.

O ponta de lança dos *Panzer* chegou a El Alamein, em 30 de junho. A posição era defendida pelos australianos que fizeram parte dos "ratos do deserto" originais de Tobruk, juntamente com neozelandeses, indianos, sul-africanos e britânicos que haviam sido forçados a recuar através do deserto pelo *Afrika Korps*. Contudo, não recuariam mais. Aqui, finalmente, em El Alamein, eles teriam o apoio da RAF. Mas, primeiro, haveria mais combates até que a linha estivesse consolidada.

"Oh, Senhor, quando lembro de 2 de julho, meus olhos ardem", escreveu o veterano dos *Panzer*, Kurt Wolff. "Havia mais de uma centena de tanques em nossa área, até onde a vista alcançava, destroçados, em chamas."

Todavia, o dia não começara bem. A oficina estava a de 60 km na retaguarda e os *Panzer* imobilizados foram transferidos para a estrada da costa, a fim de bloquear qualquer contra-ataque. Naquela noite, os neozelandeses irromperam pela posição direita dos alemães, que se deslocaram para seu perímetro defensivo. Dois homens guarneciam cada tanque: um em seu interior com a metralhadora do *Panzer* e outro do lado de fora com uma submetralhadora, nervosos porque a lua havia se posto cedo e a visibilidade não passava de 20 metros.

Wolff atuava como mensageiro e estava posicionado ao lado de seu comandante, que tinha um telefone conectado à divisão.

CAPÍTULO 5

Soldados britânicos capturados pelos alemães durante o cerco de Tobruk marcham em custódia com as mãos sobre as cabeças

Ambos esperavam por um ataque dos neozelandeses e que aviões britânicos soltassem sinalizadores do tipo "árvore de natal", para iluminar a paisagem para suas tropas. Mais atrás, bombas caíram sobre os transportes alemães, mas a artilharia ficou em silêncio. Wolff achava isso desgastante, já que os britânicos não os deixaram dormir também na noite anterior. Enquanto isso, na escuridão, as equipes de reparos faziam seu trabalho.

Às 2 horas, um guarda voltou com um prisioneiro, que se perdera de seu caminho. Também trouxe consigo um sargento alemão ferido que estava inconsciente, mas gemia constantemente. Então, às 3 horas, veio a notícia de que uma brigada britânica de infantaria havia avançado e capturado posições de infantaria alemãs. Os *Panzer* foram despachados.

"A companhia está pronta para o combate", escreveu Wolff. "Os motores já estavam funcionando e aquecidos, ordens chegaram pelo rádio, a unidade se aprontou e está em movimento".

Ainda era o crepúsculo, com a estrela da manhã desaparecendo lentamente no leste. A névoa matutina que se havia formado foi soprada pelo vento e o deserto ficou em silêncio, a não ser pelo rugido dos *Panzer*.

O 5ª Regimento *Panzer* recebeu ordens de tomar o terreno elevado à direita. Os relatos informavam que os britânicos estavam a apenas 1.200 metros de distância. Logo, alvos foram divisados e os combates começaram.

"Os neozelandeses pareciam apenas se levantar e correr de lá para cá, como se os alemães não tivessem chegado até suas posições", continuou Wolff. "Quando finalmente posicionaram seus canhões, alguns dos seus transportes já estavam em chamas".

Em uma luta rápida, os *Panzer* chegaram a 800 metros dos britânicos, sempre tomando cuidado para dar cobertura uns aos outros, já que, no passado, muitas vezes haviam se defrontado com armas antitanque britânicas ocultas. Em seguida, tanques e armas antitanques alemãs penetraram pela esquerda, aumentando a confusão do inimigo. Wolff escreveu:

Eu não sei como isso aconteceu, enquanto eu destruía um veículo sobre lagartas inglês e observava o estrago com meus binóculos, o disparo de um tanque americano explodiu ao meu lado. Consegui baixar minha cabeça para dentro. Então, senti uma dor no meu braço direito e viu gotas de sangue sobre o ombro do meu artilheiro. Ele pegou rápido a caixa de primeiros socorros, arregaçou minha manga e me enfaixou. Tive sorte, uma pequena lasca de estilhaços ficou alojada um centímetro acima da articulação do meu cotovelo. Onde antes havia apenas algumas peças de artilharia, algumas armas antitanques e alguns veículos sobre lagartas, de repente, começou a sair de buracos no chão, primeiro dez, depois cinquenta e, por fim, cerca de seiscentos ingleses surgiram, acenando para nós. Alguns acenavam com indiferença. Outros jogaram suas armas longe, enquanto vinham em fila em nossa direção. Todo o destacamento da Nova Zelândia havia se rendido.

O comandante de Wolf o chamou pelo rádio para perguntar se estava ferido. Como seu tanque já havia ficado para trás, Wolff ordenou ao seu motorista que parasse por um momento, para que pudesse mostrar seu curativo.

O ataque havia progredido em grande velocidade. Uma companhia avançou para atacar os tanques britânicos, enquanto o restante tomava as posições britânicas.

O comandante de Wolff ficou satisfeito. Depois de dias de ataques da artilharia britânica, os alemães agora tinham à sua mercê quatro tanques queimando, cerca de dez canhões autopropulsados, oito canhões, alguns veículos sobre lagartas, metralhadoras e bazucas. E nas trincheiras, podiam ser vistos fuzis abandonados, com baionetas caladas.

"Pensamos: 'aqueles cães'", disse Wolff. "Mas o batalhão de infantaria que vinha atrás de nós teria dado cabo deles".

O comandante ordenou uma parada enquanto consertavam suas unidades. Em seguida, foram atrás dos 14 tanques que, segundo informes, estavam à sua frente. Os alemães bombardearam os neozelandeses em retirada. Em seguida, receberam uma mensagem informando que uma brigada de tanques britânicos havia rompido e atacava suas armas antiaéreas. Então, os alemães perceberam que os neozelandeses estavam em posição para atacá-los pelo sul, enquanto os tanques os cercavam. Se essa manobra tivesse sido bem-sucedida, uma grande parte da 21ª Divisão *Panzer* teria sido destruída. Do jeito que estava, os alemães se viram sitiados.

"Não havia general conosco, nenhuma arma antitanque, nenhuma arma antiaérea, nenhuma artilharia, apenas a unidade *Panzer* desfalcada que veio de Derna e lutou até El Alamein, por mais de 1.000 km", escreveu Wolff.

No caminho, os alemães haviam destruído mais de 250 tanques britânicos, juntamente com numerosas armas antitanques, peças de artilharia e veículos sobre lagartas. Contudo, apesar de suas perdas, os britânicos ficaram mais fortes. "Agora o inimigo está à frente, à esquerda e às nossas costas, mais forte do que nunca, mais bem posicionado. Ele sabe que é superior, mas aconteça o que acontecer, temos de fazer o próximo movimento".

Primeiro, os alemães conseguiram girar de volta, o que não é uma manobra fácil, especialmente com tanques britânicos às suas costas. Seção por seção, os alemães tiveram de se deslocar para a esquerda e para a direita, a fim de ficarem voltados para oeste, enquanto mensagens urgentes de divisão os apressava. Então, quando os *Panzer* pesados se reagruparam atrás de um cume, uma brigada de tanques britânicos apareceu na depressão do outro lado.

"Não foi necessária nenhuma ordem", disse Wolff. "Estávamos bem posicionados. Estávamos concentrados e, sem pressa, a batalha começou... Enquanto o artilheiro de nosso tanque carregava pela segunda vez, o primeiro disparo já fazia levantar fumaça e fogo dos tanques inimigos. O comandante e eu, ao lado dele, suspiramos de alívio".

Enquanto os *Panzer* permaneciam ocultos por trás do cume, os blindados britânicos estavam dentro do campo de visão dos alemães.

"O líder da 4ª Companhia abateu sete tanques, outro comandante de tanque abateu cinco, quase todo mundo, mais tarde, contabilizou dois ou três tanques destruídos. Nós, além de minha ferida ridícula em que só prestei atenção mais tarde, tivemos dois mortos e dois feridos. Isso era insignificante em comparação com os sessenta tanques inimigos que contamos depois."

A maioria deles incendiara. O restante dos blindados britânicos fugiu de um inimigo que não podia ver e não esperava. Em sua rápida retirada, os tanques britânicos se depararam com um campo minado e, não encontrando nele o estreito caminho que haviam usado antes, sofreram mais baixas.

Mais blindados britânicos foram destruídos por obuses e armas antitanques alemães e relatórios da divisão informaram que somente 12 blindados escaparam dos canhões antiaéreos alemães.

"O suor escorria por nossos rostos sujos, bem merecido depois de um bom trabalho", disse Wolff. "Atentos, cansados, sujos e oleosos, estamos de prontidão pela Alemanha na noite africana".

Os alemães não teriam descanso. A artilharia britânica respondeu naquela noite, destruindo 131 veículos blindados.

"No dia seguinte, estava de novo muito quente, muito abafado. Como vamos suportar isso?" escreveu Wolff. "Centenas, milhares de moscas pousavam em nossos rostos. Nossas redes contra mosquitos se perderam há muito tempo. Precisamos ter paciência. O aço de nosso *Panzer* está quente como um forno. A água está quase

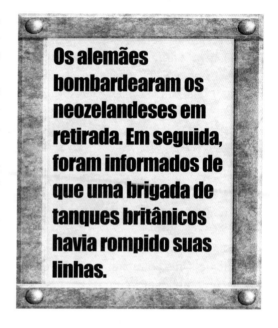

Os alemães bombardearam os neozelandeses em retirada. Em seguida, foram informados de que uma brigada de tanques britânicos havia rompido suas linhas.

impossível de beber. Uma tempestade de areia no meio do dia continua sendo nossa única esperança".

Tendo chegado tão longe, tão rápido, os *Panzer* estavam, àquela altura, esgotados e na extremidade de uma linha de abastecimento muito longa. Para eles, o porto mais próximo e protegido contra um ataque aéreo estava a 1.100 km de distância em Benghazi, e Roma os estava deixando sem suprimentos. Quando os primeiros ataques dos *Panzer* não conseguiram romper a Linha Alamein, começaram a plantar extensos campos minados por conta própria, para dar a Rommel o tempo necessário de reunir suas forças.

Chegam reforços

Em 13 de julho, o *Afrika Korps* foi reforçado com 260 tanques e Rommel deu início àquela que ficou conhecida como a Primeira Batalha de El Alamein. Sem espaço para manobrar, os *Panzer* tiveram de fazer um ataque frontal e foram rechaçados mais uma vez. Naquela noite, o Oitavo Exército aproveitou a oportunidade para contra-atacar. Duas divisões italianas foram batidas por contingentes neozelandeses e indianos, que ainda repeliram um contra-ataque da 21ª Divisão *Panzer* de Rommel. Na guerra de atrito que se seguiu, Rommel rapidamente esgotou os suprimentos que tomara em Tobruk e a situação do abastecimento mais uma vez pendeu em favor dos britânicos.

Com a indústria norte-americana agora em pé de guerra, os EUA enviaram 300 tanques Sherman e 100 canhões autopropulsados. Os britânicos também contavam com a maior parte dos recursos do Império Britânico em sua retaguarda (suas possessões no Oriente Médio e na Índia) e Port Said estava apenas a 320 quilômetros. Enquanto isso, os comboios de abastecimento de Rommel eram perseguidos pela *RAF* e o cais principal em Tobruk fora nocauteado por um bombardeio aéreo britânico. A ferrovia costeira também fora inutilizada. Rommel calculou que, ao final de agosto, seus 371 *Panzer* enfrentariam 900 tanques britânicos.

Os britânicos foram completamente abastecidos de novos contingentes, enquanto os 17.000 homens do Exército *Panzer* estava na África desde o começo da campanha.

Todos aqueles homens tinham sofrido os efeitos do clima. Rommel disse: "Na maioria dos casos, somente seu entusiasmo e notável espírito de corpo os manteve unidos ao Exército *Panzer*". Por mais relutante que estivesse em perder esses veteranos, Rommel sabia que estavam desgastados e teve que pedir novas tropas. Contudo, mesmo quando os reforços chegaram, Bayerlein estimou que os alemães tivessem apenas 34.000 homens, carecendo ainda de aproximadamente 17.000.

Auchinleck havia parado os *Panzer* mais uma vez, porém Churchill estava impaciente por uma vitória que vingasse Tobruk e, assim, demitiu Auchinleck, substituindo-o por *Sir* Harold Alexander como comandante-em-chefe no Oriente Médio. O comando do Oitavo Exército foi dado ao general Bernard Montgomery, que liderou a 3ª Divisão na França.

Montgomery encontrou um moral em baixa, como se o Oitavo Exército esperasse por uma derrota inevitável. Em sua primeira reunião com o estado-maior, deixou claro que não haveria retirada da Linha Alamein, nem haveria galantes ataques de tanques sem o apoio de outras armas. Em vez disso, Montgomery concentrou sua artilharia e seus blindados atrás da linha fortificada e esperou.

Esperava-se que Rommel passasse à ofensiva na época da lua cheia, em 26 de agosto. Montgomery julgou que os alemães atacariam, como de costume, ao sul da linha, visando rompê-la e girar para o norte a fim de cercar o Oitavo Exército, acatando-o pela retaguarda, enquanto uma segunda coluna avançaria para tomar o Cairo. Era um momento de tudo ou nada para Rommel. Ataques aéreos e navais contra suas linhas de abastecimento o forçavam a tomar o Vale do Nilo ou então a admitir a derrota final.

Então, Montgomery montou uma armadilha. Houve um ponto fraco nas defesas britânicas. A abertura entre Deir el Munassib e Qaret el Himeimat era defendida apenas por um campo minado isolado. Era o lugar perfeito para que os *Panzer* avançassem, girassem para a direita e pegassem a estrada costeira. Assim, Montgomery preparou posições por trás desse campo minado, de modo que uma força de ataque tivesse que passar por um "corredor polonês" entre os canhões antitanques de 57 mm e tanques entrincheirados dos britânicos, todos muito eficazes.

A demora na obtenção de combustível fez com que o ataque não fosse adiante até 31 de agosto. Desde o início, Rommel percebeu que havia perdido o elemento surpresa. Porém, duas horas antes de sua força de ataque de 200 *Panzer*, 243 tanques médios italianos e 38 tanques leves estar pronta para partir, a RAF atacou. Tropas enviadas na vanguarda dos tanques para limpar os campos minados britânicos foram atingidas por fogo pesado vindo de tropas bem entrincheiradas. O general von Bismarck, comandante da 21ª Divisão *Panzer*, foi morto por uma mina, e o general Nehring, comandante do *Afrika Korps*, foi ferido em um ataque aéreo. Bayerlein, agora promovido a general, assumiu.

O progresso dos *Panzer* foi retardado por campos minados inesperados e pela areia fofa. Isso consumiu gasolina e a coluna teve de girar para o norte cedo demais, o que os levou direto para Alam Haifa Ridge. Quando os *Panzer* estavam num raio de 910 metros do cume, tanques britânicos subitamente apareceram sobre ele. O solo abaixo recebera marcadores, de modo que os artilheiros pudessem avaliar com precisão o alcance e tivessem todas as chances de nocautear os *Panzer* na primeira salva.

Na armadilha

Os *Panzer*, por outro lado, tiveram que parar para calcular o alcance com precisão, deixando-os vulneráveis. No entanto, conseguiram abrir uma brecha na linha britânica. Enquanto corriam para explorá-la, porém, se viram sob fogo de armas antitanque escondidas a poucas centenas de metros. Após sofrerem pesadas baixas, os *Panzer* foram obrigados a se retirar às 16 horas. No entanto, tinham esperanças de que os britânicos fossem tentados a segui-los, como tinham feito tantas vezes antes, já que, a 2.730 metros mais atrás estava sua própria linha de armas antitanques à espreita. As ordens de Montgomery, porém, eram específicas. Não haveria perseguições de tanques.

A tempestade de areia irrompeu, deixando a RAF em terra e prejudicando a artilharia, mas cessou naquela noite.

A RAF, então, usou um avião para voar em círculos soltando sinalizadores luminosos, enquanto outros atacavam os blindados iluminados. No dia seguinte, os estoques de combustível estavam tão baixos

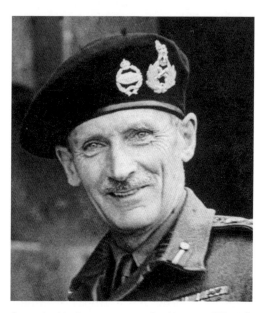

O popular Montgomery era conhecido como "Monty" por seus homens

EM PLENO DESERTO

que apenas a 15ª Divisão *Panzer* retomou o avanço. Os blindados britânicos, novamente desempenhando um papel puramente defensivo, os rechaçou.

Rommel teve de recorrer às mesmas táticas com que os britânicos haviam fracassado, fazendo ataques de tanques sem apoio contra posições de artilharia. Naquela tarde, outra ofensiva alemã fracassou e, ainda assim, os britânicos não morderam a isca de perseguir os *Panzer* em retirada para cair em uma emboscada. Em vez disso, Montgomery lentamente apertou um anel de aço em torno dos alemães, enquanto eram bombardeados pela RAF dia e noite.

Na manhã de 2 de setembro, Rommel visitava o quartel-general do *Afrika Korps*, que já havia perdido sete oficiais do estado--maior para as bombas britânicas, quando sofreu um ataque aéreo, jogando-se em uma trincheira, onde recebeu uma chuva de fragmentos de metal em brasa.

Um estilhaço de 20 cm aterrissou ao seu lado, após furar uma pá metálica nas proximidades. Durante o bombardeio, Rommel observou que os bombardeiros da RAF atacavam em formação perfeita, da forma como os bombardeiros alemães voavam nos comícios do partido em Nuremberg. E na tarde de 3 de setembro, com os *Panzer* combalidos pelo problema da gasolina (tinham o suficiente para rodar por 100 km), Rommel ordenou uma retirada.

Rommel escreveu para sua esposa em 4 de setembro: "Tivemos de interromper a ofensiva por razões de abastecimento e por causa da superioridade da força aérea inimiga. De outra forma, a vitória seria nossa". Era, é claro, uma reclamação inútil.

Durante a retirada, Rommel entrevistou um distinto prisioneiro de guerra, o co-mandante da 6ª Brigada da Nova Zelândia, o brigadeiro Clifton. Clifton admitiu, envergonhado, ter sido feito prisioneiro pelos italianos, mas disse-lhes que uma enorme formação de blindados britânicos estava prestes a chegar por sobre a colina, persuadindo-os a se renderem.

Os italianos já estavam retirando os ferrolhos dos seus fuzis quando um oficial alemão apareceu junto e os interrompeu.

Rommel queixou-se a Clifton de que os neozelandeses haviam repetidamente massacrado prisioneiros de guerra e alemães feridos. Clifton explicou que isso aconteceu provavelmente porque havia um grande número de maoris em sua brigada.

O que impressionou Rommel foi que Clifton parecia absolutamente confiante na vitória. Em suas conversas, Rommel observou que o verdadeiro perigo para a Europa estava na Ásia. A questão era politicamente sensível, já que o Japão era aliado da Alemanha. Mais tarde, quando Clifton escapou escalando a janela de um lavatório, Rommel organizou uma enorme caçada humana. O brigadeiro acabou sendo descoberto alguns dias depois por dois oficiais do estado--maior, arrastando-se pelo deserto com um latão de água. Clifton foi, então, enviado para um campo de prisioneiros de guerra na Itália, de onde escaparia, segundo Rommel, "disfarçado como líder da Juventude Hitlerista, com bermudas e insígnias, e cruzando, nesses trajes, a fronteira com a Suíça".

Na verdade, parece que Clifton usara um uniforme de marinheiro mercante e foi recapturado em Como, pouco antes da fronteira. Depois foi enviado para a Alemanha, mas finalmente escapou em sua nona tentativa de fuga, apesar de ter sido gravemente ferido na oitava.

Em vez de perseguir os alemães em retirada, Montgomery interrompeu o combate. Isso levou Rommel a acreditar que Montgomery era um homem cauteloso. Na verdade, Montgomery estava simplesmente seguindo seu plano que demandaria uma grande ofensiva mais tarde. Parte do plano era manter a força dos alemães no sul. O general britânico deixou os alemães aferrados a um ponto fortificado entre dois campos minados no extremo sul da linha defensiva. Um elaborado plano de engodo também estava sendo preparado. Falsos postos de abastecimento, falsos veículos e até mesmo um falso gasoduto foram instalados nesse setor e o tráfego de rádio foi intensificado, dando a impressão de que um ataque seria lançado no sul no início de novembro.

O verdadeiro ataque seria lançado na extremidade norte da linha, revertendo as táticas normais. Se Montgomery conseguisse romper a linha ao norte, poderia dar a volta pela retaguarda dos alemães, aprisionando-os de costas para a Depressão de Qattara.

Tanques e canhões foram levados para o norte durante a noite e concentrados em torno de El Alamein, onde foram cuidadosamente camuflados. Longas trincheiras foram escavadas no deserto, para que a infantaria atravessasse a "terra de ninguém". Elas também foram cuidadosamente escondidas do reconhecimento aéreo alemão. E no decorrer dos preparativos, a RAF intensificou seus ataques contra aeródromos inimigos, forçando a *Luftwaffe* a ficar em terra.

As táticas convencionais da guerra no deserto exigiam que os blindados inimigos fossem incapacitados primeiro e, depois, a infantaria. Montgomery, contudo, enviaria somente forças de distração contra os blindados de Rommel ao sul da linha. Enquanto isso, desencadearia um enorme bombardeio de artilharia ao norte, primeiro contra posições de artilharia, então contra a infantaria. A infantaria de Montgomery, em seguida, sairia das trincheiras para enfrentar os atordoados alemães. Uma cruel luta corpo a corpo era inevitável, mas Montgomery acreditava que seus homens levariam a melhor. Depois, os blindados aproveitariam a brecha aberta pela infantaria, aniquilando sistematicamente a infantaria alemã para, em seguida, tomar posição na retaguarda e lidar com quaisquer blindados restantes, terreno de sua própria escolha. Mesmo que não destruísse os *Panzer* completamente, sem infantaria, os alemães não conseguiriam defender o terreno e teriam de recuar.

Enquanto isso, Rommel voltou para a Alemanha. Seu médico o aconselhou a fazer uma pausa, mas o general aproveitou a oportunidade para apresentar informes a Hitler e ao alto-comando. Na ocasião, reclamou da situação do abastecimento e explicou que os britânicos haviam aprendido a superar o poderio dos *Panzer* com ataques aéreos. A única maneira de se defender contra eles seria reforçando a *Luftwaffe*. Hermann Göring, chefe da *Luftwaffe*, em especial, fez pouco das dificuldades dos *Panzer*. Quando Rommel disse que caças-bombardeiros britânicos estavam atacando seus tanques com projéteis de 40 mm, de fabricação americana, Goring disse: "Isso é completamente impossível. Os americanos só sabem fazer lâminas de barbear".

"Algumas dessas 'lâminas de barbear' nos seriam úteis, *Herr Reichsmarschall*, Rommel respondeu.

Hitler prometeu um aumento considerável no abastecimento e disse que enviaria quarenta dos novos tanques *Tiger*, que portavam um canhão de 88 mm, com uma blindagem de até 10 cm de espessura e velocidade máxima de 61 km/h, mesmo pesando 57 toneladas. Estes seriam acompanhados por 500 lança-foguetes e transportados em novas barcas de fundo plano, cobertas de armas antiaéreas e cujo calado raso permitia que torpedos passassem sob si.

Em 23 de outubro, na noite do ataque, havia lua cheia. Isso foi vital, já que seria preciso remover milhares de minas para abrir uma brecha nas defesas do inimigo. Os campos minados cobriam uma extensão de 4.570 a 8.230 metros e eram reforçados com armadilhas explosivas e arame farpado. Às 21h40, a Segunda Batalha de Alamein começou, quando mais de 1.000 canhões ao longo de toda a linha abriram fogo simultaneamente sobre a artilharia alemã. Vinte minutos depois, passaram a mirar as posições avançadas do inimigo. Enquanto uma enorme cortina de poeira e fumaça cobria o inimigo, a infantaria britânica avançou com baionetas caladas ao som dos gaiteiros.

Os alemães resistiram bravamente, mas às 5h30 da manhã seguinte dois corredores haviam sido abertos e os blindados começaram a se mover por eles. Então, as coisas começaram a dar errado para os britânicos. A infantaria ainda não atravessara de todo os campos minados quando encontrou resistência feroz. Isso deixou os blindados perigosamente expostos. Ao anoitecer do dia seguinte, todavia, uma coluna de blindados já atravessara.

Falta um homem

Em 24 de outubro, o segundo general em comando de Rommel, Stumme, desapareceu em uma visita à linha de frente. Primeiro, o marechal Wilhelm Keitel, chefe da OKW (*Oberkommando der Wehrmacht*,

Rommel queixou-se a Hitler de que os britânicos haviam aprendido a superar o poderio dos *Panzer* com ataques aéreos.

o Alto-Comando das Forças Armadas alemãs), depois, o próprio Hitler telefonaram para Rommel em Semmering, nos Alpes, onde se recuperava e perguntaram-lhe se estava bem o suficiente para voltar para a África. No dia seguinte, Rommel embarcou em seu avião, retornando à luta, sabendo que seus *Panzer* tinham menos de um terço da gasolina necessária para manobrarem corretamente no campo de batalha.

Rommel logo descobriu que Stumme estava morto, vitimado por um ataque cardíaco ao cair de seu veículo durante um ataque britânico. A situação era desesperadora. As tropas estavam desmoralizadas, a artilharia não tinha munição suficiente para bombardear os pontos de reunião dos britânicos e a escassez de combustível impedia qualquer grande movimentação. A 15ª Divisão *Panzer* desferira vários pequenos contra-ataques, mas sofrera pesadas perdas causadas pela artilharia britânica e os ataques incessantes da RAF.

CAPÍTULO 5

Na noite de 25 de outubro, apenas 31 de seus 119 tanques estavam em condições de uso. Pouco antes da meia-noite do dia 25, os britânicos conseguiram tomar a Colina 28, uma posição importante no setor norte. A 15ª Divisão *Panzer* contra-atacou.

"Os britânicos resistiram desesperadamente", disse Rommel. "Rios de sangue foram derramadas sobre faixas miseráveis de terra que, em tempos normais, não interessariam nem mesmo ao mais pobre dos árabes."

Rommel observava a ação do norte, vendo carga após carga de bombas caírem sobre suas tropas. Os britânicos mantiveram a colina. A artilharia alemã tinha muito pouca munição para impedi-los de se fortificarem por lá. No final daquela tarde, 160 tanques britânicos atacaram, porém, depois de uma feroz batalha de tanques, foram forçados a recuar. Rommel, contudo, informou que Alamein estava se tornando mais uma batalha aérea do que uma batalha de tanques, com caças britânicos derrubando os lentos bombardeiros de mergulho italianos e forçando-os a soltar suas bombas sobre suas próprias linhas,

enquanto os bombardeiros alemães pressionavam ao ataque, com pesadas perdas.

"Nunca antes na África havíamos visto um fogo antiaéreo de tal intensidade", disse Rommel.

O moral dos homens de Rommel era solapado por um bombardeio contínuo e a situação do abastecimento piorou. O navio-tanque *Proserpina* foi afundado ao largo do porto de Tobruk e só havia combustível suficiente para manter o tráfego de abastecimento proveniente de Trípoli por mais dois ou três dias.

"O que realmente deveríamos ter feito àquela altura era reunir todas as nossas unidades mecanizadas no norte e arremessar os britânicos de volta à linha de defesa principal em um contra-ataque concentrado e planejado", disse Rommel. Mas os alemães não tinham gasolina para isso.

A outra opção era envolver os britânicos em uma batalha de tanques alguns quilômetros a oeste. Nesse corpo a corpo, os britânicos perderiam a vantagem de sua artilharia e força aérea, já que poderiam abater seus próprios homens. Assim, Rommel arriscou e retirou a 21ª Divisão *Panzer* da

Uma noite de fogueiras: silhuetas de veículos contra o céu noturno, iluminado pelo clarão de fogo de artilharia durante a segunda Batalha de El Alamein, em 5 de novembro de 1942

parte sul da linha, muito embora a divisão não tivesse gasolina suficiente para retornar se os britânicos atacassem ali.

Ao mesmo tempo, escreveu para Hitler, informando que a batalha estaria perdida, a menos que recebesse mais combustível imediatamente. O general tinha pouca esperança de que isso fizesse alguma diferença.

A movimentação da 21ª Divisão *Panzer* para o norte foi retardada por ataques aéreos. Naquele momento, os tanques *Sherman* dominavam o campo de batalha e provaram ser muito superior aos *Panzer IV* de Rommel. Acobertada por pesado fogo de artilharia e fumaça, a infantaria avançava para remover minas e obstáculos. Em seguida, os *Sherman* avançariam até um distância de aproximadamente 2.500 a 1.800 metros e abririam fogo concentrado sobre as armas antitanque e antiaéreas de Rommel, além dos próprios *Panzer*, cujos canhões eram incapazes de penetrar a blindagem dos *Sherman* naquela distância. Os britânicos pareciam contar com suprimentos inesgotáveis de munição e faziam mais de trinta disparos contra um alvo. Os tanques eram constantemente reabastecido por transportadores blindados de munição. Os tanques também transportavam observadores, que dirigiram a artilharia contra os pontos fortificados alemães.

Causa perdida

Na tarde de 27 de outubro, a 15ª e a 21ª Divisão *Panzer* lançou um contra-ataque contra a Colina 28, seguindo o modo de ataque dos britânicos. Às 15 horas, chegaram os *Stuka*, seguidos por uma concentração de toda a artilharia na área e, por fim, os blindados investiram. Foram recebidos por uma poderosa defesa antitanque, formada por canhões e tanques entrincheirados.

"Em geral, há pouca chance de sucesso para um ataque de tanques em terreno onde o inimigo tomou posições defensivas", escreveu Rommel. "Porém, não havia mais nada que pudéssemos fazer".

Os britânicos, ao que parece, haviam aprendido a enfrentar os *Panzer* e a vencer.

A *Luftwaffe* transportou 70 toneladas de combustível e mais destacamentos *Panzer* foram transferidos para preencher as lacunas na linha. Contudo, devido à escassez contínua de combustível, Rommel emitiu uma ordem que era um anátema para qualquer comandante de *Panzer*. Seus tanques deveriam "se movimentar o menos possível".

Durante a manhã do dia 28 de outubro, os britânicos desfecharam três ataques ao longo do norte da linha de frente. Em cada um deles, foram rechaçados pelos *Panzer*, mas com alto custo em tanques. O restante dos blindados foi movido para a parte sul da frente e, àquela altura, todo o *Afrika Korps* estava posicionado para o combate. Enquanto isso, os britânicos se preparavam para outro ataque decisivo contra um inimigo enfraquecido.

Na noite de 28 de agosto, depois de uma tremenda barragem de artilharia, a 9ª Divisão Australiana deslocou-se em cunha pela estrada costeira. Era isso que Rommel esperava. Se os britânicos tentassem manobrar em torno dele ao norte, poderia cortar suas forças em duas. Assim, deslocou seus *Panzer* para o norte. No entanto, Montgomery não deu continuidade com um grande ataque ao longo da costa e a manobra dos *Panzer* simplesmente desperdiçou mais gasolina.

O naufrágio do substituto do *Proserpina*, o *Louisiana*, forçou Rommel a planejar a uma retirada. Isso, decidiu ele, só poderia ser feito com sucesso quando os ingleses atacassem novamente. Era preciso que estivessem totalmente envolvidos no combate quando ele recuasse seus homens da linha. Caso contrário, detectariam pontos fracos e avançariam.

Enquanto aguardava, a RAF atacava repetidamente suas posições e disparava contra seus veículos de abastecimento ao longo da estrada costeira. Embora a situação de combustível estivesse melhor, a munição estava acabando e novamente a artilharia se viu incapaz de abrir fogo concentrado sobre os pontos de reunião dos britânicos. Até aquele momento, os britânicos haviam posicionado apenas algumas das suas divisões na linha de frente e ainda podiam contar com 800 tanques. Os alemães tinham 90, e os italianos 140.

O esperado ataque britânico veio na noite de 1º de novembro, com investidas em uma frente estreita de cada lado da Colina 28. Formações britânicas avançaram em massa contra a 15ª Divisão *Panzer* a sudoeste. Foram empregados cerca de 400 tanques. Observadores da artilharia alemã relataram que, novamente, o mesmo número aguardava na reserva, enquanto pequenos grupos de tanques e carros blindados começavam a caçar unidades de abastecimento alemãs.

Na manhã seguinte, o *Afrika Korps* contra-atacou. Mas seus *Panzer* não eram páreo para os tanques britânicos e muitos foram perdidos. Os contingentes da 15ª e da 21ª Divisão *Panzer* que ainda não estavam comprometidos com a frente investiram contra os flancos britânicos, na esperança de desbaratar a cunha. Seguiu-se uma batalha de tanques feroz.

A RAF se concentrou em nocautear os canhões antiaéreos de 88 mm dos alemães, que àquela altura eram as únicas armas eficazes contra os tanques britânicos. Naquele dia, apesar de todos os canhões antiaéreos disponíveis estarem em campo, havia apenas 24 deles. A artilharia e os soldados do setor sul da linha de frente foram convocados, junto com cada reforço possível. Mesmo assim, a força de combate dos alemães contava apenas um terço do que tinha sido no início da batalha e o *Afrika Korps* tinha apenas 35 tanques operacionais sobrando. Assim, aquela era a hora para uma retirada.

Rommel sabia que, depois de dez dias de combates, seus homens não poderiam resistir ao próximo ataque britânico. As instalações de retaguarda já haviam sido movidas. Agora, era a vez de a infantaria recuar. Montgomery se mostrara cauteloso e, assim, Rommel esperava remover pelo menos parte de sua infantaria em segurança. As forças móveis, contudo, estavam fortemente engajadas e o general alemão percebeu que grande parte delas seria destruída.

Temendo que o Alto-Comando não entendesse a situação, Rommel enviou seu ajudante de ordens, o tenente Berndt, para explicar a situação a Hitler e pedir-lhe que desse ao Exército *Panzer* total liberdade de ação. Rommel planejava empreender uma série de ações retardantes, para permitir que a maior parte de seu exército escapasse. A resposta de Hitler foi ordenar a Rommel que jogasse tudo na batalha. Sua mensagem concluía: "Vitória ou morte". Rommel ficou atordoado.

"Pela primeira vez durante a campanha africana, não sei o que fazer", escreveu.

A retirada foi interrompida, enquanto Rommel tentava convencer Hitler a mudar de ideia. O estrago, porém, estava feito. O

> Rommel enviou seu ajudante de ordens para explicar a situação a Hitler e pedir-lhe que desse ao Exército *Panzer* total liberdade de ação.

moral das tropas desabou. Enquanto isso, Montgomery esperou e Rommel viu que tinha a chance de salvar seu exército, mas uma chance que estava escapando.

Em 4 de novembro, 20 *Panzer* rechaçaram ataques britânicos apoiados por 200 tanques. Rommel visitou Kesselring, que explicou que Hitler dera ordens proibindo a retirada porque estava aplicando lições aprendidas na frente russa. Rommel, porém, acabou acreditando que a ordem fora emitida por questões de propaganda. "Os homens no poder não admitiam dizer ao povo alemão", disse Rommel, "que El Alamein fora perdida".

Enquanto Rommel estava fora, a *Kampfstaffel*, unidade de combate do QG de seu Corpo, foi exterminada e o general von Thoma foi capturado. Blindados britânicos faziam progressos ao longo de toda a linha de frente. Nesse caso, Rommel acreditava, ordens superiores não contavam. Era preciso salvar o que poderia ser salvo. Às 15h30, o general emitiu a ordem de retirada. Fora perdido um dia e, naquele ponto, não havia nenhuma chance de fazer uma retirada ordenada. Qualquer contingente ou equipamento que não atingisse a estrada costeira e rumasse para oeste a toda a velocidade estaria perdido.

Na manhã seguinte, quando já era tarde demais, chegou uma mensagem de Hitler e do Alto-Comando autorizando a retirada.

Rommel recuou suas forças mecanizadas para Fuka, 96 km a oeste, onde posicionou o QG do seu Exército *Panzer* e esperou pela infantaria. Contudo, logo seriam forçados pela RAF e pelos tanques britânicos a se mover.

A 21ª Divisão *Panzer* ficou sem gasolina e seus tanques imobilizados foram destruídos pelos britânicos. Apenas quatro escaparam. O restante do Exército *Panzer* de Rommel foi salvo por uma chuva torrencial em 6 e 7 de novembro, que transformou o deserto em um atoleiro. A 1ª Divisão Blindada britânica, que perseguia os alemães, também ficou sem gasolina e impedida de acossar a coluna em retirada.

Em 8 de novembro, o exército *Panzer* de Rommel recebeu outra má notícia. Uma grande força anglo-americana desembarcara na Argélia e em Marrocos, na África do Norte francesa. Essa força poderia atacar as forças do Eixo na Líbia, vinda do oeste. Os *Panzer*, segundo o próprio Rommel, foram "apanhados em fogo cruzado".

Para defender a retaguarda de Rommel contra a força anglo-americana na Argélia, o Eixo começou a enviar homens para a Tunísia. Ao final de novembro de 1942, o número de homens crescera para aproximadamente 25.000, incluindo novas unidades de reserva da Alemanha, Itália e França, junto com reforços de que o *Afrika*

CAPÍTULO 5

Korps desesperadamente precisava. As tropas foram apoiados por 70 *Panzer*, 20 dos quais eram os novos tanques *Tiger* que Hitler prometera a Rommel.

Ação de retaguarda

Os homens na Tunísia estavam originalmente sob comando do general Nehring, ex-comandante do *Afrika Korps*, que estivera convalescendo em Túnis após ser ferido. Em 10 de dezembro, a formação na Tunísia tornou-se o 5° Comando de Exército *Panzer* e foi colocado sob o comando do experiente general Jürgen von Arnim, que fora transferido da Frente Oriental. Em janeiro de 1943, von Arnim tinha mais de 100.000 soldados alemães veteranos guardando as passagens montanhosas em torno de Túnis. Enquanto isso, a força anglo-americana abrira caminho Tunísia adentro, encontrando o caminho para os principais portos, Túnis e Bizerta, mais uma vez bloqueados.

Rommel voltara à Europa para consultas e ouviu de Hitler e Mussolini que deveria defender uma linha contra os ingleses. De volta ao Norte da África, ignorou suas ordens, sabendo que seus homens não tinham a força necessária para fazer frente a uma força superior. Não havia suprimentos, já que todos os homens e materiais estavam sendo desviados para a Tunísia. Se Rommel parasse de combater os britânicos, sabia que simplesmente seria flanqueado e todo o seu Exército *Panzer* estaria perdido. Assim, o general evacuou a Cirenaica novamente, depois a Tripolitânia, com a 15ª Divisão *Panzer* combatendo em ações de retaguarda. Contudo, com apenas 36 tanques contra os 650 dos britânicos, havia pouco que pudesse ser feito. A Líbia estava perdida.

Rommel já desenvolvera um plano para manter uma linha 193 km a oeste da fronteira com a Tunísia, a meio caminho entre Trípoli e Túnis. Ali, havia uma faixa estreita de 19 km entre o mar e uma cadeia de lagunas e pântanos, conhecida como Chott el Jerid.

No entanto, Rommel recebeu ordens de ocupar a Linha Mareth, uma antiga linha de fortificações francesa. Rommel objetou, já que a Linha Mareth poderia ser flanqueada, enquanto a Linha Akarit, a posição defensiva que escolhera entre Chott el Jerid e o mar, não poderia. Desta feita, porém, o general foi forçado a fazer o que lhe fora ordenado.

Quando Montgomery chegou a Trípoli no final de janeiro de 1943, parou para descansar suas tropas e fazer reparos essenciais em seus blindados. Isso deu a Rommel o espaço de manobra necessário para estabelecer-se na Linha Mareth. O general sabia que não poderia derrotar o veterano Oitavo Exército de Montgomery. No entanto, também sabia que levaria algum tempo até que Montgomery fosse capaz de trazer a artilharia e os aviões de que precisava para dominar o Exército *Panzer* de Rommel sem sofrer perdas em demasia. Rommel planejava manter a linha Mareth com um mínimo de tropas e, em seguida, enviar uma força de ataque contra a inexperiente força anglo-americana em sua retaguarda. Seus *Panzer* destruiriam o inexperiente e debilitado II Corpo americano para, em seguida, avançar ao longo de uma cadeia montanhosa chamada Dorsal Ocidental até a costa, perto de Bône, e eliminar o aeródromo dos Aliados ali. Depois disso, sua força de ataque giraria rapidamente para enfrentar Montgomery. No entanto, Rommel não tinha os tanques necessários

EM PLENO DESERTO

para levar a cabo esse plano ousado. Mas von Arnim tinha.

Infelizmente, Rommel não se dava bem com von Arnim, um aristocrata prussiano que não confiava no talento de Rommel. Von Arnim recusou-se a pensar em um esquema tão audacioso. No entanto, daria apoio a um ataque mais limitado para fortalecer sua posição na Dorsal Oriental, uma cadeia montanhosa ao sul de Túnis. Em 14 de fevereiro, bombardeiros de mergulho alemães atacaram a 1ª Divisão Blindada dos EUA, que guardava a cidade de Sidi Bou Zid, no Passo de Faid. Em seguida, os tanques e a infantaria da 1ª Divisão *Panzer* rapidamente os dominaram, infligindo enormes prejuízos. A 21ª Divisão *Panzer*, àquela altura completa novamente e subordinada ao 5º Exército *Panzer*, atacou pelo sul através do Passo de Maizila. Os defensores de Sidi Bou Zid não tinham chance contra os veteranos dos *Panzer*. Ao meio-dia, haviam sido derrotados. Os americanos rapidamente contra-atacaram com uma força de tanques leves e infantaria em veículos meias-lagartas. Essa manobra foi comparável a uma carga de brigada ligeira. Os americanos perderam mais de 2.000 homens, dos quais 1.400 foram feitos prisioneiros, incluindo o genro do general Patton, o tenente-coronel John Waters. Apenas 300 escaparam. Foram perdidos 94 tanques, juntamente com 60 meias-faixas e 26 canhões autopropulsados.

Rommel insistiu com von Armin, que estava no comando da operação, para deixar que a 21ª Divisão *Panzer* avançasse naquela noite e tomasse Sbeitla. Contudo, não recebeu o sinal verde até a noite do dia 16, o que resultou em uma cruenta batalha por

Sbeitla, que acabou sendo tomada pela 21ª no dia seguinte

O grupo de combate de Rommel tomou Gafsa em 15 de fevereiro sem luta, já que os americanos haviam retirado sua guarnição no dia anterior. A população local recebeu os alemães como libertadores, já que os americanos, ao fugir, haviam explodido sua munição na cidadela sem avisar as pessoas que viviam nas vizinhanças. Trinta casas desabaram sobre seus ocupantes. Trinta mortos foram retirados dos escombros e 80 pessoas foram dadas como desaparecidas.

O novo *Kampfstaffel* de Rommel investiu contra Metlaoui, para explodir o túnel ferroviário ali. Os alemães também capturaram 200.000 toneladas de fosfato. Feriana foi tomada no dia 17 de fevereiro, após dura resistência dos americanos. Em sua retirada, a guarnição incendiou seus depósitos de suprimentos, porém 12 transportadores blindados equipados com canhões de 75 mm foram capturados ou destruídos. Em seguida, os alemães avançaram sobre o aeródromo em Thelepte, onde encontraram 30 aviões em chamas. Os *Panzer* estavam de volta ao jogo novamente, fazendo o que faziam melhor: investidas relâmpagos em território inimigo.

Àquele altura, os americanos estavam agora recuando em Tebessa. Rommel queria persegui-los com seus blindados, convencido dc que uma investida rápida dos *Panzer* empurraria os americanos de volta para a Argélia e retardaria qualquer ofensiva que tivessem planejado. Von Arnim, todavia, não aprovou o plano e não cedeu a 10ª Divisão *Panzer*, que seria vital para o sucesso. Assim, Rommel recorreu a alguém acima dele. Kesselring aprovou o plano e enviou-o a Mussolini, que ainda estava, teoricamente, no comando do Norte da África.

Il Duce precisava de uma vitória para reforçar sua posição política e, em 19 de fevereiro, Rommel recebeu autorização para prosseguir, porém o ataque não deveria ser no noroeste contra o centro de comunicações em Tebessa, mas ao norte, contra a retaguarda do inimigo em Thala.

Ao ataque

O *Afrika Korps* começou seu ataque no Passo de Kasserine sob um aguaceiro. O passo era guardado por tropas americanas, que ocupavam o terreno elevado em ambos os lados.

O comandante da força de ataque, acostumado às táticas do deserto, concentrou seu ataque no vale, em vez de enviar tropas de montanha para limpar a encosta. Rommel chegou para assumir o comando e enviou um grupo de combate, comandado pelo general Buelowius, para contornar em um ataque de flanco.

A 21ª Divisão *Panzer* foi enviada até o próximo vale para tomar Sbiba, mas ficou retida na estrada, alagada após as chuvas. Em seguida, a divisão atingiu um campo minado fortemente defendido pela 1ª Brigada de Guardas.

Rommel acreditava que os norte-americanos em Kasserine eram mais fracos do que os britânicos em Sbiba e enviou a 10ª Divisão *Panzer* contra os americanos. Contudo, quando Rommel voltou ao quartel-general do *Afrika Korps* para instruir o comandante da 10ª Divisão *Panzer*, general von Broich, descobriu que este só trouxera metade de sua força. Von Arnim retivera o restante, incluindo alguns tanques *Tiger* recém-chegados, para seus próprios fins. Rommel, então, percebeu que não tinha forças suficientes

para superar os norte-americanos, que haviam recebido reforços.

O tenente-coronel Gore, dos EUA, explicou a confusão daquela noite. Um soldado cavava uma trincheira. Um tanque se aproximou e quase o soterrou. O soldado reclamava nos termos mais veementes possíveis quando uma bala passou raspando por sua orelha.

"Os alemães gritaram: 'Mãos ao alto, saia, renda-se aos *Panzer!*', em bom inglês", disse Gore. "Era quase impossível distinguir nossos tanques no escuro, até que um artilheiro acertou um disparo direto no tanque alemão e este explodiu em chamas. Com a proximidade do fogo, logo nove tanques alemães estavam em chamas e sua ousada tentativa foi frustrada. Não havia nenhuma infantaria mecanizada alemã à vista, embora no restante da noite os alarmes e os disparos fossem muitos".

Os alemães somente tomaram o passo quando trouxeram novos lançadores múltiplos de foguetes *Nebelwerfer*, que foram empregados pela primeira vez na África. Heinz Schmidt, que liderou o ataque, disse que seus homens estavam extasiados por enfrentarem pela primeira vez os americanos, cujos blindados estavam do outro lado da passagem. O Oitavo Regimento *Panzer* desfechou um ataque relâmpago contra eles, capturando vinte tanques e trinta transportadores blindados, a maioria equipada com canhões antitanques de 75 mm.

Os transportadores foram usados para transportar, lotados, os prisioneiros de guerra americanos pelo passo. Rommel chegou para inspecionar o equipamento capturado e ficou impressionado com o nível da equipagem dos americanos, deduzindo que tinham aprendido muito com os britânicos, padronizando seus veículos e peças de reposição. Melhor ainda, Schmidt descobriu que os americanos haviam abandonado alguns caminhões cheios de rações e cigarros.

Schmidt, então, recebeu ordens de seu comandante, major Meyer, para que destacasse uma companhia *Panzergrenadier* e alguns dos pesados destruidores de tanques *Panzerjager* e avançasse pela estrada até Feriana, onde tanques americanos tinham sido avistados. Entretanto, quando se aproximavam da aldeia, os alemães foram recebidos por fogo de metralhadora. Nas palavras de Schmidt:

O restante do batalhão foi destruído rapidamente e avançamos no estilo da infantaria, em uma frente ampla. Os disparos cessaram. Vários árabes saíram de suas casas: homens, mulheres e crianças, acenando e gritando na falsa alegria com que essas pessoas sempre recebem qualquer tropa aparentemente vitoriosa. O líder deles me reconheceu como oficial em comando e correu para mim com os braços estendidos. Ele matraqueava palavras de saudação, mas minha mão direita estava pousada em minha automática, só por precaução. Ele veio desajeitadamente até mim e tentou beijar minhas mãos. Quando puxei a mão enojado, ele caiu de joelhos e beijou minhas botas.

Os árabes, em seguida, apontaram para um campo minado e avisaram que artilharia americana acabara de partir. Vários tanques pesados, segundo eles, ainda estavam do outro lado da vila. Schmidt continuou:

O campo minado fora plantado recentemente e o solo recém-revirado revelava a presença de cada mina claramente. Escolhemos nosso caminho através dele

Sob um sol inclemente, Guardas dos Granadeiros avançam sobre o terreno acidentado próximo ao Passo de Kasserine, em fevereiro de 1943

cautelosamente, com os sapadores vindo atrás de nós e marcando o caminho para os canhões mais atrás. Além do campo minado, a estrada começou a subir novamente. Estava fazendo uma curva fechada quando avistei um tanque Sherman adiante, dentro do alcance de ataque. Puxei o volante das mão dos motorista, fazendo o veículo desviar-se bruscamente para a margem esquerda da estrada. O destacamento que tripulava o canhão imediatamente atrás de mim pensou rápido e percebeu a manobra. Em questão de segundos, pularam de seus assentos, prepararam-se, giraram o canhão e fizeram seu primeiro disparo, enquanto os americanos ainda estavam imóveis, com o canhão de seu tanque apontando para uma colina quase à nossa direita. Nosso primeiro disparo atingiu o tanque em um ângulo no flanco. O tanque irrompeu em chamas.

Mais abaixo na estrada, os alemães encontraram mais tanques e fogo de metralhadoras. Schmidt abrigou seus canhões antitanques e avisou Meyer. A luta continuou por uma hora. Então, viram adiante grossas colunas de fumaça preta e ouviram explosões. Claramente, os americanos estavam destruindo um depósito de munição. Seus tanques pararam de atirar e a coluna de Schmidt continuou seu avanço. Schmidt descreveu as condições:

Prosseguimos sem dormir, sem comida, sem banho e sem conversas que não fossem as instruções e ordens que recebíamos entrecortadas pelo rádio. Como sempre precisávamos de qualquer coisa que fosse civilizada, agarrávamos avidamente qualquer coisa que pudéssemos encontrar, sem prazer nem alento... A rotina diária era quase sempre a mesma: levantar em qualquer momento entre a meia-noite e 4 horas, preparar a movimentação, comer um biscoito e uma colher de geleia ou uma fatia de embutido, se tivéssemos sorte, um longo dia de movimento, vigílias e refregas, morte e medo da morte, até que a escuridão limitasse a visão e o ânimo em ambos os lados, o retorno de pequenas unidades que haviam saído em patrulha, a resistência final na marcha fúnebre e ruidosa até a área de destino, manutenção e reabastecimento e mais ordens, tudo até a meia-noite, e depois começava mais um dia.

Os britânicos, em seguida, empreenderam uma série de ações de retardamento ao longo da estrada para Thala. A 10ª Divisão *Panzer* chegou em Thala em torno das 19 horas, dominando um batalhão britânico e fazendo cerca de 700 prisioneiros. No entanto, a 10ª Divisão *Panzer* logo foi expulsa de Thala pela 6ª Divisão Blindada britânica. Rommel acreditava que poderia ter mantido Thala e continuado a ofensiva

se tivesse os tanques *Tiger* que deveriam estar com a 10ª Divisão *Panzer*. Ao solicitá-los a von Arnim, este informou que estavam em reparos. Rommel descobriu mais tarde que isso era mentira e que von Arnim os reservou para sua própria ofensiva.

Cresce o desastre

Naquele momento, a artilharia americana cobrava seu preço dos *Panzer* de Rommel. Na manhã seguinte, o general voltou a Thala. Ali, concluiu que as forças dos Aliados já eram poderosas demais para que sua ofensiva continuasse e, assim, ordenou uma retirada. Kesselring estava encantado pela vitória tática no Passo de Kasserine e ofereceu a Rommel o comando do Grupo de Exércitos. Rommel recusou, sabendo que von Arnim era a escolha de Hitler e, ao perceber que a situação, àquela altura, era insustentável no Norte da África, não tinha nenhuma vontade de assumir responsabilidades por mais uma derrota. Mesmo assim, ordens vieram de Mussolini para que Rommel assumisse o comando unificado do Grupo de Exércitos *Afrika*, na Tunísia.

A primeira ação de Rommel como comandante do Grupo de Exércitos foi retirar a 10ª Divisão *Panzer* do Passo de Kasserine. Mussolini não ficou feliz. Montgomery, contudo, já golpeava a Linha Mareth com um ataque à retaguarda da 15ª Divisão *Panzer* em 20 de fevereiro. Os *Panzer*, no entanto, tiveram a chance de dar uma olhada bem de perto no adversário.

Durante a retirada, capturaram um tanque *Sherman*. O fato foi considerado tão importante que um artigo sobre o assunto foi publicado na edição de março do *Die Wehrmacht*:

EM PLENO DESERTO

Pelas ruas de Túnis, move-se um tanque Sherman americano, rolando sobre suas lagartas, seu motor roncando, com munição capturada em seus canhões e, a bordo, uma tripulação: a patrulha de reconhecimento alemã que o capturou nas colinas de Sbeitla, durante a manhã enevoada de 22 de fevereiro. Descendo as colinas ele vem, até o mar de oliveiras, em direção ao porto de Sfax. É uma viagem de 338 km, que dura quatro dias e meio, o que atesta bem a capacidade geral de deslocamento desse colosso de aço. O bruto pesa aproximadamente 31 toneladas e foi carregado em um navio no porto, enquanto caças alemães voejavam acima no céu claro da África e nenhum bombardeiro do inimigo ousava invadir essa zona mortal. Agora, após várias paradas intermediárias, esse astro do armamento americano chegou ao seu destino, um campo de provas perto de Berlim, nas mãos de especialistas em armas alemães, que estão testando sua eficiência e durabilidade em combate. Investigações preliminares na Tunísia já haviam revelado que esse gigante de aço não é um produto ruim. O tanque foi capturado por um regimento de nossos Panzer.

Rommel aprovou o plano de von Arnim para flanquear e destruir as formações dos Aliados em Medjez el Bab, a 64 km a oeste de Túnis. O 5º Exército *Panzer* atacou em 26 de fevereiro. Novamente, um ataque relâmpago pegou o inimigo de surpresa e os *Panzer* conquistaram uma fácil vitória. O inimigo, porém, logo respondeu com ferozes contra-ataques. Então, uma chuva interrompeu o combate.

Rommel ficou especialmente descontente porque os *Tiger*, que poderiam ter feito a diferença em Thala, foram lançados em um ataque através de um vale pantanoso, onde sua principal vantagem, o longo alcance de seus canhões de 88 mm, não poderia ser usada. Os tanques pesados ficaram presos na lama e foram atingidos por fogo de artilharia. Dos 19 tanques *Tiger* envolvidos na ação, 15 foram perdidos. Outros tanques foram enviados para os vales estreitos daquela parte da Tunísia, onde foram facilmente destruídos pela artilharia nas encostas. Rommel cancelou a operação, porém esta foi retomada por von Arnim depois de Rommel ser chamado à Europa.

A ofensiva de Von Arnim atrasou o retorno da 10ª e da 21ª Divisão *Panzer* para a Linha Mareth, permitindo que Montgomery firmasse posição em Medenine, imediatamente à frente das posições defensivas alemãs.

Naquele momento, o Exército *Panzer* de Rommel tinha duas opções: poderia esperar pelo ataque dos britânicos e sofrer uma grande derrota ou tentar ganhar tempo atacando a área de reunião do inimigo. Rommel decidiu enviar uma divisão *Panzer*, a 21ª, para atacar Medenine, enquanto a 10ª rumava para o sul a fim de combater qualquer tentativa de uma manobra de flanco britânica.

Na manhã de 6 de março, a artilharia alemã, incluindo um *Nebelwerfer*, abriu fogo. No entanto, o ataque logo se deparou com uma forte linha defensiva.

Ataque após ataque, todos falharam. Cinquenta e dois tanques alemães foram completamente destruídos, enquanto os britânicos não perderam nenhum e apenas um esquadrão estava envolvido na luta.

Um tanque Churchill fortemente blindado na área de Medjed el Bab, entre 23 e 25 abril de 1943: um deles foi atingido 80 vezes pelos alemães, mas continuou avançando

Mesmo os *Stuka* se mostraram ineficazes, devido ao número de armas antiaéreas com que os britânicos contavam.

Rommel cancelou o ataque às 17 horas. O general considerou que acontecera uma semana tarde demais. Montgomery preparara suas posições com notável rapidez, concebidas de forma a impedir que a luta se tornasse fluida e, assim, tirando a vantagem dos *Panzer*.

Rommel sabia que, naquele momento, a posição era insustentável. O general prometera a Hitler que se seu exército fosse retirado e reequipado na Itália, deteria os Aliados quando estes inevitavelmente invadissem o sul da Europa.

Quando isso foi recusado, Rommel expôs um plano para reduzir drasticamente a linha de 640 km para 160 km. Em resposta, ouviu que contava com tropas mais que suficientes para manter a área que ocupava naquele momento. Porém, ressaltou o general, essas tropas não eram mecanizadas. Não eram tropas *Panzer*.

A quantidade de suprimentos que recebeu foi aumentada drasticamente, mas já era tarde demais. Os Aliados também receberam mais suprimentos, muito mais do que as forças do Eixo. Quando Rommel retornou à Europa para explicar a situação em pessoa a Mussolini e a Hitler, recebeu a sugestão de tirar uma licença médica. O general estava em uma cama de hospital em Semmering quando o Exército *Panzer* na Tunísia, comandado por von Arnim, foi esmagado.

Montgomery, como Rommel previra, flanqueou a Linha Mareth enquanto, ao mesmo tempo, atacava ao norte.

Os alemães conseguiram recuar para a Linha Akarit, enquanto a 10ª Divisão *Panzer* rechaçava um ataque americano na retaguarda, que tentava isolá-la do 5º Exército *Panzer*. Rommel começou a insistir que seus homens fossem retirados. Seus pedidos caíram em ouvidos moucos, embora alguns de seus melhores homens, incluindo o general Bayerlein e o general Gause, tivessem sido levados para a Itália.

Em 6 de maio, os americanos em Medjez el Bab avançaram, aniquilando por completo a 15ª Divisão *Panzer*. Sem armas ou munições, as forças do Eixo remanescentes capitularam. Os Aliados tinham aprendido, finalmente, como enfrentar os *Panzer* e vencer.

6. OPERAÇÃO BARBAROSSA:
OS PANZER RUMAM PARA O LESTE

Quando Heinz Guderian ouviu pela primeira vez que a Alemanha invadiria a Rússia, mal pode acreditar. O general advertira especificamente contra isso em seu livro *Achtung – Panzer!*, e o próprio Hitler criticara com frequência os líderes alemães da Primeira Guerra Mundial que haviam assumido uma guerra em duas frentes. Mas agora, antes que a Grã-Bretanha fosse invadida e subjugada, o ditador pretendia ir em frente com a Operação *Barbarossa*: um ataque à União Soviética.

Protesto indeferido

Guderian disse que expressou seu descontentamento e desgosto da forma mais veemente, mas o general Halder, chefe do estado-maior do Exército, calculara que a Rússia seria derrotado em apenas oito a dez semanas. Além de condenar o plano de atacar a União Soviética por princípio, Guderian criticava o plano em seus detalhes. O plano envolvia três grupos de exército aproximadamente do mesmo tamanho, atacando com objetivos divergentes. Um seguiria para nordeste, outro para leste e outro para sudeste.

"Não parece haver um único e claro objetivo operacional", disse Guderian.

Quando apontou o fato, não foi ouvido.

Guderian começou a estudar as campanhas de Carlos XII, da Suécia, que invadiu a Rússia em 1708, e de Napoleão I, da França, que a invadiu em 1812. Ambos foram derrotados e ficou claro para Guderian que a Alemanha não estava preparada, de forma nenhuma, para um empreendimento tão vasto. O problema, segundo ele, era que a vitória rápida conquistada pelos *Panzer* no ocidente eliminara a palavra "impossível" do vocabulário do Alto-Comando.

O primeiro problema era o fato de os fabricantes alemães não conseguirem pro-

No alto: Um *Panzer II* patrulha uma estrada rural da Rússia, no verão de 1941

Operação *Barbarossa*, 22 de junho de 1941: a invasão alemã da União Soviética

duzir o número de tanques necessários e, sendo assim, as divisões *Panzer* foram equipadas com tanques franceses que de forma nenhuma estavam adaptados às condições que encontrariam na Europa Oriental. No entanto, a maioria dos *Panzer* I e II fora substituída pelos modelos III e IV.

Os russos tinham mais tanques, porém os alemães contavam com o desempenho superior dos seus. Guderian, no entanto, tinha suas dúvidas. Na primavera europeia de 1941, Hitler permitira que uma comissão militar soviética inspecionasse as fábricas de tanques e escolas de formação alemãs. Os representantes russos se recusaram a acreditar que o *Panzer IV* era o tanque mais pesado dos alemães e insistiam que, contrariando as ordens de Hitler, os modelos mais novos estavam sendo ocultados deles. A conclusão de Guderian com base nesse fato foi que os soviéticos já tinham tanques pesados. E em julho de 1941, um mês depois de *Barbarossa*, os alemães veriam a superioridade do tanque russo no campo de batalha, na forma do *T-34*.

Guderian também temia a capacidade da produção russa. Em 1941, a Alemanha produzia 1.000 tanques por ano, mas já em 1933 o general visitara uma fábrica de tanques russa que produzia 22 tanques por dia.

Assim que a campanha dos Bálcãs foi rapidamente concluída, os preparativos para a *Barbarossa* começaram. Guderian começou a treinar seus homens, advertindo-os de que a campanha vindoura seria muito mais difícil do que qualquer coisa que tivessem experimentado até aquele momento. Por razões de segurança, o general não pode ser mais específico.

Os três grupos de exército empregados no ataque foram o Grupo de Exércitos Norte, comandado pelo marechal de campo Ritter von Leeb, que atacaria vindo da Prússia Oriental; o Grupo de Exércitos Centro, comandado pelo marechal de campo von Bock; e o Grupo de Exércitos Sul, comandado pelo marechal de campo von Rundstedt, que atacaria a Polônia. O plano exigia que esses três grupos de exército irrompessem pelas formações soviéticas

OPERAÇÃO BARBAROSSA: OS PANZER RUMAM PARA O LESTE

na fronteira, cercando-os e destruindo-os, enquanto os *Panzer* penetravam profundamente na Rússia, para impedir que os soviéticos formassem novas frentes de defesa, como haviam feito na Polônia.

Guderian deveria comandar o Grupo *Panzer* 2, com o Grupo *Panzer* 3 do general Hoth imediatamente ao seu norte. Esses dois grupos ficaram subordinados ao Grupo de Exércitos Centro. O grupo de Guderian deveria cruzar o Bug, que então formava a fronteira entre as zonas alemã e soviética na Polônia em Brest-Litovsk, romper as defesas soviéticas e rumar para Smolensk. Dali, Guderian e Hoth deveriam girar para o norte, em direção a Leningrado.

Retenções

O início da Operação *Barbarossa* foi adiado porque o Rio Bug e seus afluentes permaneceram transbordando na maior parte de maio, devido a uma primavera chuvosa que deixara o terreno pantanoso e quase intransponível, mesmo para os tanques. Quando o ataque prosseguisse, a primeira tarefa seria tomar a cidadela em Brest-Litovsk, que estava em mãos russas. Como já fizera isso em 1930, Guderian sabia que a cidadela somente poderia ser tomada por tanques em um ataque surpresa. Como não seria o caso dessa vez, o general pediu que a cidadela fosse tomada pela infantaria, enquanto seus tanques cruzariam o rio em ambos os lados de Brest-Litovsk.

Em 14 de junho, Guderian juntou-se aos comandantes dos Grupos *Panzer*, Grupos de Armas e Exércitos em Berlim. Hitler dirigiu-se a eles e explicou a razão para atacar a Rússia. A Inglaterra não poderia ser invadida e, sendo assim, para dar um fim à guerra, era preciso conquistar uma vitória completa no continente, onde, para tornar a posição da Alemanha inexpugnável, a Rússia deveria ser derrotada. Guderian e os outros comandantes ouviram o discurso de Hitler em silêncio. Não houve discussões. Guderian deixou a reunião com o coração pesaroso. Logo depois, receberia uma ordem dizendo que, em caso de excessos cometidos contra prisioneiros de guerra ou civis, os soldados responsáveis não deveriam ser automaticamente julgados e punidos de acordo com a lei militar. Em outras palavras, estavam livres para assassinar, estuprar e saquear como bem entendessem. Guderian disse que não retransmitiu essa ordem aos seus homens, pois achava que poderia solapar a disciplina.

De volta à Polônia, observou que os soviéticos do outro lado do Bug estavam totalmente despreparados para um ataque, fazendo pouco progresso em suas fortificações ao longo do seu lado do rio.

Em 22 de junho de 1941, Guderian foi até seu posto de comando em uma torre de

Um canhão de assalto Sturmgeschütz III é montado em um Panzer III cruzando o Rio Bug, em 1941

CAPÍTULO 6

Os alemães constroem um pontão sobre o Rio Dnieper, perto de Kiev.

observação, 14 km ao noroeste de Brest-Litovsk. Chegou ali às 3h10. Cinco minutos depois, a artilharia alemã abriu fogo. Às 3h40, os bombardeiros de mergulho chegaram. Então, às 4h15 unidades avançadas da 17ª e da 18ª Divisão Panzer começaram a cruzar o Bug. Essas unidades tinham sido dotadas de equipamentos impermeáveis que haviam sido testados para a Operação Leão-Marinho, o que lhes permitia atravessar 4 metros de água. Sendo assim, simplesmente atravessaram o rio. Às 4h45, os tanques que lideravam a 18ª Divisão Panzer estavam do outro lado. O próprio

Guderian seguiu em um barco de assalto às 6h50. Sua equipe de comando com dois caminhões de rádio blindados, alguns veículos para terreno acidentado e alguns motociclistas chegaram a outra margem às 8h30 e partiram atrás dos tanques da 18ª Divisão Panzer. Logo chegaram à ponte sobre o Rio Lesna. Sua captura era importante, mas quando Guderian chegou, as únicas pessoas que viu foram dois sentinelas russos. Elas fugiram. Dois dos ajudantes de ordens correram em perseguição, contra a vontade de Guderian, e foram mortos.

A companhia de tanques mais avançada chegou às 10h25 e atravessou a ponte. Logo atrás vinha o comandante da divisão, general Nehring, que mais tarde entraria em ação no Norte da África. Guderian ficou retido com a 18ª Divisão Panzer até meados da tarde, quando voltou para seu posto de comando. Avaliando a situação, viu que os russos tinham sido tomados de surpresa. As pontes ao sul de Brest-Litovsk foram tomadas intactas. Ao norte, os Panzer tiveram que construir suas próprias pontes. No entanto, a cidadela em Brest-Litovsk ainda estava nas mãos dos russos. A situação se estendeu por vários dias, privando os alemães da estrada e das pontes ferroviárias ali.

Ao anoitecer, os primeiros Panzer começaram a encontrar alguma resistência. Houve combates em Maloryta e Kobryn, e a 18ª Divisão Panzer se viu envolvida na primeira batalha de tanques da campanha, em Pruzana, que foi rapidamente vencida, fazendo que Guderian mudasse seu quartel-general de grupo para Pruzana no dia seguinte.

Em 24 de junho, Guderian rumou para Slonim, que já havia sido tomada pela 17ª Divisão Panzer. Na estrada, deparou-se com a infantaria russa, que foi atacada pelo fogo de uma bateria da 17ª Divisão *Panzer* e de alguns motociclistas a pé. Guderian se juntou à luta, manejando a metralhadora de seu veículo de comando blindado. Os alemães conseguiram desalojar o inimigo e seguiram em frente.

Escapando por pouco

No quartel-general da 17ª Divisão *Panzer*, Guderian encontrou o comandante de divisão, general von Arnim, que mais tarde apareceria na Tunísia, e o comandante de corpo, general Lemelsen. Os três discutiam a situação quando, por trás de um caminhão queimado, surgiram tanques russos perseguidos por alguns *Panzer IV*. Vendo um grupo de oficiais, os tanques russos abriram fogo contra eles. Guderian e os outros generais eram velhos soldados e instintivamente, atiraram-se ao chão. Dois oficiais mais jovens não conseguiram fazê-lo e foram feridos, um de modo fatal. Os tanques russos conseguiram abrir caminho até a cidade, mas acabaram nocauteados ali.

Guderian escaparia por pouco de novo naquele dia. Enquanto se deslocava para a frente, seu quartel-general foi atacado pelo ar. Depois de chegar à frente, rumou em um *Panzer IV* através da "terra de ninguém", até a 18ª Divisão *Panzer*, que recebeu ordens para continuar avançando em direção a Baranovicze. Guderian, em seguida, voltou ao seu posto de comando. No caminho, cruzou com a infantaria russa que se deslocava em caminhões para as cercanias de Slonim. Guderian ordenou ao motorista que dirigisse à toda pelo meio dos russos, cuja surpresa foi tanta que não tiveram tempo de dar um tiro. Mas Gude-

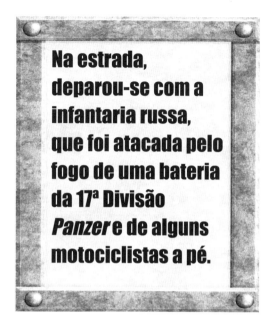

> Na estrada, deparou-se com a infantaria russa, que foi atacada pelo fogo de uma bateria da 17ª Divisão *Panzer* e de alguns motociclistas a pé.

rian acreditou que foi reconhecido, porque, logo depois, a imprensa russa anunciaria sua morte. Pelo rádio, o general alemão informou os russos sobre seu erro.

O flanco esquerdo do Grupo *Panzer* de Guderian estava ameaçado pelos russos que retornavam de Bialystok. Hitler planejara cercar os russos ali e queria que os *Panzer* voltassem atrás. O Alto-Comando, contudo, persuadiu-o de aderir ao plano original e os *Panzer* investiram para o leste, tomando Vilna e Kovno, depois pararam por um instante, esperando as unidades de infantaria mecanizada que chegavam para ocupar as áreas da retaguarda, continuando em seguida seu avanço para Minsk, na Bielorrússia.

O Grupo *Panzer* 3, de Hoth, chegou em Minsk em 26 de junho. A 17ª Divisão *Panzer* chegou no dia seguinte, encontrando grande parte da cidade destruída. No Grupo de Exércitos Norte, a 8ª Divisão *Panzer* conseguira capturar Dunaburg no sudeste da Letônia e suas pontes sobre o Dvina. Em seu livro *Vitórias Perdidas*, von Manstein disse, com evidente orgulho:

Antes do começo da ofensiva, perguntaram-me quanto tempo acreditávamos que levaria para chegar a Dvinsk (Dunaburg), presumindo-se que fosse possível fazê-lo. Minha resposta foi que, se não pudesse ser feito em quatro dias, dificilmente conseguiríamos capturar as pontes intactas. E agora, exatamente quatro dias e cinco horas após a hora H, havíamos realmente chegado lá, em cima da hora, numa corrida sem escalas por 322 km de território inimigo.

Enquanto isso, a infantaria conseguira cercar o grosso das forças russas na região na área de Bialystok e a primeira fase da *Barbarossa* estava quase no fim. Novamente Hitler queria que os *Panzer* voltassem e acabassem com os russos no bolsão de Bialystok. Guderian achava que essa tarefa poderia ser deixada para a infantaria, enquanto os *Panzer* avançavam para Smolensk. Nesse meio tempo, o general organizou seu Grupo *Panzer* em posições defensivas, para o caso de os russos tentarem escapar. Em 28 de junho, Guderian mudou sua quartel-general para o velho castelo em Nieswiez, que pertencera à famosa família Radziwill.

Os ocupantes anteriores tinham sido oficiais russos. No sótão, porém, Guderian descobriu uma fotografia do *Kaiser* Wilhelm, que estivera ali com um grupo de caça. Mais tarde, mudou-se para Tolochino, que fora quartel-general de Napoleão em 1812.

Inspecionando a área de avião, Guderian viu pouca chance de os russos escaparem e

começou, junto com Hoth, a avançar seus destacamentos. Em 30 de junho, o Alto-Comando ordenou que os *Panzer* avançassem para tomar as pontes do Dnieper nas fronteiras da própria Rússia. Isso deveria ser feito em um ataque relâmpago sem nenhum apoio da infantaria, que ficara retida em combates em torno do bolsão de Bialystok. Porém, se os *Panzer* não avançassem naquele momento, Guderian temia que ficassem retidos por semanas. Naquela situação, recebeu ordens para avançar sem a 17ª Divisão *Panzer*, que von Kluge queria reservar para o caso de

Pessoas em Minsk observam a passagem de uma coluna de blindados alemães, em uma imagem que pode ter sido retocada pelo departamento de propaganda

uma escapada russa. Guderian não concordou com essa ordem, segundo disse, mas retransmitiu-a mesmo assim à 17ª Divisão *Panzer*. Misteriosamente, parece que a divisão não a recebeu e continuou a avançar com o grupo. Von Kluge ficou furioso, já que um incidente semelhante acontecera com o Grupo *Panzer* de Hoth, alegou uma conspiração e ameaçou Guderian e Hoth com uma corte marcial.

Em 2 de julho, a 18ª Divisão *Panzer* teve problemas em Borissov, no Rio Beresina onde foi atacada por tanques russos. Os russos foram rechaçados, mas a um custo considerável para a 18ª, que se defrontou com os tanques *T-34* pela primeira vez. O *T-34* foi, comprovadamente, o melhor tanque da guerra, e certamente foi assim que von Kleist o descreveu. O próprio Guderian considerava sua chegada ao campo de batalha como "muito preocupante". Era rápido, com uma velocidade máxima de aproximadamente 55 km/h, equipado com lagartas largas que o tornavam bem mais manobrável nas condições russas do que seus congêneres alemães e era dotado de uma um impressionante canhão de 76,2 mm. O que destacava o *T-34*, no entanto, era sua pesada blindagem, com 70 mm de espessura na parte da frente e engenhosamente inclinada, de uma forma que o tornava praticamente imune aos canhões alemães.

Desentendimento

Em 3 de julho, os russos no bolsão de Bialystok se renderam e, sendo assim, toda a atenção dos *Panzer* poderia ser dirigida para o leste. No dia seguinte, o XXIV Corpo *Panzer*, liderado pela 3ª e pela 4ª Divisão *Panzer*, chegou ao Dnieper, perto de Rogachev. Dois dias depois, contudo, os russos atravessaram o Dnieper, perto de Shlobin, e atacaram o setor direito do XXIV Corpo *Panzer*. Foram repelidos pela 10ª Divisão de Infantaria Mecanizada. Mensagens de rádio interceptadas indicavam que os russos estavam formando uma nova frente defensiva ao longo do Dnieper e os *Panzer* teriam que se deslocar com mais rapidez para atravessar o rio antes que o inimigo estivesse em posição. Enquanto isso, a 17ª e a 18ª Divisão *Panzer* ficaram retidas em intensos combates envolvendo um número excepcionalmente elevado de tanques russos. Nesse ponto, houve uma discordância sobre os objetivos entre Hitler e o Alto-Comando. Von Bock e von Kluge também discordaram entre si, pois nenhum deles queria assumir a responsabilidade pelas ações rebeldes dos Grupos *Panzer* 2 e 3. A decisão de cruzar o Dnieper, portanto, ficou para Guderian.

O general podia ver que as defesas estavam sendo construídas, os russos mantinham fortes cabeças de ponte na margem ocidental do rio. Reforços russos estavam a caminho e, quando atravessassem o rio, os *Panzer* ficariam vulneráveis a ataques pelos flancos. Por outro lado, levaria duas semanas para a infantaria chegar. Àquela altura, as defesas russas estariam consideravelmente mais fortes, acabando com a guerra móvel da qual os alemães tinham desfrutado. O principal objetivo da Guderian era Smolensk, então decidiu arriscar e atravessar o rio.

Guderian ordenou que a 17ª e a 18ª Divisão *Panzer* avançassem, mas não antes que a 17ª destruísse 100 tanques russos. Todos os três corpos *Panzer* sob seu comando deveriam cruzar o Dnieper em 10 e 11 de julho. Os preparativos deveriam ser discretos e a movimentação de tropas deveria acontecer à noite. Enquanto isso, Guderian organizava o apoio aéreo, e a *Luftwaffe* prometeu supremacia aérea nas área de travessia.

O marechal de campo von Kluge apareceu no quartel-general de Guderian em 9 de julho e quando Guderian expôs a ele seus planos, von Kluge ordenou que a operação fosse cancelada e Guderian aguardasse a chegada da infantaria. Guderian disse que não poderia fazê-lo. Os preparativos estavam adiantados demais para serem cancelados. Seus corpos *Panzer* já estavam reunidos nos pontos de partida e era apenas uma questão de tempo até que fossem atacados pela força aérea russa. Além disso, Guderian estava convencido de que a operação teria sucesso e disse que poderia decidir a campanha russa.

"Suas operações estão sempre penduradas por um fio", queixou-se von Kluge. Mas deu sua aprovação.

A travessia do Dnieper prosseguiu mais ou menos como planejada, embora a 17ª

Um tanque T-34: sua blindagem frontal inclinada e lagartas largas o tornavam um oponente difícil

Divisão enfrentasse uma oposição na margem leste, ao sul de Orsha, que a forçou a uma retirada e a fazer outra travessia em Kopys, trás da 29ª Divisão de Infantaria Mecanizada. Algumas das pontes foram danificadas por ataque aéreo, mas Guderian atravessou todas as suas tropas e ordenou que o avanço continuasse durante toda a noite de 11 de julho, para tirar o máximo proveito do elemento surpresa.

Durante a travessia do Dnieper, o quartel-general de Guderian recebeu uma série de VIPs, incluindo o principal ajudante de ordens de Hitler, o coronel Schmundt. Ficou claro para Guderian que o Alto-Comando ainda não tinha ideia do que estava acontecendo ou da resistência que suas tropas enfrentaram, mas mesmo assim deram espaço a Guderian. Os *Panzer* chegaram a Smolensk em 15 de julho, tomando-a no dia seguinte, um dia depois de Guderian ter sido agraciado com as Folhas de Carvalho para sua Cruz de Cavaleiro. Isso o tornava um dos cinco homens da *Wehrmacht* que já haviam recebido essa condecoração.

Os russos começaram a contra-atacar em Smolensk vindos do nordeste, e a cidade foi seriamente atingida pelos disparos dos canhões. Hoth começou a cercar o inimigo ali, enquanto Guderian enviava seu XLVI Corpo *Panzer* contornando pelo sul. O XLVII encontrou resistência feroz, e Guderian pretendia enviar apoio na forma de seu XLVII Corpo *Panzer*. No entanto, sem dizer nada a Guderian, von Kluge havia ordenado que a 18ª Divisão *Panzer* ficasse onde estava. Assim, a 17ª Divisão *Panzer*, então comandada pelo general von Thoma, prosseguiu sozinha, frustrando a tentativa de acabar com o impasse. Os intensos combates continuaram e, por alguns dias, o avanço permaneceu interrompido. Relatórios dos serviços de informações indicavam que os russos estavam construindo uma nova linha defensiva ao leste e que a infantaria russa havia invadido a cabeça de ponte em Smolensk. Em 26 de julho, contudo, Hoth finalmente conseguiu cercá-los.

Confusão tática

No dia seguinte, Guderian voou de volta para a quartel-general do Grupo de Exércitos para uma reunião, esperando receber ordens de avançar até Moscou, ou pelo menos Bryansk, a leste. Em vez disso, foi instruído a girar para sudoeste e, em seguida, cercar de oito a dez divisões russas que estavam na área em torno de Gomel, de volta à Bielorrússia. Guderian e os outros oficiais na reunião (na verdade, até mesmo o Alto-Comando) achavam que isso era um erro, pois daria tempo aos russos para criarem novas formações defensivas ao leste, impedindo os alemães de alcançarem Moscou.

A preocupação mais imediata de Guderian, entretanto, era a captura de Roslavl, uma importante encruzilhada e centro de comunicações em seu flanco direito. Isso não somente abriria uma rota desimpedida para sudoeste, conforme Hitler ordenara, como também um caminho para o sul e o leste. Para tomar Roslavl, Guderian recebeu várias outras divisões, que formariam o Grupo de Exércitos Guderian, uma força autônoma que não estaria mais sob o comando do Quarto Exército. Guderian ficou lisonjeado pela recepção calorosa que recebeu das novas tropas em seu comando e reuniu-se com o tenente-coronel Freiherr von Bissing, com quem dividira uma casa em Berlin-Schlachtensee por muitos anos.

O ataque deveria começar no dia 2 de agosto, porém no dia 29 de julho, o principal ajudante de ordens de Hitler apareceu novamente, trazendo as Folhas de Carvalho para a Cruz de Cavaleiro da Guderian. Durante conversas, Schmundt revelou que Hitler havia mudado de ideia mais uma vez sobre seus objetivos. Leningrado e o Báltico estavam na lista novamente. Moscou também estava. Além disso, Hitler considerava um ataque à Ucrânia, mas ainda não tinha tomado a decisão. Guderian insistiu com Schmundt que aconselhasse Hitler a investir contra Moscou e o coração da Rússia, evitando operações, como o cerco a Gomel, que envolviam perdas sem serem decisivas. Também su-

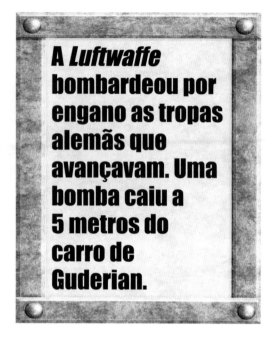

A *Luftwaffe* bombardeou por engano as tropas alemãs que avançavam. Uma bomba caiu a 5 metros do carro de Guderian.

plicou a Schmundt pelos novos tanques de que precisava para levar a campanha russa a uma rápida conclusão.

Bombardeando o lado errado

O ataque a Roslavl prosseguiu como planejado. Começaria com uma manobra de flanco por divisões de infantaria mecanizada, enquanto a 3ª e a 4ª Divisão *Panzer* invadiriam a própria cidade. Houve pouca oposição real do inimigo, mas a *Luftwaffe* bombardeou por engano as tropas alemãs em seu avanço, causando pesadas baixas. Uma bomba caiu a 5 metros do carro de Guderian, mas ele saiu ileso. Em meados da tarde, a 3ª Divisão *Panzer* já tomara a ponte e capturara uma bateria russa. No momento em que Guderian voltou ao seu quartel-general naquela noite, a cidade era dos alemães, embora a luta continuasse.

Em 4 de agosto, Guderian recebeu ordens de voltar ao quartel-general do Gru-

OPERAÇÃO BARBAROSSA: OS PANZER RUMAM PARA O LESTE

po de Exércitos, para uma reunião com Hitler. Schmundt, von Bock, Hoth e o chefe do departamento de operações, coronel Heusinger, também estavam lá. Guderian, von Bock e Hoth instaram Hitler a avançar para Moscou, porém o ditador decidiu que a área industrial em torno de Leningrado deveria ser o próximo objetivo. Depois disso, acreditava, os alemães deveriam tomar a Ucrânia. Se a Alemanha fosse continuar a guerra, precisaria das matérias-primas e dos grãos daquele país. Em seguida, seria preciso atacar as bases navais na Crimeia, para evitar que porta-aviões soviéticos conduzissem operações contra os campos petrolíferos romenos. Ainda assim, Hitler esperava estar em Moscou até o inverno.

Guderian ouviu o que Hitler tinha a dizer e, em seguida, ressaltou que, se fosse preciso conduzir mais operações de tanques em larga escala naquele ano, precisaria de novos tanques e motores de tanques, já que os atuais estavam por demais desgastados pela poeira levantada nas estradas de terra da Rússia.

Hitler acabou prometendo enviar 300 novos motores para frente russa, o que, segundo Guderian, era totalmente inadequado. E não haveria novos tanques. Naquele momento, a produção fora destinada a equipar as novas formações que Hitler estava montando. Guderian reclamou que só poderia fazer frente à superioridade numérica russa em tanques se suas perdas fossem compensadas. De acordo com Guderian, Hitler redarguiu: "Se eu soubesse que os valores atribuídos à força de tanques dos russos em seu livro [*Achtung – Panzer!*] eram, de fato, verdadeiros, acredito que jamais teria iniciado esta guerra."

Hitler acabou prometendo enviar 300 novos motores para a frente russa, o que, segundo Guderian, era totalmente inadequado.

A força nos números

Em *Achtung – Panzer!* Guderian dissera que a força russa de tanques em 1937 contava 10.000, embora tivesse lido relatórios dos serviços de informação que a contava em até 17.000. Mesmo assim, teve problemas para que esses valores, mesmo o menor, fossem aprovados pelo censor. Os alemães haviam começado *Barbarossa* com apenas 3.200 tanques.

Apesar do que Hitler dissera, em seu voo de volta, Guderian decidiu fazer preparativos para um ataque a Moscou. Quando aterrissou, contudo, descobriu que, enquanto estivera fora, os *Panzer* haviam perdido o controle da estrada para Moscou. Guderian foi em frente e ordenou a seus comandantes que retomassem suas posições na estrada para Moscou. Em seu quartel-general, disse a seu estado-maior que se preparasse para avançar sobre Moscou, acreditando que Hitler mudaria de ideia. Enquanto isso, o Alto-Comando solicitou a Guderian que enviasse os *Panzer* para atacar Rogachev, no Dnieper. Isso ficava 200 km atrás de sua linha de frente, e Guderian recusou.

Em 8 de agosto, a Batalha de Roslavl foi finalmente vencida. Foram feitos cerca de 38.000 prisioneiros russos, junto com 200 tanques e 200 canhões. Os serviços de informações confirmaram que não havia nenhum inimigo em uma distância de 40 km à frente em direção a Bryansk. Para proteger seu flanco direito, o XXIV Corpo *Panzer* atacou o inimigo na área de Miloslavitchi, na Bielorrússia. Mulheres foram até o campo de batalha com pão, manteiga e ovos, e Guderian disse que se recusaram a deixá-lo partir até que tivesse comido, embora reconhecesse que essa atitude amistosa desapareceu quando o governo militar foi mais tarde substituído por "comissários do *Reich*" nazistas.

No entanto, a vitória em Miloslavitchi foi um erro tático. Embora Guderian tivesse aberto o caminho para um ataque a Moscou, seu deslocamento para o sul deu ao Alto-Comando uma nova desculpa para ordenar que o XXIV Corpo *Panzer* retornasse a Gomel. Logo, toda sua força teve de se mover em direção ao sul e, em 23 de agosto, Guderian foi chamado para uma outra reunião no Grupo de Exércitos, onde foi informado de que Hitler tinha, de fato, mudado de ideia. Mas, então, o objetivo não seria nem Leningrado nem Moscou, e sim Ucrânia e Crimeia. Isto segundo informado a Guderian e outros oficiais presentes, era uma "determinação inalterável" de Hitler.

Guderian expressou dúvidas de que seus blindados fossem capazes de tomar Kiev, capital da Ucrânia e, depois, girar para tomar Moscou. Isto poderia demandar necessariamente uma campanha de inverno. O general ressaltou que seu XXIV Corpo *Panzer* não tivera um só dia para descanso e manutenção desde o início da *Barbarossa*. Von Bock sugeriu que Guderian fosse à Toca do Lobo, o QG de Hitler na Prússia Oriental, e falasse com o ditador pessoalmente. Quando chegou à Prússia Oriental, porém, o marechal de campo von Brauchitsch proibiu-o de trazer à tona o assunto de Moscou. Então, quando Guderian conversou com Hitler, meramente detalhou o mau estado dos seus *Panzer*. Hitler perguntou se seriam capazes de fazer outro grande esforço. "Sim", respondeu Guderian, "se os homens recebem um grande objetivo, um que cada soldado perceba imediatamente como importante."

"Você quer dizer Moscou, é claro", disse Hitler.

"Já que o senhor mencionou...", disse Guderian, e passou a explicitar por que deveriam avançar até Moscou em vez de se voltarem para o sul em direção a Kiev. Explicou, ainda, que além de ser um grande centro ferroviário e rodoviário, Moscou era o coração da Rússia.

Tomá-la solaparia a vontade do povo russo a lutar. A caminho de Moscou, poderia destruir o que restava do exército russo. Depois disso, seria fácil tomar Kiev, já que seria impossível para os russos reforçar sua guarnição. Guderian falou sobre o entusiasmo de suas tropas *Panzer* em avançar sobre a capital da Rússia. Além disso, suas formações estavam voltadas para o leste e recuar suas unidades avançadas para fazer um ataque ao sul sujeitaria seus veículos a mais desgaste. Seguir para Moscou era a única maneira de vencer a campanha da

Rússia dentro do cronograma estabelecido pelo Alto-Comando, ou mesmo naquele ano. Militarmente, era o objetivo principal: todo o resto era secundário.

Tome Kiev!

Hitler ouviu tudo sem interromper. Então, falou mais uma vez sobre o celeiro que era a Ucrânia e como os porta-aviões das bases navais na Crimeia poderiam privar os alemães dos campos petrolíferos romenos. Reclamou que seus generais nunca entenderam a economia da guerra. Hitler foi inflexível. Kiev seria o próximo objetivo. Guderian voou de volta para o seu Grupo *Panzer* com ordens para avançar para a Ucrânia no dia 25 de agosto. Mais tarde, descobriria que essas ordens tinham sido preparadas dois dias antes de sua reunião com Hitler.

Hitler garantira a Guderian que seu Grupo *Panzer* não seria dividido. No entanto, o Grupo de Exércitos Centro removeu o XLVI Corpo *Panzer* de seu comando e o pôs na reserva. Isso deixou Guderian com apenas dois corpos *Panzers*, o XLVII e o esgotado XXIV, para atacar Kiev.

Na manhã de 25 de agosto, Guderian estava a caminho da 17ª Divisão *Panzer* para liderar o avanço quando teve de cruzar uma faixa de areia. A areia levantada danificou seus veículos de comando, vários caminhões e algumas motocicletas, obrigando-o a esperar duas horas por substituições. Isso não era um bom presságio.

Ao chegar ao quartel-general da 17ª Divisão *Panzer*, viu que estava abaixo de sua capacidade. No entanto, o avanço deveria prosseguir. No dia seguinte, foi até um posto de observação de artilharia na linha de frente para assistir ao ataque dos bombardeiros de mergulho às posições russas

Em seguida, começou a chover, transformando as estradas de terra em córregos de lama. Os russos resistiam teimosamente.

do outro lado do rio Rog. O bombardeio não fez muitos estragos, mas manteve os russos acuados e os homens de Guderian atravessaram o rio sem baixas. Os russos, no entanto, avistaram os oficiais do estado-maior no posto de observação e o bombardearam com morteiros, ferindo cinco oficiais, incluindo o major Büsing que estava ao lado de Guderian. Guderian escapara por pouco outra vez.

Em 26 de agosto, a resistência russa recrudesceu e Guderian pediu que seu XLVI Corpo *Panzer* lhe fosse devolvido. Seu pedido foi negado. Seu Grupo *Panzer* foi, então, retardado pela necessidade de forças de ataque em seus flancos. Em 31 de agosto, contudo, a 4ª Divisão *Panzer* cruzara o Dresna em seu caminho para o sul. Mais uma vez, tanto o XXIV quanto o XLVII Corpo *Panzer* recebiam fortes contra-ataques em seus flancos e Guderian sentiu que não teriam força suficiente para continuar o ataque. Novamente, pediu reforços. Com o XLVI Corpo *Panzer*, a 7ª e a 11ª Divisão *Panzer*, além da 14ª Divisão de Infantaria Mecanizada, disse Guderian, poderia concluir a campanha de Kiev com rapidez. O general recebeu dois regimentos de infantaria. Em seguida, começou a chover, transformando as estradas de terra em córregos de lama. Novamente, os russos resistiam obstinadamente ao avanço alemão. Apenas os bombardeiros de mergulho pareciam surtir algum efeito. Então, Guderian teve sorte. Documentos capturados indicavam uma brecha na linha russa. A 3ª Divisão *Panzer*, comandada pelo general Model, foi investigar.

Quando Guderian voltou para seu quartel-general no dia 4 de setembro, recebeu um telefonema informando que o Alto-Comando estava insatisfeito com as operações de seu Grupo *Panzer*. Mesmo assim, desde o início do avanço em 25 de agosto, haviam sido capturados 120 tanques, 155 canhões e 17.000 prisioneiros. O XXIV Corpo *Panzer* havia capturado outros 13.000 homens. O Alto-Comando estava particularmente irritado com o fato, em vez de ir diretamente para o sul como ordenado, o XLVII Corpo *Panzer* estava na margem oriental do Dresna. Apesar de estar à beira da vitória ali, o XLVII recebeu ordens de voltar para a margem ocidental. Enquanto isso, bem mais ao norte, depois de uma corrida vertiginosa para o Mar Báltico, o Grupo *Panzer* 4 estava se preparando para atacar as defesas externas de Leningrado.

Guderian estava com a 4ª Divisão *Panzer* quando o XXIV Corpo *Panzer* atravessou o Seim. Então, quando voltou ao seu quartel-general, descobriu que Model encontrara uma brecha na linha russa. Contudo, como não tinha reservas para explorar o sucesso de Model, Guderian decidiu que a única

coisa que poderia fazer para ajudar seria ele próprio se juntar à 3ª Divisão *Panzer* atrás das linhas russas.

A 3ª Divisão *Panzer* deixara para trás a cidade de Konotop, que tinha uma estação ferroviária importante, onde os *Panzer* poderiam ser abastecidos. A 4ª Divisão *Panzer* seguiu para tomá-la, enquanto Guderian partiu em busca da 3ª Divisão. O general foi atacado por bombardeiros russos na ponte sobre o Seim e artilharia russa na estrada. Porém, mais uma vez, saiu ileso. A estrada já estava cheia de veículos atolados na lama e caminhões que deveriam estar rebocando canhões estavam puxando outros caminhões.

Model pegara o inimigo completamente de surpresa em Romny. Ao longo do lado norte da cidade, o Rio Romen proporcionava uma linha defensiva natural, que os russos haviam reforçado com arame farpado e valas antitanque. A 3ª Divisão *Panzer* simplesmente passou por cima das defesas e tomou a cidade. Quando Guderian chegou, ainda havia inimigos retardatários nos quintais e só foi possível cruzar a cidade em um veículo blindado.

Os *Panzer* também receberam ataques aéreos. O mau tempo a oeste manteve a *Luftwaffe* no solo, ao mesmo tempo em que o tempo estava bom o suficiente no leste para que a força aérea russa decolasse.

Konotop caíra, juntamente com Borsna a oeste e, militarmente, tudo estava indo bem. A chuva torrencial, contudo, dificultava as coisas. O coronel von Kleist, do Grupo *Panzer* 1, com o Grupo de Exércitos Sul, não conseguira atingir seu objetivo por causa da condição das estradas. O reconhecimento aéreo era impossível e as estradas estavam cheias de lama. Não

OPERAÇÃO BARBAROSSA: OS PANZER RUMAM PARA O LESTE

Atolado em um lamaçal perto de Kiev, um caminhão de abastecimento alemão é resgatado por veículos sobre lagartas, mais adequados ao terreno, em 1941

obstante, o XXIV Corpo *Panzer* avançou o mais que pôde em direção ao Grupo *Panzer* 1 de von Kleist para fechar o bolsão em Kiev, que continha o remanescente de cinco exércitos russos.

Objetivo alcançado

Em 15 de setembro, Guderian voou de volta para a quartel-general do Grupo de Exércitos mais uma vez, dessa vez para discutir o avanço sobre Moscou e a destruição final do Exército Vermelho. No dia seguinte, Guderian mudou seu quartel-general para Romny que, lembrou, fora quartel-general de Carlos XII da Suécia antes de ser derrotado pelos russos na Batalha de Poltava, em 1708. Em 19 de setembro, Kiev caiu e cinco exércitos russos ficaram encurralados nas estepes fora da cidade. Os *Panzer* de Guderian resistiram a uma feroz investida dos russos no leste, tentando penetrar no bolsão. O Grupo *Panzer* 4 descobriu que era impossível invadir Leningrado e deixou-a sitiada enquanto se voltava para o sul.

Em 23 de setembro, os *Panzer* começaram a se reagrupar para seu avanço sobre Moscou. A área de reunião do Grupo *Panzer* 2 ficava ao norte do Gluchov, proporcionando às unidades mais avançadas uma penetração de 80 km. A principal ofensiva deveria começar no dia 2 de outubro, mas Guderian pediu que seus *Panzer* fossem autorizados a iniciar em 30 de setembro. O general queria começar o mais cedo possível, antes que o tempo piorasse, e para isso receberia o apoio concentrado da *Luftwaffe* durante os dois primeiros dias. Nesse interim, em 26 de setembro, os russos fora de Kiev se renderam e 665.000 homens foram feitos prisioneiros. Guderian considerou isso um sucesso tático, mas um desastre estratégico, pois o levou a subestimar a vontade de lutar das formações russas restantes.

Pelo menos, o Grupo *Panzer* 2 recebeu 100 novos tanques, porém 50 deles tinham sido erroneamente enviados para Orsha e perderam o início do avanço. E ainda havia a escassez de combustível. Guderian acreditava que o emprego do Grupo de Exércitos, concentrando todos os blindados no centro da linha, era um erro. Seria melhor, acreditava, posicionar duas divisões *Panzer* bem descansadas nos flancos.

Mais uma vez, o ataque pegou os russos de surpresa e o XXIV Corpo *Panzer* avançou com rapidez. No entanto, tanques pesados russos logo chamaram a atenção quando surpreenderam dois batalhões de infantaria e capturaram seus veículos. Em

1º de outubro, o XXIV Corpo *Panzer* tomou Sevsk e conseguiu romper a linha de frente do inimigo. Enquanto Guderian seguia o avanço, viu que a estrada estava cheia de veículos abatidos, demostrando a dimensão da surpresa do ataque dos *Panzer*. Naquele dia, o XXIV Corpo *Panzer* avançou 137 km.

No dia seguinte, após uma luta feroz, a linha russa foi rompida completamente e o Décimo-Terceiro Exército russo foi empurrado para noroeste. A 4ª Divisão *Panzer* tomou Kromy, chegando a uma estrada pavimentada que levava a Orel, um importante centro rodoviário e ferroviário, que foi tomado no dia seguinte. A surpresa, ali, foi tão completa que os bondes em Orel ainda estavam operando quando os *Panzer* entraram na cidade e as ruas foram abandonadas com caixas cheias de ferramentas e máquinas desmontadas que deveriam ter sido evacuadas para o leste. Enquanto isso, o XLVII Corpo *Panzer* rumava para Bryansk. O Grupo Panzer 4 cercou as forças russas ao norte de Viasma, enquanto o Grupo Panzer 3 tomava uma cabeça de ponte sobre o Dnieper, perto de Cholm.

Em 4 de outubro, elementos do XXIV Corpo *Panzer* estavam na estrada para Tula. A 3ª e a 4ª Divisão *Panzer* rumavam para Karachev. E a 17ª Divisão *Panzer* construía uma cabeça de ponte através do Nerussa, para que pudesse avançar para o norte. No dia seguinte, a divisão estava a caminho de Bryansk. Mais uma vez, a velocidade de avanço foi fenomenal. Guderian teve que usar um avião para visitar suas unidades avançadas, para economizar o tempo que passaria sacolejando por estradas ruins. Isso tinha suas desvantagens. Mesmo os aeródromos na retaguarda ocupados pela *Luftwaffe* estavam sujeitos a bombardeios russos.

Os problemas se acumulam

Em 5 de outubro, o Grupo Panzer 2 de Guderian tornou-se o Segundo Exército *Panzer*. No entanto, começou a encontrar dificuldades. A 4ª Divisão *Panzer* fora seriamente golpeada pelos *T-34* russos ao sul de Mzensk, com enormes baixas. A superioridade dos tanques pesados russos já se tornava aparente e o rápido avanço em Tula, que Guderian vinha planejando, foi abandonado.

No entanto, em 6 de outubro, a 17ª Divisão *Panzer* tomou Bryansk e suas pontes sobre o Desna. Isso significava que suprimentos poderiam ser trazidos com facilidade pela estrada e pela ferrovia que se estendia de Orel a Bryansk. A vitória estava ao alcance dos alemães. Porém, naquela noite, a primeira neve caiu.

"Rapidamente, as estradas se tornaram nada mais que canais de lama sem fundo, que nossos veículos só conseguiam atravessar em ritmo de lesma e com grande desgaste para os motores", disse Guderian. O general solicitou roupas de inverno, mas foi instruído a não fazer mais pedidos desnecessários desse tipo. Pedidos de anticongelante eram igualmente ignorados.

Apesar do mau tempo, o Alto-Comando achava que, àquela altura, Moscou poderia ser tomada. O Segundo Exército *Panzer* deveria avançar pelo sul através de Tula, enquanto o Grupo *Panzer* 3 chegaria pelo norte. As ordens emitidas não levavam em conta as condições climáticas. Mesmo as estradas pavimentadas já não passavam de uma série de crateras de bombas e o avanço dos *Panzer* se deparava com novas formações de *T-34*. Só era possível nocautear esses tanques com os canhões de 75 mm de cano curto dos *Panzer IV* se fossem atingidos por trás. Mesmo assim, o disparo deveria acertar a grade acima do motor para ser eficaz.

OPERAÇÃO BARBAROSSA: OS PANZER RUMAM PARA O LESTE

Era necessária uma enorme habilidade para acertar um disparo desses. Além disso, os russos haviam desenvolvido uma nova tática. Eles faziam um ataque frontal contra os tanques com a infantaria, enquanto enviavam seus tanques contra os flancos. O *T-34* já aparecia em grande número, saindo diretamente de linhas de produção operadas por mulheres para o campo de batalha.

Guderian começou a notar que o moral de seus homens estava sendo desgastado pelos sucessos russos em combate. Mas isso era ignorado pelo quartel-general do Grupo de Exércitos, que continuava a fazer planos demasiado otimistas. Enquanto os veículos ficavam presos na neve, chegou a ordem para tomar Kursk, 460 km ao sul de Moscou, para completar o cerco ao que restava do Exército Vermelho. Mas, àquela altura, as condições eram tão ruins que os veículos com rodas só poderiam se mover se fossem rebocados por veículos com lagartas. Os tanques não eram equipados com correntes ou acoplamentos apropriados e foi preciso jogar cordas de aviões.

A 4ª Divisão *Panzer* se viu envolvida em um intenso combate de rua em Mzensk. O apoio demorou a chegar por causa da lama e das pesadas baixas infligidas pelos *T-34* aos *Panzer*.

"Até este momento, a superioridade em tanques era nossa", disse Guderian, "mas a partir de agora a situação se inverteu."

O general escreveu um relatório informando que não era mais possível que seus *Panzer* fizessem rápidos progressos. Também pediu que uma comissão formada por representantes do Gabinete de Material Bélico do Exército, projetistas de tanques do Ministério do Armamento e fabricantes de tanques que fosse a seu setor da frente para ver os *T-34* no campo de batalha e para conversar com os homens que tiveram de enfrentá-los. Nesse meio-tempo, pediu que fosse acelerada a produção de uma arma antitanque poderosa o suficiente para abater os *T-34*.

Enquanto o Segundo Exército *Panzer* de Guderian ficava detido em Dmitrovsk por causa da neve e da lama, as coisas continuavam indo bem no sul. Na batalha do Mar de Azov, o Sexto, o Nono, o Décimo-Segundo e o Décimo-Oitavo exércitos russos foram destruídos, 100.000 prisioneiros foram feitos e 672 canhões e 212 tanques capturados, com o caminho aberto para a Crimeia e o Baixo Don. Em torno de Kharkov, no entanto, o progresso foi retardado pelo aparecimento de mais *T-34*, que com frequência punham o Primeiro Exército *Panzer* na defensiva, embora a própria Kharkov viesse a cair em 24 de outubro.

Manobras de retardamento

Enquanto avançava para Odessa, o Segundo Exército *Panzer* se viu detido pelos russos em retirada, que ocuparam posições perto de uma ponte. O capitão Georg von Konrat recebeu ordens de liberar a estrada com três tanques – *Sea Rose* 1, 2 e 3 – e dois carros blindados – *Sea Rose* 4 e 5.

Tropas alemãs saem de seus abrigos e buscam proteção atrás de veículos blindados nas ruas de Kharkov, em 1941

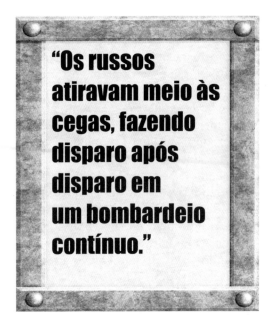

"Os russos atiravam meio às cegas, fazendo disparo após disparo em um bombardeio contínuo."

Von Konrat decidiu usar uma manobra de cerco através de uma floresta. Escrevendo sobre o assunto, disse:

Saímos rapidamente do meio das árvores e, no campo, imediatamente começamos a ganhar velocidade. No começo, não conseguia ver nada por causa da fumaça, mas então, de repente, já estávamos em campo aberto, na mira das armas russas. Jochum, meu motorista, gritou: "Estamos fazendo 55". "Veja se podemos fazer 65", rugi de volta. Dois segundos depois, fizemos nossa primeira curva, disparando para a esquerda em um giro de oitenta graus e avançando à toda contra as armas russas. Elas disparavam contra nós sem parar, mas antes que pudéssemos alinhar novamente, estávamos muito à direita e rumando em ângulo para o rio. Depois fomos novamente para a esquerda e voltamos para o desvio. Os russos devem ter pensado que tínhamos enlouquecido, ou que estávamos tentando isolá-los de suas forças em retirada.

Fizemos outra curva fechada de volta para o rio e, dessa vez, fechei e travei a tampa da torre, para o caso de um desses atiradores de granada acertar na mosca. Se tivéssemos que ser abatidos, não queria que fosse por algo tão mesquinho assim. Viramos para a esquerda novamente, 55 graus, rumamos para a floresta e, em seguida, saímos novamente por uma tangente do lado direito antes que os canhões deles tivessem chance de mirar em nós. Os russos estavam ficando furiosos. Eu subira meu telescópio e os observava.

Dois canhões de 76 mm da infantaria russa estavam posicionados no final da estrada, de onde dominavam o campo e estavam bem protegidos contra disparos. E havia mais canhões pesados nas árvores do outro lado da estrada.

Todo o resto estava bem coberto demais para ser visível. Mas eu já vira o suficiente. Eu poderia ter me dado mal enquanto via o cano de seus canhões girando freneticamente. Eles atiravam meio às cegas, fazendo disparo após disparo em um bombardeio contínuo, mas nenhum parecia estar mirando do jeito certo.

Mas não eram só os russos que tinham problemas com a mira:

Dita estava tendo o mesmo problema e eu podia ouvir uma torrente interminável de palavrões vindo da torre do canhão.

Ambos os lados estavam disparando freneticamente quando os *Panzer* estavam a 50 metros, então os tanques começaram a correr para trás e para frente de forma aleatória, para que os russos não pudessem detectar nenhum padrão.

Cinco segundos depois, estávamos novamente muito à direita e de volta rumo ao rio.

Àquela altura, os russos tinham um velho lançador de foguetes Katyusha dando seu show, enchendo o campo de disparos. O céu era uma massa de petardos explosivos. Pude ver a infantaria entrincheirando-se à frente dos canhões, por isso, atacamos, metralhando e disparando nossos canhões loucamente. Eles jogaram a toalha na primeira saraivada e correram de volta para a estrada e para fora de nossas vistas. Eu ria feito um louco. Acho que todos nós ríamos. Desviamos-nos novamente, depois para a direita, depois para a esquerda, para trás, para frente, esquerda, direita, e desviamos de novo. O tanque sacolejava de um lado para outro doidamente, cambaleando em outra direção quase que momentos antes de recuperar o equilíbrio depois do último ziguezague. Às vezes, eu achava que tínhamos sido atingidos ou perdido nossas lagartas, da maneira como Jochum lançava o pobre tanque em qualquer direção. Meu estômago parecia ter virado do avesso e quase desmaiei com as sacudidas repentinas e violentas. Eu nem atrevia a pensar no que estava acontecendo em meus pulmões. Só a excitação me manteve consciente. Àquela altura, Dita tinha parado de praguejar. O cano do canhão levantava tanto que quando tinha sorte de apontá-lo para a direção certa, o tanque já fazia outra curva e os disparos saíam completamente loucos, assoviando sobre a cabeça dos russos em direção ao interior da mata, ao chão, todo e qualquer lugar. Continuamos desse jeito, esperando de forma insana que cada giro seria

o último, aquele que nos levaria direto para um petardo do inimigo.

A infantaria russa estava se concentrando novamente.

Ordenei ao meu motorista que avançasse contra eles. Caso contrário, eles poderiam saltar sobre meus outros tanques e jogar granadas pelas torres. "Direto para eles por cem metros, depois vire!!", gritei. Jochum não respondeu. Não tinha tempo. Em uma curva mais fechada do que nunca para a esquerda, um lado do tanque pareceu sair do chão. Mas acabou se firmando e endireitando novamente. Então, a torre do canhão estava firme e Dita sorria, pois podia disparar diretamente contra as posições dos canhões russos, enquanto nossas metralhadoras abriam fogo cruzado contra a infantaria, fazendo-a debandar.

Von Konrat ordenou que o tanque avançasse novamente. Desta feita, Jochum pareceu perder o controle e invadir a própria estrada.

Os russos, quando não estavam rindo daquilo tudo, estavam tremendo dentro das botas, eu podia ver homens abandonando seus canhões e fugindo em todas as direções assim que nossos tanques rugiam para eles enfurecidos.

No último minuto, Jochum girou o tanque e cruzou o campo de volta a um local seguro, deixando as posições da infantaria russa destroçadas. No entanto, os canhões russos ainda disparavam contra outros dois tanques de von Konrat. Ele continuou:

Ordenei a Jochum que girasse completamente para o sul, abri a tampa da torre e espichei a cabeça para fora, a fim de ver mais claramente. Ao mesmo tempo, me agarrei às laterais esperado uma morte macabra. *Os russos não tinham mais ideia do que estava acontecendo no campo. Não tínhamos avançado, não tínhamos recuado. Tínhamos apenas brincado de pega-pega com eles, como crianças em um piquenique de domingo.*

Von Konrat avançou contra os russos novamente, mas no exato momento em que alinhava ao tanque *Sea Rose 2*, viu que o carro blindado *Sea Rose 4* era apenas "uma grande fogueira crepitante".

Àquela altura, estávamos completamente cercados por canhões russos e Dita girava nossa torre de canhão para a direita e para a esquerda, disparando continuamente em tudo. Sea Rose 2 voltou rapidamente para a estrada principal e os três tanques avançaram alinhados, nossas metralhadoras disparavam em fogo cruzado para afastar a infantaria. Avançamos pelo desvio, gradualmente, silenciando qualquer canhão na área. Nenhum deles era poderoso o suficiente para derrubar um tanque.

Enquanto rumavam para Odessa, tudo o que viram foram veículos queimando e soldados da infantaria fugindo para o mar. Mas estavam ficando sem munição:

Estava ficando difícil pensar com clareza. Sentia-me enjoado. Sentia-me péssimo. Tudo o que queria era dar o fora da Rússia, de Odessa, e esquecer tudo o que tivesse a ver com isso, e deitar em uma cama boa e macia e dormir.

Von Konrat apoiou-se contra a lateral do tanque e ordenou a seus tanques que dessem meia-volta. *Sea Rose 2* deveria voltar para a floresta e descobrir o que tinha acontecido com *Sea Rose 5*, enquanto von Konrat e *Sea Rose 3* voltariam até a estrada com suas metralhadoras disparando para a esquerda e direita enquanto rumavam para as posições da artilharia russa novamente.

Enquanto estávamos no meio, eles, os russos, não podiam disparar com receio de explodirem uns aos outros e, por isso, tudo o que podiam fazer era debandar, todos exceto um oficial russo. Nós dirigimos o tanque diretamente para ele, mas ele não se moveu. Sozinho na estrada vazia, ficou esperando inabalável que passássemos por cima dele. Nunca me apiedara tanto de um russo antes. Pouco antes de atingi-lo, nos desviamos e passamos por ele, seguindo pela estrada da ponte. Não olhei para trás, mas sabia que ele ainda estaria lá. Assim que fizemos a curva, Dita girou o canhão e fez nosso último disparo. Depois, correu para o rio a toda velocidade.

A essa altura, as linhas de infantaria se tinham reorganizado. Quando seu tanque se deparou com um canhão antitanque russo, Von Konrat amaldiçoou o fato de ter usado seu último disparo. Tiveram de usar suas metralhadoras contra ele. *Sea Rose 3* ainda tinha um disparo, eliminou o canhão russo e, em seguida, informou que havia encontrado *Sea Rose 5*. Fähnrich Olle, então, disse a von Konrat que o carro blindado era uma massa vermelha de fogo e que estava voltando para o rio.

Von Konrat concluiu que *Sea Rose 5* deve ter seguido à frente dos tanques, ou que tivesse sido pego por um canhão que passara despercebido, mas consolou-se com o pensamento de que seus homens poderiam ter escapado. De volta às linhas alemãs, relatou ao seu comandante o seu ataque em alta velocidade através do campo.

OPERAÇÃO BARBAROSSA: OS PANZER RUMAM PARA O LESTE

Eu vi [disse o major Horst] e quase morri de rir também. Aqueles russos devem ter usado metade da munição em Odessa como fogos de artifício para iluminar o céu enquanto você fazia sua exibição de dança debaixo deles.

Von Konrat concordou que se divertira um pouco com aquilo.

Quando o Segundo Exército *Panzer* em Tula retomou seu avanço, encontrou a estrada desintegrada pelo peso dos tanques. Os russos haviam destruído as pontes e plantado campos minados em cada margem das estradas. Para avançar, os alemães tiveram de forrar a estrada com toras das árvores derrubadas, por quilômetros a fio. Além disso, estavam com falta de gasolina. O Alto-Comando, em seguida, apareceu com a ideia de enviar o Segundo Exército *Panzer* para sudeste em direção a Voronezh, onde as forças russas estavam se concentrando. Este passou a ser outro problema para os *Panzer*: não havia estradas para lá. Como esse plano, portanto, estava fora de questão, Hitler ordenou que "unidades rápidas tomassem as pontes de Oka a leste de Serpuchov", a apenas 96 km ao sul da própria Moscou. Contudo, dadas as condições, não havia mais "unidades rápidas". A estrada Orel-Tula já se desintegrara completamente e a máxima velocidade que os veículos conseguiam atingir ocasionalmente era de 19 km/h. O Segundo Exército *Panzer* recebera ordens de tomar Tula de um só golpe, mas se viu retida a 3,2 km da cidade por pesadas defesas russas antitanques. A artilharia pesada não poderia ser convocada por causa das condições da estrada. As tropas na linha de frente não recebiam pão já havia mais de uma semana e a 3ª Divisão *Panzer* teve de ser abastecida pelo ar.

Condições inadequadas

Guderian decidiu ignorar Tula, atravessando o Shat para sudeste em Dedilovo. O progresso, porém, era lento, por causa do enorme desgaste e das condições impostas aos veículos. O general, então, decidiu que as tropas mecanizadas não poderiam ser empregadas até que houvesse uma geada. Elementos do XXIV Corpo *Panzer* chegaram a Dedilovo em 1º de novembro. Uma coluna russa chegou pelo sul para atacar os *Panzer* imobilizados fora de Tula e foi rechaçada pelo LIII Corpo de Exército.

Na noite de 3 de novembro, houve uma geada que endureceu o solo e tornou as coisas mais fáceis. Mas também trouxe um novo problema, o frio. Em 7 de novembro, os homens já relatavam casos de queimadura pelo frio. Enquanto isso, ao sul, Kursk caíra para o XLVIII Corpo *Panzer* e o Primeiro Exército *Panzer* atacava Rostov do Don. Em torno de Tula, todavia, o XXIV Corpo *Panzer* passara para a defensiva.

> **Na noite de 3 de novembro, houve uma geada. Isso tornou o avanço mais fácil, mas também trouxe um novo problema, o frio.**

Tropas alemãs trabalham para remover um Panzer IV da neve, numa amostra da verdadeira tarefa que teriam pela frente, em 1941

Em 12 de novembro, Guderian voou de volta para a quartel-general do Grupo de Exércitos para uma reunião. Ali, recebeu ordens para que seu Segundo Exército *Panzer* tomasse Gorki, a 644 km de Orel e 400 km a leste de Moscou. Um dos oficiais de seu estado-maior observou que seria um milagre se percorressem mais 48 km.

"Aquele mês não era maio e não estávamos lutando na França", disse Guderian.

Quando Guderian voltou à frente no dia seguinte, voou através de uma tempestade de neve. A temperatura caiu de – 22°C para – 40°C. Devido aos casos de queimadura por congelamento, a força de combate da infantaria foi dos normais 200 homens por companhia para 50 e os tanques ficaram imobilizados, sem conseguir escalar as aclives cheios de gelo, já que suas lagartas não eram apropriadas (sem travas metálicas que penetrassem no solo) e não contavam com mais do que um dia de suprimento de combustível.

Miras telescópicas congelavam e era preciso acender fogueiras sob os tanques para dar partida em seus motores, já que o combustível congelava na tubulação e o óleo no cárter começava a solidificar.

Comida era outro problema. Os russos tentaram queimar os silos, mas uma boa quantidade de grãos fora resgatada. Contudo, como as ferrovias foram postas fora de ação, era difícil fazer o pão chegar até os homens.

Os tanques poderiam receber reparos de emergência, já que as fábricas que não tinham sido despojadas de suas máquinas foram rapidamente postas para trabalhar novamente. Contudo, mesmo os anticomunistas entre a população não eram pró-alemães. Um velho general czarista disse a Guderian:

Se vocês tivessem chegado vinte anos atrás, teriam sido recebidos de braços abertos. Mas agora é tarde demais. Estávamos apensa começando a nos aprumar e agora você chegam e nos fazem recuar vinte anos, vamos ter que começar tudo de novo. Agora estamos lutando pela Rússia e, em torno dessa causa, estamos todos unidos.

Apesar das condições, o Segundo Exército *Panzer* começou um avanço lento, chegando a cobrir 10 km por dia, mas geralmente avançava apenas 5 km. A comissão para examinar os *T-34* chegou em 20

OPERAÇÃO BARBAROSSA: OS PANZER RUMAM PARA O LESTE

de novembro. No dia seguinte, o Primeiro Exército *Panzer* tomou Rostov do Don, embora os russos em retirada tivessem explodido as pontes sobre o rio.

Guderian voou de volta ao quartel-general do Grupo de Exércitos em 23 de novembro, para solicitar que suas ordens fossem mudadas, já que o Segundo Exército *Panzer* claramente não conseguiria atingir os objetivos designados. Von Bock foi solidário, porém o Alto-Comando não mudou de ideia e Guderian recebeu instruções para continuar com o avanço.

Baixas de inverno

As mal vestidas e mal alimentadas tropas *Panzer* começaram a se deparar com soldados siberianos bem alimentados e apropriadamente vestidos, totalmente equipados para o combate no inverno, e começaram a sofrer baixas pesadas. Em 27 de novembro, os russos iniciaram um contra-ataque em Rostov. O Segundo Exército *Panzer* encontrou fortes contingentes russos na estrada Tula-Aleksin. No entanto, ao norte, a 2ª Divisão *Panzer* chegara a Krasnaya Polyana, a 22 km de Moscou. Aquela, todavia, seria a extensão máxima do avanço. No dia seguinte, os russos retornaram a Rostov e o Primeiro Exército *Panzer* foi evacuado. Como resultado, o comandante do Grupo de Exércitos Sul, marechal de campo von Rundstedt, foi demitido e substituído pelo marechal de campo von Reichenau.

Guderian mudou seu quartel-general para Yasnaya Polyana, a propriedade rural de Leo Tolstoy, para dar início ao cerco de Tula. Havia duas casas em Yasnaya Polyana. Guderian permitiu que a família Tolstoy ficasse em uma delas, o Castelo, enquanto ele ocupava o Museu. Após a guerra, as autoridades soviéticas acusaram os alemães de vandalizar a propriedade de Tolstoy. Guderian insistiu que nenhum dos móveis foi usado ou danificado e nenhum dos livros ou manuscritos foi tocado. A madeira queimada era da floresta e seus próprios móveis eram feitos de tábuas. O general disse que chegou mesmo a visitar o túmulo de Tolstoi para homenageá-lo, mas descobriu que os russos haviam minado o terreno em torno dele.

Em 2 de dezembro, a 3ª e a 4ª Divisão *Panzer* avançaram, mas foram interrompidas por uma tempestade de neve no dia seguinte. As estradas se tornaram traiçoeiras Ao retornar de uma visita às tropas avançadas, o veículo de comando de Guderian atingiu uma cratera aberta no solo argiloso pelas chuvas do outono e que fora ocultada pela neve. Não havia nenhuma maneira de tirá-lo de lá. Do outro lado da estrada, contudo, deparou-se com um caminhão de comunicações, que o levou de volta ao seu quartel-general.

No dia 4 de dezembro, a temperatura caiu para -35 °C; em 5 de dezembro, para -38 °C. Os tanques ficaram imobilizados. Guderian não teve alternativa a não ser interromper seu ataque e, pela primeira vez na campanha da Rússia, recuar seus homens para uma linha defensiva. A linha alemã como um todo estava congelada, com o Terceiro Exército *Panzer* do general Reinhardt a apenas 32 km do *Kremlin*. A *Wehrmacht* apenas parou onde estava, não em posições devidamente preparadas ou fortificadas em que pudesse passar o inverno. Os homens ficaram expostos não só ao tempo, mas a ataques dos russos, que estavam mais bem preparados para as condições.

"Eu nunca teria acreditado que uma posição militar realmente brilhante pudesse ser tão arruinada em dois meses", Guderian escreveu em uma carta para a mulher no dia 8 de dezembro. "Se uma decisão de avançar e preparar posições para o inverno em uma linha habitável e apropriada para a defesa tivesse sido tomada no momento adequado, não estaríamos em perigo."

Mas o perigo estava lá. Em 8 de dezembro, após o ataque a Pearl Harbor, o Japão entrou na guerra. Fatidicamente, em 11 de dezembro, Hitler declarou guerra aos Estados Unidos. No entanto, o Japão não retribuiu e não declarou guerra à União Soviética e, sendo assim, todas as tropas russas no Extremo Oriente foram enviadas para enfrentar os alemães. A guerra fluida e móvel dos *Panzer* terminara, por enquanto. No inverno russo, os tanques eram alvos fáceis.

Guderian dirigiu por 22 horas em uma nevasca para encontrar o marechal de campo von Brauchitsch em Roslavl e implorou por uma autorização de recuar para posições fortificadas e fechar uma lacuna na linha. Pediu, ainda, que sua solicitação fosse encaminhada a Hitler. Von Brauchitsch assim o fez e foi demitido. Hitler telefonou a Guderian e disse-lhe que não cedesse um centímetro de terreno. Os recuos que Guderian já iniciara deveriam ser interrompidos. Os russos começaram a avançar, embora as queimaduras por congelamento causassem mais baixas que os ferimentos de bala, e Guderian decidiu que deveria falar com Hitler pessoalmente, pois este, após a demissão de von Brauchitsch, nomeara a si mesmo comandante-em-chefe do exército.

A fria realidade

Em 20 de dezembro, Guderian chegou na Prússia Oriental. O general reuniu-se com Hitler por cinco horas, com dois intervalos de meia hora cada um. Guderian sabia que sua oposição ao Alto-Comando era solitária e, pela primeira vez, percebeu hostilidade nos olhos de Hitler.

Guderian começou descrevendo o estado lamentável do exército e, mais uma vez, sugeriu a retirada para uma linha fortificada preparada ao longo dos rios Susha e Oka.

"Não, eu proíbo!", gritou Hitler. "Os homens devem se entrincheirar onde estão e defender cada metro quadrado de terreno!"

Guderian ressaltou que eles não poderiam cavar, já que o chão estava congelado até uma profundidade de 2 metros na maioria dos lugares e suas ferramentas de trincheira não surtiam efeito nenhum.

"Nesse caso, devem abrir crateras com os obuses pesados", disse Hitler. "Tivemos que fazer isso na Primeira Guerra Mundial, em Flandres."

Guderian, porém, ressaltou que não tinham nem as armas, nem munições para isso, e o frio que experimentavam era muito mais severo do que qualquer coisa que Hitler tivesse experimentado na Europa Ocidental. Até para cravar uma estaca no chão e instalar um fio telefônico demandava explosivos poderosos. Hitler, contudo, não se abalou e insistiu que o exército seguisse ordens e permanecesse onde estava.

Guderian continuou a discutir a questão, dizendo que partir para uma guerra de posições em um terreno inadequado, como acontecera na Primeira Guerra Mundial, resultaria na perda de oficiais, suboficiais e dos homens adequados para substituí-los.

"Será um sacrifício não apenas inútil, mas irreparável", disse.

"Você acha que os granadeiros de Frederico, o Grande, estavam ansiosos para morrer?" perguntou Hitler. "Eles também

OPERAÇÃO BARBAROSSA: OS PANZER RUMAM PARA O LESTE

Um ciclista para perto de um cartaz de Hitler com um apelo para "caridade de inverno", em Stuttgart

Guderian concordou que tinham sido enviadas, mas nunca chegaram. Ficaram retidas na estação de Varsóvia, já que não havia trens para lavá-las à linha de frente e quando pediu que fossem levadas por caminhão em setembro e outubro, seu pedido fora recusado. Àquela altura, era tarde demais, já que as estradas estavam intransitáveis.

Hitler convocou o diretor do serviço de intendência, que confirmou a veracidade do que fora dito. O único resultado disso, porém, foi que o ministro da propaganda, Joseph Goebbels, fez uma campanha de arrecadação de roupas de inverno para os soldados na Frente Oriental, o que não passava disso mesmo, uma campanha de propaganda. Nada do que foi coletado chegou à linha de frente.

Hitler, em seguida, virou o jogo contra Guderian. O ditador reclamou que Guderian tinha homens demais nas colunas de abastecimento e não o suficiente carregando fuzis na linha de frente. Guderian redarguiu que isso acontecia porque os caminhões quebrados não eram substituídos e transportar suprimentos adequados para a frente usando o transporte local, como trenós, exigia muito mais homens. Nada poderia ser feito para mudar a situação até que as ferrovias estivessem funcionando novamente.

"Era difícil fazer Hitler entender esse fato simples", disse um exasperado Guderian, que assistira a um noticiário de von Brauchitsch mostrando Hitler em uma exposição em Berlim dos equipamentos disponíveis para as tropas na Frente Oriental. O problema era que eles não tinham nenhuma daquelas coisas. Em seguida, o ministro de armamentos, Dr. Fritz Todt, mostrou a Guderian dois aquecedores de trincheira que haviam sido construídos para Hitler e deve-

queriam viver, mas o rei estava certo ao pedir-lhes para se sacrificassem. Eu também acredito que tenho o direito de pedir a qualquer soldado alemão que entregue sua vida."

Guderian disse que uma coisa era arriscar sua vida por seu país, outra bem diferente seria jogá-la fora inutilmente. Hitler, então, acusou Guderian de passar tempo demais com seus homens. Se mantivesse um pouco mais de distância, disse Hitler, veria as coisas com maior clareza. Guderian explicou que isso era algo difícil de fazer quando perdia mais homens para o frio que para as armas dos inimigos pelo fato de ainda vestirem uniformes de verão e as botas, roupas, luvas e quepes de inverno de que precisavam não existiam, ou estavam irremediavelmente gastos.

"Isso não é verdade", gritou Hitler. "O diretor do serviço de intendência informou-me que as vestimentas de inverno já foram enviadas."

riam servir de modelo para que as tropas os construíssem com os materiais disponíveis.

Depois do jantar, Guderian sugeriu que oficiais com experiência em frentes de combate durante a guerra de inverno fossem designados para o estado-maior, pois achava que as mensagens que enviava ao Alto-Comando estavam sendo mal entendidas e mal interpretadas. Hitler recusou rispidamente e enquanto Guderian deixava a sala de reuniões, sabendo que sua conversa com Hitler fora debalde, Hitler voltou-se para Keitel e disse: "Não convenci o homem."

Uma mensagem de Hitler

Guderian voltou para a frente e percorreu seu Exército *Panzer*, tentando explicar a decisão de Hitler a seus homens. Naturalmente, os russos não perderam tempo para explorar a posição de Guderian. Em 24 de dezembro, tomaram Livny. Naquela noite, tomaram Chern, cercando a 10ª Divisão de Infantaria Mecanizada. Quando Guderian relatou a situação, von Kluge o acusou de ter evacuado Chern no dia anterior. Guderian, então, ordenou a seu Segundo Exército *Panzer* que se retirasse para a Linha Suska-Oka, em contradição direta às ordens de Hitler. Em 26 de dezembro, Guderian foi exonerado de seu comando por von Kluge.

De volta a Berlim, Guderian descobriu que vários colegas oficiais lhe eram simpáticos e achavam que fora tratado injustamente. Mas, na época, havia um grande número de demissões arbitrárias acontecendo, enquanto Hitler tentava encontrar alguém para culpar pelo fiasco no leste. Esse expurgo não aconteceu sem protesto. Quando o general Hoepner foi demitido depois de dizer que a culpa era da "liderança civil", Hitler também

lhe tirou o direito de usar seu uniforme ou condecorações, cancelou sua aposentadoria e tirou sua casa. Hoepner, porém, ignorou essas ordens, dizendo que eram ilegais, e os advogados do Alto-Comando disseram a Hitler que não poderia emitir tais ordens sem uma audiência disciplinar formal que, sem dúvida, teria favorecido Hoepner. Hitler ficou furioso e fez passar uma nova lei no *Reichstag* em 26 de abril de 1942, dando-lhe o direito de mudar a lei por decreto, sem consulta ao *Reichstag*. Hitler finalmente tomara para si os poderes absolutos de um déspota.

Ao saber do caso de Hoepner, Guderian solicitou que um tribunal militar de inquérito investigasse sua conduta. Hitler recusou o pedido, sem dar razões para fazê-lo. Àquela altura, a tensão transparecia em Guderian e sua esposa estava doente. Sendo assim, fizeram uma viagem de repouso de quatro semanas no retiro de Badenweiler.

Em setembro, Rommel, enquanto planejava voltar para a Alemanha devido a problemas de saúde, telegrafou do norte da África, propondo a Hitler que Guderian o substituísse em sua ausência. O pedido foi negado. Guderian decidiu sair de Berlim e começou, junto com sua esposa, a procurar uma casa perto do Lago Constance e no Salzkammergut, uma área também conhecida como o "Distrito do Lago Austríaco". Quando Hitler soube disso, disse que Guderian viera da Prússia Oriental e deveria voltar para lá. Como tinha uma Cruz de Cavaleiro com Folhas de Carvalho, lhe seria dada uma pequena propriedade na região. Assim, Guderian pôs de lado seu uniforme cinza e se preparou para começar uma nova carreira como um fazendeiro.

7. SUPERIORIDADE SOVIÉTICA

Mesmo que, naquele momento, fosse um civil, Guderian se manteve informado sobre a guerra. Durante a ofensiva de julho e agosto de 1942, os campos petrolíferos do Mar Cáspio, que era a grande artéria marítima da Rússia, foram capturados e Stalingrado fora aniquilada como centro industrial. No entanto, para Guderian, esses movimentos não faziam sentido: Hitler estava indo atrás de objetivos militares e ideológicos sem antes destruir as forças armadas do inimigo. Os militares que tiveram a ousadia de apontar isso foram demitidos e seus poderes assumidos por Hitler, que cultivava uma desconfiança crescente das figuras de destaque do exército.

No entanto, uma das coisas em que Hitler acertara, na opinião de Guderian, fora concentrar boa parte de suas energias no desenvolvimento de novas armas, com especial interesse no desenvolvimento de um novo tanque para enfrentar os *T-34* russos. Os policiais na linha de frente haviam sugerido que os fabricantes de tanques alemães fizessem uma cópia simples do *T-34*, mas os projetistas não quiseram ouvi-los, alegando que não seria fácil produzir em massa o motor a diesel de alumínio do *T-34* de forma rápida, e a escassez de matérias-primas tornava difícil copiar as ligas de aço russas. Em vez disso, concentrariam seus esforços no tanque *Tiger*, com suas 57 toneladas e tripulação de cinco homens, que já estava em produção, e projetaram um tanque mais leve, o *Panther*, com aproximadamente 45 toneladas. Ambos eram equipados com um canhão de torre e duas metralhadoras 7,92 mm. O projeto do *Panther* foi apresentado a Hitler em janeiro de 1942. Ele ordenou a fabricação de 600 unidades por mês.

Caos e confusão

No entanto, a produção de tanques estava em confusão. Chassis estavam sendo desviados para a artilharia para a fabricação de canhões autopropulsados. Novos projéteis ocos apresentavam uma melhor penetração na blindagem, e Hitler acreditava

No alto: Uma nova remessa de tanques Panther para desafiar os T-34

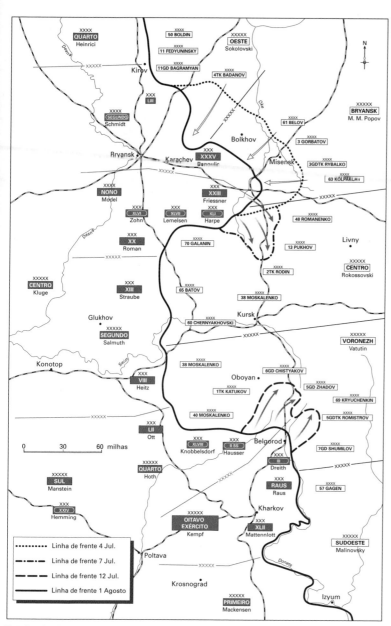

Batalha de Kursk, a maior batalha de tanques da história, acontecida em julho e agosto de 1943

ministro da produção de armamentos e guerra quando o Dr. Todt morreu em um acidente de avião.

Em março, o designer do tanque Tiger, professor Ferdinand Porsche, e o fabricante de armamentos Krupp receberam instrução para começar a trabalhar no projeto de uma versão de 100 toneladas. Um protótipo deveria ser apresentado na próxima primavera. Como resultado deste renovado impulso no projeto e produção de tanques, a fabricação de automóveis foi interrompida.

Speer disse a Hitler que 85 tanques Tiger estariam disponíveis até outubro de 1942 e mais 135 até março de 1943. Em abril, Hitler insistia em que canhões de 75 mm e 80 mm fossem instalados nos *Tiger* e *Panther* e novas munições deveriam ser projetadas. E 12 *Panzer IV* com blindagem frontal de 80 mm foram encomendados para uma suposta operação contra Malta, que nunca se realizou.

que os dias do *Panzer* estavam chegando ao fim. Essa percepção não era compartilhada por Albert Speer, que tomara posse como

Em maio de 1942, Hitler aprovou o projeto do *Panther* da Companhia MAN. A produção do *Panzer III* foi aumentada para

SUPERIORIDADE SOVIÉTICA

O altamente eficiente Panther, cujo projeto foi muito influenciado pelo T-34

190 unidades por mês, a construção de veículos planos para transporte de tanques muito pesados foi iniciada e foi projetado um motor diesel refrigerado a ar para os tanques. Em junho, Hitler ordenou que a blindagem frontal do *Panzer IV* fosse aumentada para 80 mm e que fossem feitas análises considerando 100 mm. Da mesma forma, a possibilidade de instalar uma blindagem frontal de 120 mm nos *Tiger* deveria ser investigada. A blindagem ventral dos tanques *Tiger* de Porsche foi aumentada para 100 mm e os canhões passaram a ser de 100 mm, sendo que o *Panther* também recebeu uma blindagem frontal de 100 mm. No final, essa corrida pelo gigantismo levou Hitler a ordenar projeto de um tanque monstruoso, pesando 1.000 toneladas.

Novas encomendas eram feitas com mais rapidez do que os fabricantes poderiam atender. Os *Panzer III* deveriam ser reequipados com um canhão de 75 mm. Todos os *Panzer IV* enviados à fábrica para reparos deveriam receber canhões de cano longo, tendo sido feito um estudo para determinar a rapidez com que um canhão de 88 mm, capaz de penetrar 200 mm de blindagem, poderia ser instalado nos *Tiger*.

Essas alterações desaceleraram a produção dos *Tiger*. Inicialmente, Hitler queria que fossem empregados contra Leningrado no verão de 1942. Depois, disse que os queria em operações na França, em setembro: parece que já esperava um desembarque aliado em grande escala após o ataque a Dieppe em agosto. Como o *Tiger* era acionado eletricamente e seu motor refrigerado a ar, parecia ser a arma apropriada para o Norte da África. Mas seu alcance era de apenas 48 km e teria que ser aumentado para aproximadamente 145 km para ser útil no deserto.

Acelerando a produção

A produção de tanques atingiu 800 unidades em setembro de 1942, incluindo cinquenta *Tiger* e 600 *Panther*. No entanto, também foram produzidos 600 canhões sobre chassis de tanques e a produção começou a pender em seu favor. Parecia a Guderian que a produção de armamentos estava passando de armas ofensivas para defensivas. Para aumentar a produção de

O tanque Tiger de 57 toneladas só era vulnerável aos disparos mais certeiros

CAPÍTULO 7

canhões autopropulsados, foi usado aço endurecido, que, segundo a reclamação das tropas, tornava os canhões muito ineficazes.

Conforme a Batalha de Stalingrado se intensificou, houve necessidade de canhões de assalto mais eficientes. O calibre foi aumentado para 75 mm e a espessura da blindagem frontal para 100 mm. Canhões pesados de infantaria foram montados em chassis de *Panzer IV* e alguns dos *Tiger* em construção tiveram suas torres giratórias substituídas por canhões de 88 mm e a espessura de sua blindagem frontal aumentada para 200 mm. Esses viriam a ser os *Ferdinand* e *Elefant*. Ficou claro que a nova geração de tanques não era adequada para o tipo de luta de rua que acontecia em Stalingrado. Além disso, a modificação de tanques que já estavam em produção criou inúmeras variações e tornou o fornecimento de peças de reposição um pesadelo.

Os primeiros *Tiger* entraram em ação em setembro de 1942, contra a recomendação dos especialistas em tanques. Desde a década de 1920, Guderian e outros vinham propondo a teoria de que novas armas deveriam ser guardadas até que pudessem ser usadas em número suficiente para garantir uma vitória significativa. Os britânicos, dizia Guderian, haviam perdido o elemento surpresa da introdução de seus tanques ao mobilizá-los cedo demais e em um número muito pequeno. Ignorando isso, Hitler designou um punhado de tanques *Tiger* para a floresta pantanosa nas cercanias de Leningrado. O terreno era totalmente inadequado para tanques, que só podiam prosseguir em fila indiana por uma trilha na floresta. Isso permitiu que as armas antitanques russas os atacassem pelos lados, causando baixas pesadas e interrompendo o avanço. E os russos passaram a saber da existência do *Tiger* e o elemento surpresa também fora perdido.

O único tanque realmente eficaz disponível para os alemães naquela época era o *Panzer IV*, cuja produção acabara de atingir 100 unidades por mês. Hitler, porém, decidiu que mais canhões de assalto, canhões de infantaria e morteiros deveriam ser montados nos chassis do *Panzer IV*.

Abaixo: membros de uma tripulação jazem mortos depois de uma batalha de tanques perto de Stalingrado

SUPERIORIDADE SOVIÉTICA

Durante a batalha de Stalingrado, tropas alemãs preparam seu morteiro à sombra de um T-34 abandonado

CAPÍTULO 7

Soldado alemão avançando passa por um tanque soviético em chamas, provavelmente um T-34, em algum lugar no sul da Rússia

Enquanto isso, o chassi do *Panther* deveria transportar canhões de assalto de 88 mm. Guderian achava que a produção de tanques estava seguindo uma direção muito errada. No entanto, ele aprovava a decisão de armar o *Tiger* com um canhão de 88 mm de trajetória direta, ao invés de uma arma de calibre mais pesado com uma velocidade inicial de disparo mais baixa. O canhão de trajetória direta era melhor para combater tanques inimigos, o que era o principal objetivo do *Tiger*. A produção dos *Tiger* foi aumentada, atingindo 25 unidades por mês em novembro. Enquanto isso, a produção dos canhões de assalto subiu para 100 por mês, chegando a 220 por mês em junho de 1943, após a capacidade de produção ter sido aumentada com a interrupção da produção dos *Panzer III*. A produção também começou a favorecer obuses leves de campanha, com baixa velocidade inicial de disparo, mas de trajetória alta, que eram bons no apoio à infantaria, mas de pouca utilidade contra os tanques inimigos.

Firmes

Naquele inverno, os *Tiger* se saíram bem em Stalingrado. Eles simplesmente permaneciam em uma linha defensiva, disparando sem se mover, enquanto os *T-34* russos atacavam e eram feitos em pedaços nos campos minados que os alemães haviam plantado 30 metros à frente de suas posições. Já foi dito que essa tática foi adotada mais por acidente do que por intenção. Os tanques alemães não conseguiam dar partida em seus motores quando a temperatura caía para -43°C. Os *Tiger*, contudo, quando imóveis, eram como fortalezas, aparentemente imunes a tudo o que era lançado contra eles.

Nos últimos dias da Batalha de Stalingrado, um *Tiger* foi usado como um tipo de casamata metálica. O tanque fora usado por um dos comandantes de regimento da 24ª Divisão *Panzer* e estava conectado ao quartel-general da divisão por telefone de campanha. Cinco *Panzergrenadiere* refugiaram-se nele durante um avanço, se trancando dentro do tanque enquanto os russos passavam por eles e logo se viram completamente isolados, 2 km atrás da linha de frente. Havia comida dentro do tanque. Tanto seu canhão quanto suas metralhadoras funcionavam e havia bastante munição para ambos. Um dos *Panzergrenadiere* acionou o telefone de campanha e perguntou ao quartel-general da divisão o que deveriam fazer.

"Fiquem onde estão", disseram.

Ali eles ficaram por uma semana, até que uma patrulha russa tropeçou neles. Os russos se aproximaram, mas quando chegaram a 50 metros, os alemães no interior do tanque abriram fogo e os rechaçaram. Vinte e quatro horas depois, os russos retomaram o ataque, com tanques. De novo, foram rechaçados e os *Panzergrenadiere* conseguiram informar ao quartel-general da divisão que haviam nocauteado três *T-34*. Outros *T-34*, morteiros e artilharia foram levados para tomar o que os russos passaram a chamar de "Posto de Comando 506".

Os *Panzergrenadiere* telefonaram novamente e perguntaram, outra vez, o que deveriam fazer. Disseram a eles, "lembrem-se do que os russos fizeram quando foram encurralados no silo".

Uma lembrança nada agradável. Soldados russos acuados em um dos silos de grãos em Stalingrado haviam lutado até a munição acabar. Quando reclamaram de falta de comida com seu comandante, ouviram que não sentiriam fome se lutassem com mais garra. Pouco antes de serem aniquilados, seu comandante lhes disse: "A União Soviética agradece: seu sacrifício não foi em vão."

A Alemanha não agradeceu aos cinco *Panzergrenadiere* no Posto de Comando 506. A casamata de metal foi atacada com lança-chamas e eles jamais seriam ouvidos outra vez.

Apesar dos problemas com o fornecimento de peças sobressalentes causado pela pro-

O Elefant, um canhão de 88 mm montado em um chassi de Tiger

dução de várias versões, Hitler ordenou, em janeiro de 1943, que os novos *Tiger* fossem equipados com uma blindagem frontal de 150 mm, blindagem lateral de 80 mm e um canhão longo de 88 mm. Também ordenou que o tanque de 100 toneladas de Porsche, o *Mäuschen*, ou "camundongo", entrasse em produção com dez unidades por mês, embora só existisse na época como um modelo de madeira. A produção em massa deveria começar no final do ano e o tanque receberia um canhão de 128 mm, talvez até 150 mm.

Ainda mais bizarro era o *Rammtiger*, que nas visões de Hitler derrubaria paredes em Stalingrado e arremeteria como um aríete contra os tanques inimigos até subjugá-los.

Veículos auxiliares de transporte de combustível deveriam ser fornecidos, morteiros de fumaça carregados e helicópteros projetados para comandar a artilharia e as batalhas de tanques.

O Jagdpanther, um canhão alemão autopropulsado baseado no Panther

Havia, ainda, um novo obus de campanha pesado apelidado de "Lagosta" e um canhão autopropulsado de 88 mm montado em um chassi de *Panzer IV*. As linhas de produção de *Panzer II* e tanques *T38* checos deveriam passar a produzir canhões autopropulsados. Deveriam ser produzidos 99 tanques *Tiger* do tipo *Ferdinand*, de Porsche, enquanto os *Panther* e os *Panzer IV* deveriam receber "aventais" metálicos para proteger suas superfícies verticais, lagartas e rodas das novas armas antitanques da infantaria russa.

Planos mal concebidos

Ao mesmo tempo, Speer recebeu instruções para aumentar a produção de tanques. Mas com todas as versões que deveria produzir, não teria como fazer frente à produção das fábricas de tanques russas, que deveriam entregar apenas um tanque bem-sucedido: o *T-34*.

O estado-maior interferiu e elaborou um plano para simplificar a produção de tanques. O plano previa a concentração de toda a capacidade de produção nos tanques *Tiger* e *Panther*. Hitler aceitou a proposta. No entanto, isso significaria o fim da produção do *Panzer IV*, enquanto a produção dos *Tiger* era de no máximo 25 unidades ao mês. Guderian acreditava que esse plano teria entregado a vitória aos russos muito antes de os Aliados no oeste terem feito um desembarque anfíbio. Então, uma coisa surpreendente aconteceu. Em 17 de fevereiro de 1943, o telefone tocou e Guderian foi convocado ao Supremo Quartel-General em Vinnitsa, na Ucrânia, para uma reunião com Hitler.

Àquela altura, a situação do Terceiro *Reich* era terrível. Todo o Sexto Exército fora perdido em Stalingrado. Rommel lutava em duas frentes no norte da África. E na conferência de Casablanca, em uma declaração franca durante uma reunião com a imprensa, o presidente Roosevelt exigira nada menos que a rendição incondicional da Alemanha.

Em uma reunião preliminar, o principal ajudante de Hitler, Schmundt, já general, explicou a posição. O estado-maior e o ministério de armamentos estavam em desacordo e os *Panzer*,

Uma coluna de tanques da SS Das Reich, incluindo tanques Panzer IV e VI (Tiger), em um bosque perto de Kirowograd, no norte da Rússia, em 1943

que haviam perdido a confiança no Alto-Comando, pediam que fossem comandados por alguém com conhecimento prático da guerra blindada. Como consequência, Hitler oferecia a Guderian a posição de inspetor-geral das tropas blindadas.

Guderian disse que só aceitaria o trabalho se não estivesse subordinado ao chefe do Estado-Maior do Exército, mas apenas ao próprio Hitler. Também precisaria da autoridade apropriada para lidar com o ministério de armamentos e o Gabinete de Material Bélico do Exército, além de controlar as unidades de treinamento do exército, da *Waffen-SS* e da *Luftwaffe*. Naquela tarde, Guderian foi convocado para ver Hitler, que lhe deu a autoridade de que precisava e confirmou-o na função. Os dois se recolheram, a sós, ao escritório de Hitler. Havia uma cópia do *"Achtung – Panzer!"* sobre a mesa de Hitler, que disse estar relendo os escritos de Guderian de antes da guerra. Aquela era a hora, disse ele, de Guderian por suas teorias em prática.

Depois de conversar com Goebbels e Speer, Guderian visitou a Daimler-Benz, em Berlim-Marienfelde, e a Companhia Alkett, em Spandau, para ter uma ideia de como estava o desempenho da indústria de fabricação de tanques. Em seguida, elaborou planos para a criação de novas divisões *Panzer* e *Panzergrenadiere*, que eram divisões de infantaria mecanizada reequipadas, para o restante de 1943 e 1944.

Em 9 de março, Guderian voltou a Vinnitsa para informar a Hitler sobre sua reorganização planejada para os *Panzer*. O general ressaltou que era melhor ter algumas divisões fortes do que muitas fracas, já que divisões mal equipados tendem a ter um maior número de veículos sobre ro-

Em 17 de fevereiro de 1943, o telefone tocou e Guderian foi convocado para uma reunião com Hitler na Ucrânia.

das, que eram um fardo para o comando e para o abastecimento, além de bloquearem as estradas. Para lançar ataques em grande escala em 1944, o que teriam de fazer se quisessem ganhar a guerra, as divisões *Panzer* deveriam ser reorganizadas de modo a conterem quatro batalhões de tanques, sendo que a força de cada divisão não poderia ser menor do que 400 tanques. Caso contrário, sua eficiência de combate estaria perdida. Nesse ponto, Guderian leu um artigo de Liddell Hart para Hitler, a fim de respaldar seu argumento.

Maximização de recursos

Devido à necessidade de providenciar substitutos para os exércitos no Norte da África e na Rússia, somente seria possível criar ou reequipar inteiramente um batalhão de tanques por mês. Como um grande número de canhões de assalto vinha sendo fabricado, também foi proposta a criação mensal de outro batalhão equipado com canhões de assalto leves, a ser incorporado nas divisões *Panzer*. Em vez de interromper a produção dos *Panzer IV*, esta deveria ser aumentada, o que, segundo Guderian, poderia ser feito sem prejudicar a produção dos *Tiger* e dos *Panther*. Os novos modelos precisavam ser exaustivamente testados e aperfeiçoados e suas tripulações deveriam ser mais treinadas. Também deveriam receber observadores de artilharia.

Guderian retornou à sua velha máxima de que o sucesso no campo de batalha só poderia ser alcançado no terreno certo e com a concentração adequada em um ponto decisivo. Isso significava que cenários secundários da guerra não deveriam ser alimentados com novos tanques. As unidades ali deveriam depender exclusivamente de equipamentos capturados. Todas as unidades de tanques deveriam ser concentradas em divisões *Panzer*, comandadas por oficiais peritos na guerra blindada. Novas formações não deveriam ser criadas, pois isso dispersava equipamentos e homens experientes. Assaltos blindados somente deveriam ser desfechados em terreno adequado para tanques. Novos equipamentos, especialmente os tanques *Tiger* e *Panther* e os canhões de assalto pesados, deveriam ser preservados até que pudessem ser empregados em número suficiente e as divisões *Panzer* não deveriam ser mobilizadas em função defensiva, já que isso retardava sua reorganização e aprovisionamento para um novo ataque.

A defesa antitanques deveria se concentrar no emprego de canhões de assalto, uma vez que outras armas antitanque eram inúteis contra os *T-34*. Batalhões de canhões de assalto e armas antitanque deveriam ser fundidos. Canhões de assalto pesados, cuja função principal era antitanques, deveriam ser concentrados nas principais frentes de batalha. Frentes de batalha secundárias teriam de se contentar com equipamentos de reserva.

Guderian destacou que as unidades de reconhecimento blindadas não tinham sido muito usadas na Frente Oriental, mas foram eficazes no deserto. Se fosse para lançar uma grande ofensiva na Rússia em 1944, elas também seriam necessárias ali. Seria preciso um número suficiente de veículos blindados de 1 tonelada, que estavam em fase de construção, para transporte de tropas. Também precisariam de carros blindados capazes de atingir velocidades de até 56 a 72 km/hora.

Um T-34 passa indolente por um Panzer encalhado

Não havia nenhum veículo desse tipo em fabricação, e Guderian pediu permissão para verificar com Speer a possibilidade de sua fabricação. Haveria ainda a necessidade de um veículo blindado de 3 toneladas para transporte dos *Panzergrenadiere*. O general igualmente solicitou que a artilharia de assalto fosse posta sob seu comando, juntamente com a Divisão Hermann Göring, e que as divisões mecanizadas do exército e das *Waffen-SS* fossem assimiladas pelo Exército *Panzer*.

Depois de uma discussão prolongada, o plano de Guderian foi aprovado, exceto por seu pedido de assumir a artilharia de assalto, apoiado apenas por Speer. Por fim, Hitler disse: "Você sabe, todos estão contra você. Então, também não posso aprovar." O general achou que este foi um erro trágico.

Guderian visitou a Escola de Tanques, em Wünsdorf, e mais fábricas de tanques. Em 19 de março, assistiu a uma demonstração do *Tiger Ferdinand*, de Porsche, e do *Panzer IV* equipado com o "avental" blindado. O *Tiger Ferdinand*, observou, carregava apenas um canhão de 88 mm e nada mais, o que o tornava inútil em combates de curta distância. Guderian não conseguia compartilhar do entusiasmo de Hitler com aquele gigante, mas 90 deles já tinham sido construídos e, sendo assim, formou um regimento *Panzer* com dois batalhões de 45 *Ferdinand* cada. No entanto, Guderian achava que os "aventais" blindados para os *Panzer IV* e os *Panther* seriam úteis.

Guderian também presenciou uma demonstração do "Gustav", o canhão ferroviário de 800 mm.

"O que você acha dele?", perguntou Hitler. "O Dr. Müller [da Krupp] disse que o 'Gustav' também pode disparar contra tanques."

"Disparar contra eles, pode", disse Guderian, "mas conseguir acertar um, nunca".

O Dr. Müller protestou. Guderian simplesmente perguntou: "Como é possível lutar contra tanques com uma arma que leva 45 minutos para ser recarregada?".

Em 29 de março, Guderian voou até o quartel-general do Grupo de Exércitos Sul para se reunir com o marechal de campo von Manstein, que acabara de retomar Kharkov com suas formações blindadas.

Lá, encontrou-se com seu velho amigo Hoth, comandante do IV Exército *Panzer*. Dali, seguiu até a linha de frente para conversar com os comandantes dos *Panzer* sobre suas experiências com os novos tanques *Tiger*.

Quando retornou à Alemanha, Guderian reuniu-se com Speer e Hitler para pedir que a produção dos *Tiger* e *Panther* fosse aumentada. Também visitou o líder das SS, Heinrich Himmler, para falar sobre a integração das *Waffen-SS* sob seu comando, como Hitler havia concordado. Himmler recusou-se a aprovar tal coisa e deixou claro que ele e Hitler tinham a intenção de construir um exército particular, que seria usado se a *Wehrmacht* algum dia se voltasse contra Hitler. Isso não era tão absurdo. Guderian já havia sido abordado por homens tramando um golpe de estado para livrar a Alemanha de Hitler e fazer a paz com os Aliados.

Um Stug III: depois de 1943, canhões autopropulsados foram produzidos em massa para economizar tempo e dinheiro

Causa perdida

Quando a situação na Tunísia se deteriorava, Guderian pediu que as tripulações dos tanques, especialmente os comandantes e técnicos que então contavam com anos de experiência, fossem retirados de lá, principalmente porque grandes quantidades de tanques mais antigos retornavam para a Itália vazios. O pedido foi negado e novos tanques valiosos, incluindo o mais novo batalhão *Tiger*, estavam sendo enviados para o Norte de África para serem desperdiçados em uma causa cada vez mais desesperadora.

Guderian visitou von Rundstedt em Paris, depois rumou para Rouen. Seu plano era examinar a Muralha do Atlântico para avaliar suas defesas contra desembarques de tanques, mas antes que pudesse fazê-lo, foi chamado de volta a Munique para discutir os planos para uma ofensiva de verão na Rússia. O chefe do estado-maior do Exército, general Zeitzler, tinha preparado um plano para usar os novos tanques *Tiger* e *Panther* para envolver e destruir um grande número de divisões russas em um saliente a oeste de Kursk. Model se opôs a isso, já que fotografias do reconhecimento aéreo mostraram que os russos haviam preparado fortes defesas ali, na expectativa de um movimento de pinça alemão, e retirado a maioria de sua força móvel do saliente. Guderian apoiou Model, ressaltando que qualquer ataque dessa natureza certamente resultaria em uma grande perda para os *Panzer*, no exato momento em que deveriam estar compondo uma reserva para combater os desembarques dos Aliados que eram esperados no oeste. Além disso, o plano se baseava principalmente no uso dos tanques *Panther*, que ainda apresentavam problemas iniciais que provavelmente não seriam corrigidos em tempo. Speer concordou. Mas von Kluge foi favorável ao plano de Zeitzler. Ainda havia ressentimentos entre Guderian e von Kluge. Mais tarde, Schmundt mostrou a Guderian uma carta em que von Kluge propunha desafiar Guderian para um duelo e pedindo a Hitler que fosse seu segundo. Hitler deixou claro que não queria saber de duelos.

Guderian fizera planos para uma nova ofensiva na Rússia em 1944 e perguntou a Hitler por que queria atacar o leste em 1943.

Keitel disse: "Temos que atacar por motivos políticos".

"Quantas pessoas o senhor acha que ao menos sabem onde fica Kursk?", perguntou Guderian. "É uma questão de profunda indiferença para o mundo se tomamos Kursk ou não."

Hitler disse que Guderian estava certo. Sempre que pensava em outro ataque ao leste, seu estômago revirava.

A produção dos *Panzer IV* aumentou e, em abril de 1943, as fábricas alemãs produziam 1.955 tanques por mês. As defesas antiaéreas foram intensificadas em torno das fábricas de tanques, e Guderian sugeriu que fossem transferidas, mas o assistente de Speer, *Herr* Saur, lembrou que os bombardeiros dos Aliados estavam concentrando seus ataques contra fábricas de aviões e só atacariam as fábricas de tanques quando a destruição da indústria aeronáutica estivesse completa.

Em 1º de maio, Hitler inspecionou um protótipo de madeira do tanque *Maus* (rato), desenhado pelo Professor Porsche. O

Direita: Tropas soviéticas avançam na saliência de Kursk

SUPERIORIDADE SOVIÉTICA

tanque deveria ser armado com um canhão de 150 mm e pesaria 175 toneladas. No momento em que as alterações exigidas por Hitler fossem adicionadas, pesaria 200 toneladas. Mas, como o *Ferdinand*, o modelo em exibição não portava metralhadoras para combates a curta distância. Mesmo assim, todos admiraram a máquina gigantesca.

Muda a maré

Guderian inspecionou suas unidades *Panzer* e, por fim, fez uma visita à Muralha do Atlântico. O general não ficou impressionado. Quando retornou a Berlim, descobriu que o Alto-Comando decidira enviar a 1ª Divisão *Panzer*, a primeira a ser equipada com os *Panther*, à Grécia, para o caso de os britânicos desembarcarem no Peloponeso. Guderian ficou indignado pelo fato de sua reserva mais forte ter sido usada de forma tão secundária. Keitel, porém, insistiu em que fosse enviada e Hitler o apoiou. Foi só então que um dos oficiais de tanques de Guderian, que fora enviado em uma missão de reconhecimento, informou que as estreitas trilhas montanhosas e pontes da Grécia não eram grandes o suficiente para suportar os *Panther*. Guderian também se opôs ao envio dos *Panther* para a Rússia até que seus problemas de transmissão e suspensão das lagartas fossem sanados.

Em junho, Guderian teve uma reunião com Rommel em Munique, onde discutiram as lições da campanha no Norte da África. Àquela altura, a Tunísia estava perdida e Rommel chegava a acreditar que a era dos *Panzer* estava no fim. No dia 10 de julho, os Aliados desembarcaram na Sicília e, em 25 de julho, Mussolini foi deposto e preso. Parecia provável que o novo governo italiano mudasse de lado, deixando o território alemão vulnerável a ataques vindos do sul. Mas a Alemanha foi incapaz de organizar suas defesas de acordo, de forma tardia, o ataque contra o saliente de Kursk fora lançado. Sete divisões *Panzer* e duas divisões *Panzergrenadier* avançaram de Orel para o norte e uma divisão *Panzergrenadier* e dez divisões *Panzer* avançaram de Belgorod, no sul. O que se seguiu foi a maior batalha de tanques da história, envolvendo cerca de 6.000 tanques, 4.000 aviões e 2.000.000 de soldados.

Tropas soviéticas perscrutam a paisagem cheia de equipamento militar abandonado e veículos destruídos após a Batalha de Kursk, em 1943

Guderian visitou ambas as frentes e ficou chocado com a inexperiência dos recrutas que lutaram ali. O desempenho do equipamento também não era bom. Os 90 *Tiger* de Porsche, que estavam com o exército de Model no norte, ficaram sem munição. Sem metralhadoras, não conseguiam fazer frente à infantaria inimiga: se chegassem até a artilharia inimiga sem apoio da infantaria, ficavam indefesos. As baixas eram enormes e o ataque de Model atolou depois de 10 km. No sul, o ataque foi melhor, mas não conseguiu fechar o saliente nem forçar os russos a uma retirada.

Em 15 de julho, os russos iniciaram um contra-ataque e, em 4 de agosto, Orel teve de ser evacuada. No mesmo dia, caiu Belgorod. O avanço russo continuou e, em 23 de agosto, Kharkov estava em mãos russas.

A Batalha de Kursk marcou o fim da capacidade ofensiva alemã na Frente Oriental. Um grande número de homens foi perdido, juntamente com seu equipamento. Toda a reorganização e o reequipamento das forças blindadas que Guderian promoveu foram desperdiçados. Naquele momento, era duvidoso se os *Panzer* teriam tanques suficientes para manter a Frente Oriental, muito menos para fazer frente a britânicos e americanos se estes desembarcassem no oeste.

Depois de sua viagem à Frente Russa, Guderian adoeceu. O general convalescia com sua esposa na Áustria Superior quando souberam que sua casa em Berlim fora bombardeada. Hitler, então, cumpriu sua promessa de dar-lhes uma casa no campo. O casal se mudou para Deipenhof, no distrito de Hohensalza, onde a esposa de Guderian permaneceu até a chegada dos russos, em 1945.

Enquanto Guderian estava na Rússia, foi feita uma tentativa de parar a produção dos *Panzer IV* e concentrar a capacidade de produção nos canhões de assalto. As torres dos tanques, segundo proposto, deveriam ser usadas em casamatas ao longo da Muralha do Atlântico. Guderian, então, teve um desentendimento com Hitler sobre a produção de tanques antiaéreos. Guderian queria que fossem equipados com canhões quádruplos de 20 mm, que estavam prontamente disponíveis: Hitler queria canhões duplos de 37 mm, que não estavam. Isso retardou mais ainda a produção.

Em outubro de 1943, Hitler inspecionou um protótipo de madeira do *Tiger II*, que os

Aliados chamavam de *King Tiger*. Era um tanque ainda mais pesado do que o *Tiger I* e, com 68 toneladas, seria o tanque mais pesado a entrar em serviço na *Wehrmacht*. Na ação, foi muito bem-sucedido. No entanto, apenas 484 foram fabricados, porque naquele mês os Aliados começaram a bombardear as fábricas de tanques alemãs. Mais capacidade de produção de tanques foi perdida quando, em dezembro de 1943, as fábricas pararam de fabricar o tanque checo de 38 toneladas e passaram a produzir canhões antitanque sem recuo, montados sobre o chassi do tanque checo. Armas defensivas se tornaram uma necessidade urgente.

Desordem

Na segunda quinzena de outubro, os russos estavam cruzando o Dnieper e, no início de novembro, capturaram Kiev. Hitler lançou uma confusa contraofensiva para retomar Kiev. A 25ª Divisão *Panzer* foi convocada da França.

A 25ª Divisão *Panzer* 25 havia sido formada no ano anterior na Noruega, sob o comando do general von Schell. O general fora colega de Guderian no Ministério da Defesa entre 1927 e 1930, trabalhando para resolver os problemas de transporte de tropas por veículos motorizados. Em seguida, fora aos EUA, onde estudou as técnicas de produção da Ford. Ao retornar à Alemanha, Hitler fez dele subsecretário de Estado para transportes, mas quando tentou convencer a indústria automobilística a adotar os novos métodos americanos de produção, encontrou resistências. Isso abalou a confiança depositada nele por Hitler, que o enviou para a Noruega. Lá, organizou as tropas de ocupação e, com a ajuda de Guderian, montou uma Divisão *Panzer*. Esta foi, então, transferida para a França, mas em outubro de 1943 o general recebeu ordens de enviar 600 de seus novos veículos para a 14ª Divisão *Panzer* na Frente Oriental. Como a ideia era manter a 25ª Divisão *Panzer* na França por algum tempo, isso poderia ser feito com tanques franceses inferiores. Antes que a divisão pudesse se acostumar com essas mudanças, ou mesmo que estivesse de alguma forma equipada, foi transferida para a Frente Oriental. Antes que a divisão partisse, Guderian a inspecionou e informou que a partida deveria ser adiada por pelo menos quatro semanas, para que a divisão pudesse ser reequipada e concluísse seu treinamento. Seus argumentos foram rejeitados.

Guderian enviou para a divisão um batalhão *Tiger*, embora estivesse apenas parcialmente equipado e sem comandante. Mesmo assim, a 25ª tinha apenas 30 *Panzer IV* e 15

CAPÍTULO 7

O tanque russo Josef Stalin II, desenvolvido a partir da série KV de tanques pesados

Tiger ao todo. Ao batalhão antitanque faltava uma companhia de canhões de assalto.

Ao batalhão antiaéreo, faltava uma bateria. O batalhão de engenharia ainda precisava de uma coluna de construção de pontes. O regimento de artilharia acabara de trocar os canhões poloneses capturados por canhões alemães de 100 mm e obuses leves de campanha, enquanto um batalhão prosseguiu sem seus canhões.

Em 29 de outubro, a 25ª Divisão *Panzer* embarcou em trens e foi levada para o leste, mas ninguém tinha certeza de onde deveria desembarcar. Os veículos sobre lagartas, rebocadores de canhões sobre rodas e veículos blindados para transporte de tropas foram descarregados em duas áreas distintas, separadas entre si por três dias de marcha. Em seguida, partiram para a área de reunião sem estabelecer comunicações por rádio ou telefone e seus comandantes tinham que dirigir para cima e para baixo para dar suas ordens.

Antes que a 25ª Divisão *Panzer* tivesse chegado totalmente ao seu ponto de reunião, recebeu ordens para entrar em ação em Fastov com várias outras unidades que haviam sido reunidas às pressas. Guerrilheiros haviam explodido as pontes no caminho que deveriam tomar. Depois, deram de encontro em uma desmoralizada coluna de pessoal da *Luftwaffe* em retirada. Veio a chuva e os veículos sobre lagartas se separaram da coluna sobre rodas. Antes de chegarem a Fastov, ouviram dos soldados em retirada que a cidade caíra. Em seguida, esbarraram com os *T-34* russos. Os regimentos *Panzergrenadier* rapidamente recuaram, mas um recebeu ordens de parar e se entrincheirar. Os russos atacaram e destruíram seus transportes durante a noite. Von Schell teve que partir para o resgate e conseguiu romper o cerco de tanques inimigos.

Alguns elementos da 25ª Divisão chegaram até o quartel-general do XLVII Corpo *Panzer* em Biala Zerkov, a 32 km de Fastov. Outros prosseguiram lutando, atingindo os arredores da própria Fastov. Mas não conseguiram expulsar os fortes contingentes inimigos dali. Logo depois, a 25ª recebeu ordens de manter uma frente de 40 km, onde foi atacada e praticamente destruída por uma força esmagadoramente superior. As baixas foram tão altas que Hitler e o Alto-Comando queriam extinguir a divisão. Mais tarde, seria refeita do zero. Táticas como essa não vencem batalhas e logo os russos estavam fora de Vinnitsa.

Decisão cara

Conforme os alemães recuavam na Frente Oriental, Hitler manteve uma cabeça de ponte do outro lado do Dnieper, em Nikopol, por razões econômicas. O ditador queria explorar o manganês encontrado ali. Essa cabeça de ponte era extremamen-

> As pesadas baixas sofridas na Frente Oriental deixaram o Alto-Comando sem um plano coerente.

te dispendiosa em termos de baixas. Teria feito mais sentido do ponto de vista operacional, ressaltou Guderian, recuar e transformar as divisões *Panzer* em uma reserva móvel, mas sempre que Hitler ouvia a palavra "operacional", se exasperava.

Com a 25ª Divisão *Panzer* enviada para o leste, Guderian se dedicou à criação de uma força de defesa móvel na Frente Ocidental, para o caso de uma invasão pelos Aliados. O general transferiu todas as unidades de demonstração das escolas de tanques para a França e formou com elas a Divisão *Panzer-Lehr* (escola de tanques). Seu comandante era o general Fritz Bayerlein, que fora o primeiro oficial de operações de Guderian na Rússia e, depois disso, atuara com distinção no Norte da África.

As pesadas baixas sofridas na Frente Oriental deixaram o Alto-Comando sem um plano coerente para reunir forças e fazer frente a uma invasão no oeste, prevista para acontecer na primavera de 1944. Guderian novamente tomou a frente, sugerindo que as divisões *Panzer* fossem retiradas da frente.

Enquanto estivessem sendo refeitas e reforçadas, estariam à disposição para lutar no oeste, se fosse preciso.

A proposta foi aprovada pelo Alto-Comando, mas as ordens enviadas para os grupos de exércitos foram ambíguas. Eles diziam que divisões *Panzer* abaixo de sua capacidade deveriam ser retiradas "assim que a situação do combate permitisse". Naturalmente, aos olhos dos comandantes de exército, a intensidade da luta jamais tornaria isso possível.

No entanto, no Dia D, 6 de junho de 1944, Guderian tinha dez divisões *Panzer* e *Panzergrenadier* prontas no oeste.

Conforme a guerra se arrastava, Guderian chegou a acreditar que os *Panzer* eram desperdiçados no leste. Àquela altura, a guerra móvel favorecia os russos. Guderian acreditava que a reconstrução de uma linha de defesa pesadamente fortificada ao longo da antiga fronteira entre os setores

Talvez o mais poderoso tanque de guerra, o King Tiger, com suas 68 toneladas, era difícil de abater

alemães e russos seria a melhor forma de defesa. O general sugeriu isso a Hitler um dia, no café da manhã.

Hitler disse:

Acredite, sou o maior construtor de fortificações de todos os tempos. Construí a Muralha Ocidental, construí a Muralha do Atlântico. Sei o que envolve a construção de fortificações. Na Frente Oriental, estamos com falta de mão de obra, materiais e transporte. Neste exato momento, as ferrovias não podem transportar suprimentos suficientes para satisfazer as exigências da linha de frente. Então, não posso enviar os trens para o leste cheios de materiais de construção.

Guderian discordou e disse que o único gargalo ferroviário estava em Brest-Litovsk. Na Polônia, havia abundância de materiais e mão de obra. Mas a verdadeira preocupação de Hitler era que, se construísse uma Muralha Oriental, seus comandantes na frente recuassem para ela. O ditador ainda estava determinado a não ceder um centímetro de terreno.

"Não consigo entender por que tudo deu errado nos últimos dois anos", disse muitas vezes a Guderian.

"Mude seus métodos", disse Guderian. Foi ignorado.

Até Rommel mudara de ideia sobre táticas. Em uma reunião com Bayerlein no QG de Hitler na Prússia Oriental, em julho de 1943, disse que a Alemanha perdera a iniciativa.

Disse a Bayerlein:

Acabamos de aprender na Rússia que arremetidas e excesso de otimismo não são suficientes. Assumir a ofensiva nos próximos anos, tanto no Ocidente quan-

to no Oriente, é algo fora de questão, por isso devemos tentar tirar o máximo proveito das vantagens que normalmente são pertinentes à defesa. A principal defesa contra o tanque é o canhão antitanque. No ar, devemos construir caças e desistir de qualquer ideia de bombardeios. Já não vejo as coisas tão negras como via na África, mas uma vitória total agora, é claro, dificilmente pode ser considerada uma possibilidade.

Tudo isso foi antes que a Batalha de Kursk terminasse em desastre. Bayerlein perguntou como Rommel via a defesa em termos práticos. Como Guderian, Rommel achava que os alemães deveriam recuar para uma linha defensiva preparada. Se pudessem impedir que os Aliados Ocidentais criassem uma segunda frente, então, acreditava o general, os russos poderiam ser derrotados.

Disse:

Se pudermos manter os americanos e os britânicos longe por mais dois anos, para que possamos construir centros de gravidade no leste novamente, então nossa hora chegará. Poderemos começar a sangrar os russos novamente, até que deixem a iniciativa passar de novo para nós. Então, poderemos obter uma paz tolerável.

Hitler dissera a Rommel que a Alemanha estaria produzindo 7.000 aeronaves e 2.000 tanques por mês até o início de 1944. Mas a chave para a vitória, pensava o general, estava no canhão antitanque.

"Lembre-se da dificuldade que tivemos ao atacar as defesas antitanques dos britânicos na África", disse a Bayerlein. "Foram necessárias tropas de primeira classe, altamente treinadas, para lograr qualquer sucesso contra elas."

> Rommel acreditava que seria possível produzir até dez canhões antitanques para cada tanque inimigo.

Rommel fizera um estudo cuidadoso da situação na Rússia e concluiu que o soldado russo era persistente e inflexível.

Eles nunca conseguirão desenvolver o método bem-pensado e perspicaz com que os ingleses combatem suas batalhas. Os russos atacam de frente, com um enorme dispêndio de material, e tentam forçar seu caminho com o simples peso dos números. Se pudermos dar às divisões de infantaria alemãs primeiro cinquenta, depois cem, depois duzentos canhões antitanques de 75 mm e instalá-los em posições cuidadosamente preparadas, cobertas por grandes campos minados, poderemos deter os russos. Canhões antitanques podem ser muito simples, só é preciso que consigam penetrar em qualquer tanque russo a uma distância razoável e, ao mesmo tempo, possam ser usados como arma de infantaria.

Uma nova esperança

Enquanto não houvesse nenhuma possibilidade de a Alemanha competir com a Rússia na produção de tanques, poderia compensar com canhões antitanques. Rommel acreditava que seria possível produzir até dez canhões antitanques para cada tanque. O general vislumbrava os russos atacando um setor fortemente minado, onde houvesse uma rede de defesa antitanques de aproximadamente 10 km de profundidade. "Considerando toda a sua massa de material", disse, "eles se veriam atolados logo nos primeiros dias e, a partir de então, teriam de se arrastar para abrir caminho lentamente."

Nesse meio-tempo, os alemães mobilizariam mais canhões antitanques por trás de sua rede defensiva.

"Se o inimigo avançar 5 km por dia, construiremos 10 km de defesas antitanques, deixando-o desgastar-se até parar", disse Rommel. "Lutaremos protegidos em nossas posições, eles terão que avançar a céu aberto."

E enquanto os alemães estivessem perdendo armas antitanque, os russos estariam perdendo tanques, que eram muito mais caros de substituir.

Os tanques Joseph Stalin II se tornariam alvos para os inúmeros novos canhões antitanques

Luta na Crimeia, em dezembro de 1943: o Exército Vermelho desembarcou na península com a intenção de expulsar os alemães

"Para deslocar os canhões, podemos usar cavalos russos ou qualquer outra coisa que ponhamos as mãos. Isso é o que os russos fazem e devemos adotar seus métodos. Quando ficar claro para os soldados que são capazes de manter suas posições, o moral subirá novamente... Nossa última chance no Oriente está em equipar o exército completamente para uma defesa inflexível."

Mas ninguém estava escutando.

O ano de 1944 começou com novos ataques dos russos, que naquele momento já podiam empregar os *T-34* em números esmagadores. Na Ucrânia, os alemães enfrentavam 63 formações de tanques, apoiadas por 101 formações de infantaria. Dois ataques em janeiro e um terceiro no início de março empurraram os alemães de volta, atravessando o Bug.

Em abril, a Crimeia, com exceção de Sebastopol, estava nas mãos dos russos. Sebastopol caiu em agosto.

Ao norte, a situação não era tão terrível. O cerco de Leningrado, contudo, foi finalmente levantado em 27 de janeiro de 1944, depois de 900 dias.

8. TIGRES NA NORMANDIA

Quando von Arnim assumiu o comando no Norte da África, Rommel se viu em desgraça. Suas críticas ao Alto-Comando e ao próprio Hitler eram ferinas, o que chocava seu filho Manfred, na época um membro devoto da Juventude Hitlerista. No entanto, poucos dias antes da queda de Túnis, Rommel recebeu um telefonema ordenando-lhe que comparecesse ao quartel-general de Hitler. "Ver de perto a liderança política e militar de Hitler levou-o à desilusão final com o Partido Nazista", disse seu filho.

Perspectiva sombria

Quando chegou em Berlim, Rommel foi recebido por Hitler, que parecia pálido e abalado.

"Deveria ter te escutado antes", disse Hitler, "mas acho que, agora, é tarde demais. Em breve, tudo estará terminado na Tunísia."

Poucos dias depois, seria anunciado que o Grupo de Exércitos *Afrika* se rendera. Mais tarde, Rommel confortou-se com o fato de suas tropas *Panzer* serem prisioneiras dos Aliados Ocidentais, em vez de sacrificadas no massacre sem sentido na Frente Oriental. Mas, na época, a perda de seus homens na Tunísia deixou uma cicatriz profunda.

Da mesma forma que Guderian nunca quis uma guerra com os russos, Rommel nunca quisera uma guerra com o Ocidente. Em 1943, Rommel passou a acreditar que a guerra não poderia ser vencida. Hitler também pensava assim, confidenciou Rommel à sua família, mas seus inimigos não fariam as pazes com ele. Os Aliados exigiam uma rendição incondicional e conforme os bombardeiros britânicos e americanos enchiam os céus da Alemanha, Hitler mergulhava em um ódio impotente e patológico.

"Se o povo alemão é incapaz de vencer a guerra", disse a Rommel uma noite, em julho de 1943, "então que apodreça."

Os melhores já estavam mortos, de acordo com Hitler. Se quisessem vencê-lo, teriam que lutar casa por casa. Nada ficaria de pé. O povo alemão deve morrer heroicamente: era "uma necessidade histórica".

No alto: Os desembarques dos EUA na Sicília, a Operação Husky

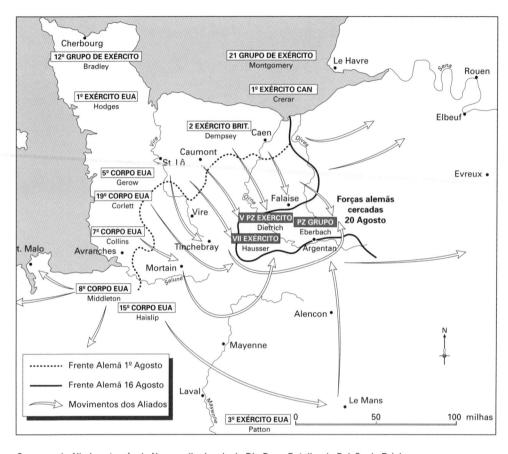

O avanço do Aliados através da Normandia depois do Dia D e a Batalha do Bolsão de Falaise

"Às vezes você sente que ele não está mais tão normal", disse Rommel.

Mesmo assim, Rommel fora educado para ser um tradicional oficial alemão e estava profundamente imbuído da ideia de que deveria obedecer a um superior sem questionar. Seu compromisso com o ideal nazista, contudo, foi abalado. Quando Manfred disse ao pai que queria ingressar nas *Waffen-SS*, a resposta que recebeu foi de que o assunto estava fora de questão.

"Não quero você servindo sob o comando de um homem que conduziu assassinatos em massa", disse Rommel. Estava claro que Rommel se referia a Himmler.

Nas conversas entre Rommel e Bayerlein na Prússia Oriental sobre como derrotar os russos, Rommel deixou uma coisa bem clara.

"O oeste é o lugar que importa", disse. "Se os conseguirmos empurrar os britânicos e americanos de volta ao mar, levará muito tempo antes que possam voltar. Se pudermos frustrar seus esforços, então as coisas melhorarão para nós."

Na manhã de 10 de julho de 1943, quando forças britânicas e americanas desembarcaram na Sicília, Rommel estava na fila

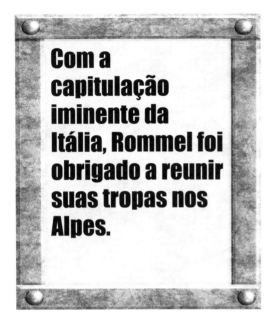

> Com a capitulação iminente da Itália, Rommel foi obrigado a reunir suas tropas nos Alpes.

para ser comandante-em-chefe na Itália, mas a *Luftwaffe* bloqueara sua nomeação. No entanto, naquele momento, uma campanha britânica de desinformação levou Hitler a acreditar que os ingleses planejavam desembarques na Grécia e Rommel foi nomeado comandante-em-chefe do sudeste, com o comando de todas as forças alemãs e italianas nos Bàlcãs.

A Sicília era defendida por quatro divisões de infantaria italianas e seis divisões de guarda costeira, nenhum delas desejosa de lutar. Também ali estava a 15ª Divisão *Panzer*, recentemente formada após o fracasso no Norte da África, e a Divisão *Panzer* Hermann Goring. A 15ª tinha apenas 60 tanques, enquanto a Hermann Goring tinha 100 tanques, incluindo 17 *Tiger*. As duas divisões empurraram os americanos de volta para as praias, mas o acúmulo de forças dos Aliados não poderia ser interrompido e foi preciso convocar o XIV Corpo *Panzer* à frente para manter a linha.

Temendo que a capitulação da Itália deixasse os preciosos *Tiger* retidos ali, Guderian pediu que fossem retirados para o continente. Goring disse: "Mas os *Tiger* não podem saltar e atravessar o Estreito de Messina, general Guderian. O senhor sabe disso."

"Se o senhor conquistou a supremacia aérea na Sicília, como diz", respondeu Guderian, "os *Tiger* podem voltar da Sicília da mesma forma que chegaram lá."

Duas semanas depois da invasão Aliada na Sicília, Mussolini foi deposto. Rommel não ficou infeliz de vê-lo pelas costas.

"Isso nos convém de certa forma, é claro, ter apenas um figurão governando a Europa", escreveu à sua esposa.

Com a iminente capitulação dos italianos, Rommel foi obrigado a reunir suas tropas nos Alpes, prontas para entrarem na Itália. Rommel recebeu ordens de atravessar o Brenner e tomar os vales alpinos, mas descobriu que o novo *Tiger* não funcionava bem em estradas de concreto. Um capotou, outro pegou fogo.

A esmagadora superioridade aérea dos Aliados obrigou os alemães a se retirarem da Sicília. A tenaz resistência dos *Panzer* permitiu que os alemães retirassem 100 mil homens e 9.800 veículos, incluindo 50 tanques, antes que os Aliados desembarcassem no continente italiano no início de setembro. A Itália não era um país com terreno propício aos tanques, e Rommel achou que as forças alemãs deveriam recuar para uma linha defensiva nos Apeninos. Hitler, porém, não dava ouvidos. Em vez disso, o ditador enviou o LXXVI Corpo *Panzer*, que incluía a 16ª e a 26ª Divisão *Panzer*, para repelir os desembarques. Os *Panzer*, contudo, não foram fortes o suficiente para rechaçar os Aliados. Em Saler-

Transportadores de metralhadora britânicos desembarcam perto de Salerno, em 1943, de um navio da Marinha dos EUA, que mais tarde seria afundado pelos alemães ao largo de Cherbourg

no, a 16ª Divisão *Panzer* recebeu um setor com 48 km para defender. A divisão infligiu pesadas baixas aos Aliados, mas jamais teve qualquer esperança de empurrar os britânicos e os americanos de volta ao mar.

Indecisão

A Itália mudou de lado em 13 de outubro de 1943 e Rommel supervisionou o desarmamento das tropas italianas. Em meados de novembro, Hitler decidiu que Rommel deveria assumir o posto de comandante-em-chefe na Itália. Mas enquanto as ordens estavam sendo enviados, o ditador mudou de ideia. Rommel, então, deveria ir para a Normandia e supervisionar as defesas ali. Os *Panzer*, todavia, continuavam lutando na Itália, primeiro mantendo a linha Gustav, 96 km ao sul de Roma, que foi rompida no final de maio de 1944. Os *Tiger* e *Panther* também foram mobilizados em uma segunda linha de defesa, 320 km ao norte. No entanto, eram usados como plataformas móveis de artilharia. Os *Panzer* não eram apropriados para esse tipo de guerra estática e defensiva em terreno montanhoso.

Também se viram ultrapassados e em menor número na Frente Oriental. Os Aliados Ocidentais, contudo, ainda não tinham nada que pudesse fazer frente ao *Tiger* e, no oeste, após os desembarques do Dia D, os *Panzer* ainda tiveram uma chance de empurrar a grande força de invasão dos Aliados de volta ao mar. Em vez disso, Rommel experimentaria sua última grande derrota à frente de um exército *Panzer*.

Guderian também esteve envolvido na defesa da Normandia. Em fevereiro de 1944, o general visitou a área e percebeu que a tarefa de defender a França contra um exército invasor seria mais difícil, já que os Aliados tinham total superioridade no mar e no ar. Isso ficou forçosamente claro para Guderian quando o general participou de um exercício de treinamento de tanques.

"Formações inteiras de aeronaves inimigas manobravam acima de nossas tropas", disse. "Não havia como saber quando as comportas se abririam e despejariam suas bombas na área de treinamento."

Em reuniões com o marechal de campo von Rundstedt e o general von Geyr, ficou decidido que a defesa da França dependeria da preparação de reservas adequadas dos *Panzer* e *Panzergrenadiere*. Para serem eficazes, deveriam ser posicionadas suficientemente longe da costa, de modo que pudessem ser facilmente deslocadas para a frente principal da invasão quando esta fosse confirmada.

A malha rodoviária francesa deveria ser reparada e pontos alternativos de travessia sobre os rios, como pontes submersas e pontes flutuantes, deveriam ser preparados, já que os Aliados certamente bombardeariam as pontes. E para que os *Panzer* lograssem suficiente velocidade e concentração, teriam de se mover apenas à noite.

De volta ao Quartel-General Supremo, Guderian estudou os planos elaborados pelo Alto-Comando e descobriu que as divisões *Panzer* que estavam na reserva principal deveriam ficar estacionadas muito perto da costa. Isso significava que não poderiam ser retiradas e empregadas em outro lugar com rapidez se o desembarque não acontecesse no lugar esperado. Guderian ressaltou isso a Hitler, que disse: "O presente arranjo foi sugerido pelo marechal de campo Rommel. Não gosto de dar contraordens, passando sobre o marechal de campo, sem ter ouvido primeiro a opinião dele. Volte à França e discuta o assunto com Rommel."

No oeste, assim como no leste, Rommel já não acreditava que uma vitória pudesse ser alcançada com a guerra móvel. Como Guderian, via as dificuldades que a superioridade aérea dos Aliados impunha aos *Panzer*. Mas também percebia que a indústria de armamento alemã já não conseguia acompanhar o ritmo de produção de tanques, canhões, canhões antitanques e outros veículos dos Aliados.

Bombardeio de Londres

Rommel acreditava que a invasão viria pelo Estreito de Dover e seria em Pas de Calais, porque aquele era o local escolhido por Hitler para as instalações dos foguetes V-1, as bombas voadoras que foram precursoras dos modernos mísseis de cruzeiro, que seriam lançados contra Londres em junho de 1944. Os alemães também construíam canhões de grande porte em Pas de Calais, capazes de bombardear Londres. Quando esses ataques de longo alcance fossem desfechados, causariam um impacto tão grande em Londres que os Aliados teriam de atacar pela via mais rápida. Rommel acreditava que esses ataques de longo alcance deveriam ser iniciados quando o tempo no Canal da Mancha estivesse ruim. Assim, uma força de invasão teria que aguardar na Inglaterra e observar a destruição de Londres ou arriscar e tentar a travessia do canal em condições meteorológicas adversas.

Depois de inspecionar a Muralha do Atlântico, em dezembro de 1943, Rommel concluiu que era tênue demais para deter um ataque organizado e seria rapidamente penetrada. Disse Rommel:

Sabemos por experiência própria que o soldado britânico é rápido em consolidar seus ganhos e, em seguida, mantém posição tenazmente, com excelente apoio aéreo e naval. O inimigo provavelmente terá sucesso em criar cabeças de praia em vários pontos diferentes e lograr uma grande penetração de nossas defesas costeiras. Depois disso, apenas uma rápida intervenção de nossas reservas operacionais será capaz de empurrá-lo de volta ao mar. Isto requer que essas forças sejam mantidas logo atrás das defesas.

Rommel argumentava que, se os *Panzer* fossem mantidos no interior, levaria muito tempo para trazê-los até a linha de frente, permitindo aos Aliados estabelecerem um enclave. Assim, os *Panzer* ficariam muito vulneráveis a um ataque aéreo em seu caminho para a linha de frente.

Em comparação com os britânicos e os americanos, as tropas que guarneciam a Muralha do Atlântico estavam mal armadas e mal treinadas. A única maneira de derrotar os Aliados, concluiu Rommel, era abandonar a guerra móvel completamente. O necessário era uma zona minada e fortificada, estendendo-se por 8 a 9 km terra adentro, com pequenas lacunas por onde um contra-ataque pudesse passar. Mais uma vez, Rommel aplicava as lições que aprendera com os *Panzer* no Norte da África.

"Aprendemos em nossos embates com os britânicos que grandes campos minados com pontos fortificados isolados distribuídos dentro deles são extremamente difíceis de tomar. Além disso, zonas minadas desse tipo se prestam especialmente bem à guarnição por tropas auxiliares ou formações de reserva", que eram praticamente tudo o os alemães tinham no oeste, já que todas as suas melhores unidades tinham sido enviadas para a Frente Oriental. O general recomendou o aprofundamento das defesas imediatamente e pediu que aproximadamente 200 milhões de minas fossem enviadas para a França.

Além disso, organizou a construção de vinte milhões na própria França. Mas apenas pouco mais de quatro milhões seriam plantadas até o Dia D.

Rommel, àquela altura, vislumbrava um papel fixo para seus *Panzer*. Os tanques deveriam ser entrincheirados como pontos fortificados nesses campos minados. A força de desembarque inimiga ao abrir caminho vinda das praias, ou tropas aerotransportadas infiltrando-se pela retaguarda, teriam de atravessar esses campos minados sob a mira dos *Panzer*.

Preparando a recepção

Rommel também supervisionou a instalação de obstáculos ao longo da costa e na retaguarda, para uma defesa contra desembarques aerotransportados. Estacas de mais de três metros, equipadas com projéteis de artilharia capturados, foram concebidas para infligir pesadas perdas aos paraquedistas ou tropas transportadas em planadores. Enquanto isso, Rommel aboletou-se no castelo que pertencera a Madame de Pompadour, em Fontainebleau, onde ficou com os dois cães *dachshund* presenteados a ele pela Organização Todt, que construía as fortificações ao longo da Muralha do Atlântico. Os cães uivavam durante a noite porque, pensava Rommel, sentiam falta de seu dono anterior.

Rommel ficou temeroso da situação na Frente Oriental e na Itália. Também estava preocupado porque seu único filho, Manfred, estava saindo de casa para se alistar no exército. Em 27 de abril de 1944, Rommel escreveu para sua esposa dizendo: "Guderian deve vir aqui esta tarde".

Guderian já saíra da área de estacionamento dos tanques em Camp de Mailly, que foi completamente destruída por um ataque aéreo dos Aliados. Felizmente, o general von Geyr havia transferido a maior parte do equipamento para fora da área e espalhou-o pelas aldeias e matas próximas.

Mais uma vez, contudo, Guderian recebera uma vívida demonstração dos efeitos do poder aéreo dos Aliados.

Quando conversaram, Rommel disse que nem sequer cogitava mover divisões *Panzer* e *Panzergrenadier* à noite. E rejeitou os argumentos apresentados por Guderian e von Geyr de que uma reserva *Panzer* deveria ser mantida no interior. Guderian ressaltou que, como os Aliados contavam com superioridade aérea e marítima esmagadora, a única maneira de vencer era destruir o inimigo numa operação *Panzer* em grande escala em terra. Rommel achava que isso era impossível e insistiu que o segredo era usar toda a força dos blindados concentrada no lugar certo.

O general já decidira que os Aliados desembarcariam ao norte do Somme, em Pas de Calais. Sendo assim, sua força *Panzer* estava concentrada lá, em vez de dividida em dois grupos móveis, uma ao norte e outra ao sul de Paris, como Guderian e von Geyr sugeriram.

"Em todos esses pontos, a opinião de Rommel coincidia com a de Hitler, embora por motivos diferentes [escreveu Guderian]. Hitler permanecia um homem da guerra de trincheiras de 1914 a 1918 e nunca entendeu os princípios das operações móveis. Rommel acreditava que essas operações não eram mais possíveis por causa da superioridade aérea do inimigo. Não admira que o comandante-em-chefe no oeste [von Rundstedt] e eu tenhamos achado que Hitler rejeitou nossas propostas de redistribuição das formações mecanizadas com base no fato de Rommel ter uma experiência de combate mais recente do que qualquer um de nós."

Rommel descartou as ideias de Guderian e von Geyr porque a experiência deles vinha da Frente Oriental. Combater os Aliados Ocidentais, acreditava Rommel, era fundamentalmente diferente. Rommel disse a Fritz Bayerlein:

Nossos amigos no leste não podem imaginar o que os espera aqui. Não é uma questão de hordas fanáticas avançando em massa contra nossas linhas, sem qualquer consideração com baixas e pouco uso de habilidades táticas. Aqui, estamos diante de um inimigo que aplica toda sua inteligência nata ao uso dos seus muitos recursos técnicos, que não poupa despesas materiais e para o qual cada operação segue seu curso como se tivesse sido repetidamente ensaiada. Energia e obstinação somente não fazem mais um soldado, Bayerlein. É preciso que ele seja inteligente o suficiente para poder tirar o máximo proveito de sua máquina de guerra.

Tiger E pertencente à Divisão SS Adolf Hitler, Normandia, 1944

Rommel estava ciente da ironia da situação.

"Em certa época, eles achavam que a guerra móvel era algo a ser mantido à distância a todo custo", disse, "mas agora que não temos mais liberdade de manobra no oeste, todos só querem saber dela (...). Os dias dos ataques vigorosos, rápidos e incisivos dos tanques, como nos primeiros anos da guerra, acabaram e isso vale para o leste também."

Vozes discordantes

Rommel tinha problemas com seus próprios oficiais de gabinete, que estavam inclinados a aceitar a visão de Guderian e von Geyr de que a guerra móvel ainda era possível e não acreditam que a força aérea do inimigo pudesse exercer influência tão grande sobre os acontecimentos no solo.

No entanto, Rommel persistia em sua crença de que a única esperança estava em concentrar os *Panzer* na costa.

"Se, apesar da superioridade aérea do inimigo, conseguirmos pôr em ação uma grande parte da nossa defesa móvel nos setores defensivos costeiros ameaçados, estou convencido de que o ataque inimigo no litoral fracassará completamente no primeiro dia", escreveu o general Jodl em 23 de abril de 1944. Rommel chegou a falar que sua única ansiedade verdadeira dizia respeito a essas forças móveis, que estavam muito dispersas para desempenhar qualquer papel na batalha pelo litoral. A situação não melhorou.

Em 6 de junho de 1944, havia dez divisões *Panzer* e *Panzergrenadier* na França. Quatro delas, a 2ª, a 21ª, a 116ª e a 12ª Divisão *Panzer SS*, estavam sob comando de Rommel. A 1ª Divisão *SS Panzer-Lehr* e a 17ª Divisão *SS Panzergrenadiere* estavam na reserva e sob controle pessoal de Hitler, enquanto a 9ª, a 11ª e a 2ª Divisão *Panzer SS* estavam no sul da França prontas para qualquer invasão ao longo da costa do Mediterrâneo.

"Essa dispersão de forças descartou qualquer possibilidade de uma grande vitória defensiva", disse Guderian. "Mas, além disso, os acontecimentos tomaram o curso mais insatisfatório que se possa imaginar."

Primeiro, Rommel não estava na França no Dia D. O general estava a caminho de uma reunião com Hitler na Prússia Oriental e parou na Alemanha para visitar sua esposa, que aniversariava. Rommel deixara ordens para que a 21ª Divisão *Panzer*, que estava mais perto das praias da Normandia, não contra-atacasse sem sua permissão. Hitler fora para a cama tarde e deixou ordens para não ser perturbado, na noite anterior à chegada das primeiras notícias da invasão. Sem sua permissão, os *Panzer* na reserva não poderiam ser liberados. Além disso, com os alemães ainda receosos de um desembarque no Mediterrâneo, as três divisões *Panzer* no sul da França permaneceram onde estavam e não iniciaram seu deslocamento para o norte.

No entanto, a Divisão *Panzer-Lehr* recebeu ordens para avançar, o que fez à luz do dia, apesar da superioridade aérea do inimigo. Mas, com Rommel distante, não havia ninguém no comando que soubesse alguma coisa sobre táticas de blindados, e a divisão recebeu ordens de fazer um ataque frontal em uma área ao alcance dos canhões da *Royal Navy*, a marinha real inglesa.

"Assim, a única força militar da Alemanha que possivelmente poderia derrotar a invasão foi prematuramente desgastada", escreveu Guderian.

O Dia D: Soldados americanos da Primeira Divisão desembarcam, na praia Omaha, onde as defesas eram surpreendentemente fortes e muitas vidas foram perdidas

A divisão *Panzer-Lehr* sofreu enormes baixas que não puderam ser repostas, já que, depois de 22 de junho, a Frente Oriental ameaçou entrar em colapso e todas as reposições disponíveis foram enviadas para lá.

As coisas não melhoram quando Hitler acordou. O ditador não estava convencido de que o ataque às praias da Normandia fizesse parte da invasão principal e se recusou a liberar as reservas *Panzer*. No entanto, a 21ª Divisão *Panzer* conseguiu frustrar o plano de Montgomery de tomar Caen no primeiro dia.

Quando Rommel voltou à França, descobriu, como previsto, ser impossível trazer os *Panzer*, por causa do perigo de ataques aéreos do inimigo.

"Mesmo a movimentação de formações menores no campo de batalha, como o posicionamento de artilharia, tanques em formação, etc., é imediatamente atacada pelo ar com efeito devastador", escreveu o general em 10 de junho. Rommel acreditava que os Aliados vinham fazendo 27.000 surtidas por dia, embora Liddell Hart viesse a dizer que era pouco mais de 10.000. Não eram apenas os tanques que estavam em perigo. Em 10 de junho, o estado-maior do Grupo *Panzer* Oeste foi posto fora de combate por um bombardeio.

Confusão total

Em 16 de junho, a 9ª Divisão *Panzer* estava em Avignon; a 11ª Divisão *Panzer*, na área de Bordeaux; a 116ª Divisão *Panzer* ainda estava na costa, bem ao norte, perto de Dieppe; e a 2ª Divisão *Panzer SS Das Reich* lutava contra os guerrilheiros no sul da França. A 2ª Divisão *Panzer* fora enviada para a ação, mas aos poucos. E o 9ª Divisão *SS Panzer Hohenstaufen* e a 10ª Divisão *SS Panzer Frundsberg* haviam sido trazidas da Frente Oriental. Porém, mais uma vez, sua força estava sendo desperdiçada em ataques frontais ao alcance dos canhões navais dos Aliados e as divisões caíram em uma armadilha preparada por Montgomery, comprometendo sete das nove divisões *Panzer* com o setor de Caen para enfrentar britânicos e canadenses, permitindo que os americanos a oeste avançassem.

Em 17 de junho, Hitler foi à França para reunir-se com Rommel e von Rundstedt, em Soissons. Rommel sugeriu recuar as divisões *Panzer* que naquele momento enfrentavam o inimigo e reuni-las ao sul, para que pudessem atacar o flanco do inimigo fora do alcance da artilharia naval. Também foi sugerido a Hitler que visitasse a frente e falasse aos comandantes ali, como Churchill fizera entre os Aliados alguns dias antes. Na manhã seguinte, um V-1 errante pousou perto do quartel-general de Hitler. O ditador partiu para a Alemanha imediatamente, rejeitando a proposta de Rommel e dizendo que a vitória viria com "uma defesa tenaz de cada metro de solo".

Rommel e de Guderian se encontraram uma última vez em Berchtesgaden, o refúgio de Hitler em Obersalzberg, em 29 de junho, em uma reunião dos comandantes na Frente Ocidental. Guderian disse:

"A impressão foi a mesma que tive em seu quartel-general de La Roche-Guyon, em abril, a de que, por causa da supremacia aérea do inimigo, Rommel já não acreditava que uma defesa móvel fosse possível." Essa também parecia ser a opinião de Hitler. A principal questão discutida na reunião foi o fortalecimento da *Luftwaffe* e das defesas antiaéreas. Goring prometeu fornecer 800 aviões, mas apenas 500 aviadores estavam disponíveis. Os carregamentos marítimos do inimigo deveriam ser atacados e Hitler ordenou: "A disponibilização imediata de 1.000 dos novos caças a jato, para conquistar a superioridade aérea sobre uma área limitada por, pelo menos, alguns dias da semana."

Na verdade, os caças a jato não estavam prontos para uso. Embora 1.988 *Messerschmitt 262* fossem construídos antes do fim da guerra, foram pouco empregados em ação.

Rommel foi direto e perguntou a Hitler como achava que a guerra ainda poderia ser vencida. O general esperava ser demitido. Em vez disso, von Rundstedt foi removido e von Kluge foi trazido da Frente Oriental para assumir o cargo de comandante-em-chefe no oeste. Von Kluge imediatamente criticou o comando de Rommel na Frente Ocidental.

Em 5 de julho de 1944, Rommel escreveu a von Kluge, dizendo: "A repressão que o senhor dirigiu a mim no início de sua visita, na presença do meu chefe de estado-maior, no sentido de que eu, também, terei agora que me 'acostumar a cumprir ordens', atingiu-me profundamente. Solicito ao senhor que informe seus motivos para fazer tal acusação."

Uma cópia foi enviada a Hitler.

Rommel também solicitou que a 12ª Divisão *Panzer SS Hitlerjugend* fosse transferida para a área em torno de Lessay-Coutances, para que pudesse contra-atacar o inimigo na Península do Cotentin. Em um memorando de 14 pontos, Rommel queixou-se de que nenhuma das divisões *Panzer* estava nas posições que havia designado antes da invasão e concluiu dizendo: "Somente um comando unificado e unido de todos os serviços, nos padrões de Montgomery e Eisenhower, trará a vitória final."

O futuro presidente dos EUA, general Dwight D. Eisenhower, foi o comandante nomeado da invasão dos Aliados após liderar a invasão anglo-americana do Norte da África francês. Desde então, o general supervisionara os desembarques na Sicília e na Itália. O velho adversário de Rommel, Montgomery, era o comandante dos Aliados para as forças terrestres na Normandia e também entrara em ação na Sicília e na Itália.

Depois de visitar a linha de frente, von Kluge rapidamente admitiu que Rommel estava certo.

Tropas blindadas e mecanizadas somente poderiam ser deslocadas à noite ou com mau tempo, embora, com a defesa antiaérea adequada, pequenos grupamentos armados pudessem entrar em ação à luz do dia.

No entanto, os alemães conseguiram manter Caen, interrompendo o avanço dos britânicos para o leste e sua arremetida até Paris. Montgomery, contudo, estava

Um tanque Sherman, feito nos EUA, avança com cautela, receoso de algum Tiger à espreita

prestes a fazer algo a respeito. Na noite de 7 de julho, a RAF deixou cair 2.300 toneladas de bombas sobre Caen, destruindo grande parte da cidade. O bombardeio deixou de atingir grande parte das posições defensivas alemãs, mas o ataque elevou o moral dos soldados britânicos. Muitas das bombas eram dotadas de disparadores de tempo, ajustados para detonar quando britânicos e canadenses atacassem às 4h20 na manhã seguinte, com apoio de outro enorme bombardeio. A ataque com bombas e projéteis praticamente eliminou a 12ª Divisão *SS Panzer*. Quando britânicos e canadenses entraram em Caen, Montgomery ordenou que os americanos em seu flanco direito rumassem para o sul. Os britânicos, então, deram início à Operação Goodwood. Após outro extenso bombardeio da cidade, britânicos e canadenses avançariam através de Caen e depois confrontariam os *Panzer* no "território de tanques", o terreno aberto a leste da cidade, para mantê-los longe do avanço americano.

Rommel é metralhado

Em 17 de julho, o carro de Rommel foi metralhado por um caça britânico. O general foi arremessado de seu carro e fraturou o crânio. Depois de um tempo hospitalizado, retornou à Alemanha para convalescer. Durante esse tempo, mudou de ideia sobre a conveniência do golpe de estado que alguns oficiais do exército vinham planejando. Rommel não fora a favor da deposição de Hitler quando a Alemanha lutava apenas na frente russa, pois isso poderia precipitar o colapso da frente, abrindo o caminho para a Europa aos russos. Mas, àquela altura, britânicos e americanos poderiam detê-los.

Até o final de junho, a maioria dos oficiais do exército ainda acreditava ser possível adiar qualquer invasão britânica e americana por tempo suficiente para que novas armas, como aviões a jato, novos tanques e as tão decantadas armas secretas, revertessem a maré da guerra em favor da Alemanha. E se repelissem a invasão, acreditavam que os Aliados Ocidentais deixariam de lado a exigência de rendição incondicional, fariam a paz e, possivelmente, até mesmo se juntariam à Alemanha na luta contra os russos na Frente Oriental, para evitar que todo o continente caísse diante de Stalin e do comunismo.

Mas naquele momento, quando os Aliados Ocidentais já haviam assegurado uma cabeça de ponte na França e que não poderia ser desalojada, a única maneira de fazer a paz era livrar-se de Hitler. Em 20 de julho, o coronel Claus von Stauffenberg tentou assassinar Hitler em seu quartel-general na Prússia Oriental. A tentativa fracassou. Stauffenberg foi sumariamente executado naquela noite. Rommel também foi implicado, mas permitiram que tirasse a própria vida.

Depois da tentativa de assassinato, Hitler nomeou Guderian chefe do estado-maior alemão. No entanto, a ele foi negada qualquer autoridade para tomar decisões. Hitler deveria aprovar tudo em detalhes. Quando o general propôs que lhe fosse dada autoridade para tomar decisões sobre tudo, menos em assuntos fundamentais de maior importância, Keitel e Jodl se opuseram. Então, Guderian perguntou a Hitler se poderia conversar com ele em particular sobre o assunto. Seu pedido foi negado. Assim, Guderian tornou-se um espectador privilegiado da destruição do Exército *Panzer* que passara mais de vinte anos construindo.

A situação no leste era terrível. O Grupo de Exércitos Sul vinha conseguindo se manter na Ucrânia. Porém os russos penetraram ao norte em 12 de julho e, em 21 de julho, chegaram a Brest-Litovsk, no Bug. Vinte e cinco divisões do Grupo de Exércitos Centro foram perdidas, enquanto o Grupo de Exércitos Norte estava em plena retirada do Golfo da Finlândia. Guderian sugeriu que todas as divisões sendo mantidas em reserva na Romênia fossem trazidas para tapar os buracos na linha. Hitler concordou. Os alemães, então, evacuaram os estados bálticos, encurtando a linha, e o avanço russo ao longo do Vístula foi interrompido. Os alemães tiveram a impressão, na época, de que fora sua defesa que parou os russos. Na verdade, eles pararam porque houve uma revolta em Varsóvia liderada pelos poloneses que apoiavam o governo no exílio em Londres. Os soviéticos queriam que essa revolta fosse reprimida pelos alemães, para livrar a Polônia dos simpatizantes pró-ocidentais que restavam, para que fosse mais fácil a instalação de um novo regime pró-soviético.

Em 18 de julho, os canadenses libertaram Caen. Os blindados britânicos se deslocaram para o leste da cidade, somente

O resultado de ataques da Força Aérea dos EUA a colunas alemãs, em Falaise

para encontrar uma resistência alemã mais forte do que a esperada. Em 20 de julho, enquanto Montgomery anunciava o sucesso da Operação Goodwood, o avanço dos blindados britânicos foi interrompido por canhões antitanques alemães. Na batalha que se seguiu, 413 tanques, ou seja, 36% dos blindados do Segundo Exército britânico, foram destruídos. Os britânicos haviam avançado apenas 11 km a um ritmo, segundo Eisenhower, de mil toneladas de bombas por quilômetro e meio.

Resistência feroz

Apesar da destruição dos blindados britânicos, a estratégia geral de Montgomery funcionou. Os alemães designaram a última divisão blindada do Décimo-Quinto Exército, a 116ª Divisão *Panzer*, para a seção de Caen, deixando quatro divisões blindadas treze divisões de infantaria dos americanos enfrentando apenas duas divisões blindadas e sete divisões de infantaria. No entanto, quando os blindados americanos avançaram, depararam-se com uma feroz oposição da 1ª e da 9ª Divisão *Panzer SS* na estrada Caen-Falaise. Foi preciso cancelar o avanço depois de vinte horas. Em 25 de julho, uma nova ofensiva começou com bombardeios de saturação que destruíram todos os tanques da Divisão *Panzer-Lehr* e matou dois terços de seus homens. Após três dias de avanço rápido, a Segunda Divisão blindada, conhecida como "Inferno Sobre Rodas", irrompeu em campo aberto. Os *Panzer* restantes foram retirados da área de Caen e enviados para fechar a abertura, mas sua movimentação era lenta devido à falta de combustível. Àquela altura, Hitler já percebera que nenhum ataque viria por Pas de Calais e liberou o deslocamento das reservas *Panzer* para oeste.

Em 3 de agosto, Hitler ordenou que os *Panzer* defendendo a linha entre o Rio Orne e a cidade de Vire fossem substituídos por divisões de infantaria, liberando os blindados para avançar a oeste em direção a Avranches e dividir em duas as forças americanas comandadas pelo general Patton que rumavam para o sul. Contudo, em vez de ir para a Bretanha conforme originalmente planejado, Patton circulou pelo sudeste e flanqueou os *Panzer* que Hitler enviara contra Avranches.

Àquela altura, o exército alemão estava caindo aos pedaços. No entanto, quando os *Panzer* se viravam e lutavam, com frequência, mostravam superioridade tática e seus tanques tecnicamente superiores eram capazes de interromper o avanço dos Aliados. Conforme recuavam para o interior, onde o terreno era mais plano, a luta se tornava mais móvel, o que favorecia os *Panzer*. Aquele era o tipo de guerra a que estavam acostumados. Todavia, houve outro avanço na guerra de que os *Panzer* nada sabiam.

Os decifradores britânicos em Bletchley Park tinham quebrado os códigos militares alemães. Assim, quando os comandantes dos *Panzer* enviavam suas ordens pelo rádio, os britânicos podiam ouvi-las e tornou-se impossível concentrar os *Panzer* de forma suficiente para montar um contra-ataque sem atrair um ataque aéreo. O combustível estava acabando, forçando tanques a serem abandonados, e a munição era escassa, especialmente dos canhões antitanque.

De alguma forma, Hitler reuniu 185 tanques e lançou-os contra o VII Corpo americano em Mortain. Esse era exatamente o tipo de ataque blindado que, dissera Rommel, estava condenado, por causa do poder aéreo dos Aliados. Ninguém, com exceção de Hitler, tinha alguma fé no plano. O comandante da 116ª Divisão *Panzer* teve de ser substituído quando se recusou a acompanhar o ataque. Embora os decifradores britânicos dessem aos Aliados algumas horas de antecipação em relação ao ataque, os alemães conseguiram tomar Mortain e, por algum tempo, dominaram o terreno elevado a leste da cidade. Porém, na noite de 7

Tanques Tiger I e Panzer IV fortemente danificados em Villers Bocage

de agosto, 40 dos 70 tanques alemães que lideraram o ataque tinham sido destruídos e a coluna blindada ficou sem combustível depois de apenas 8 km. Enquanto isso, Patton avançava célere pela França e em 8 de agosto tomou Le Mans.

Nesse mesmo dia, Michael Wittmann, o ás alemão dos tanques, foi morto. Durante a guerra, Wittmann nocauteara 138 tanques e 132 canhões antitanques, além de inúmeros meia-lagartas e veículos sem blindagem. Em 12 de junho, à frente de quatro *Tiger* e um *Panzer IV*, Wittmann segurou toda a 7ª Divisão Blindada britânica em Villers Bocage, destruindo 25 tanques britânicos e abatendo inúmeros transportes de infantaria. Naquela ocasião, embora acabasse emboscado nas ruas estreitas e seu *Tiger* fosse posto fora de ação por um canhão antitanque, ele e seus homens escaparam a pé.

Morte de um herói alemão

Em 8 de agosto, contudo, Wittmann não teve tanta sorte. Em St. Aignan-de-Cramesnil, ao sul de Caen, seus três *Tiger* restantes enfrentaram os *Sherman* britânicos dos *Northants Yeomanry*. Os *Tiger* eram superiores aos *Sherman*, porém os *Northants Yeomanry* contavam com um *Sherman Firefly*, equipado com um canhão de 17 libras britânico. Era o único canhão dos Aliados capaz de penetrar a pesada blindagem do *Tiger*, embora tivesse que estar a menos de 1.000 metros de distância.

O coronel Tom Boardman, segundo no comando do Esquadrão A, disse:

> Quando os Tiger estavam a umas 1.000 jardas (910 metros) e com as laterais voltadas para nós, ordenei à Tropa 3 e ao meu artilheiro que abrissem fogo. O Firefly causou estrago, mas nossos canhões

Jovens recrutas alemães exaustos são levados em custódia

> de 75 mm ajudaram e devem ter arrancado a lagarta de um deles, que começou a rodar em círculos, fora de controle. Eles atiraram de volta e puseram o Firefly temporariamente fora de ação, pois seu comandante fora atingido na cabeça. No entanto, depois de alguns minutos, havia três Tiger abatidos e, como ninguém fora visto saindo deles, presume-se que as tripulações estivessem mortas.

Em 1983, a plaqueta de identidade de Wittmann foi descoberta, junto com pedaços variados de uniforme e ossos encontrados na área e agora se sabe que Wittmann e seus três tanques *Tiger* foram vítimas da Tropa Número 3, Esquadrão A, dos *Northamptonshire Yeomanry*.

Em 9 de agosto, Hitler ordenou que os *Panzer* paralisados mantivessem suas posições, onde, juntamente com o restante do exército, puderam ser facilmente cer-

Direita: O exército francês retorna à França em meio a muita comemoração.

cados. Em uma reunião com Hitler, em 15 de agosto, Guderian disse com tristeza: "A bravura das tropas *Panzer* não é suficiente para compensar o fracasso das outras duas armas: a força aérea e a marinha".

Enquanto britânicos e canadenses avançavam a sudeste, cortando a retirada alemã, Patton recebeu ordens de rumar para o norte, fechando a armadilha. As duas mandíbulas das pinças fecharam em torno de Falaise, com os canadenses tomando a cidade em 16 de agosto. O Sétimo Exército alemão e seu apoio, os *Panzer*, se viram cercados em um bolsão.

Sua única saída era através de uma brecha de 19 quilômetros entre Falaise e Argentan. Os alemães não se mostraram excessivamente preocupadas com o cerco. Grupos *Panzer* já haviam sido cercados antes na Frente Oriental e mesmo assim abriram caminho. Os soviéticos, no entanto, não contavam com o poder aéreo que os Aliados usaram para golpear os blindados presos na armadilha.

Hitler decidiu fazer um contra-ataque aos norte-americanos em Argentan e reuniu o Grupo *Panzer* Eberbach sob o comando do general Eberbach. Mas no momento em que ficou pronto, tinha apenas 45 tanques e 4.000 homens. Enquanto isso, o marechal de campo von Kluge, comandante do Grupo de Exércitos B, desapareceu depois que seu carro foi atacado por um caça-bombardeiro. Notícias piores estavam por vir. Em 15 de agosto, os Aliados fizeram desembarques no sul da França, retendo mais reservas *Panzer* ali.

Em 16 de agosto, von Kluge reapareceu em seu quartel-general na Normandia e informou que o Bolsão de Falaise não poderia mais resistir. Hitler finalmente concordou com uma retirada, mas era tarde demais. No dia seguinte, um renovado avanço de canadenses e americanos fechou o Bolsão de Falaise em apenas algumas centenas de metros e, apesar de violentos combates, em 20 de agosto o bolsão estava fechado completamente. Von Kluge foi demitido. Hitler acreditava que, no tempo em que esteve desaparecido, von Kluge fez contato com o inimigo. Convocado para o Covil do Lobo, o general cometeu suicídio. Model o substituiu, mas havia pouco que pudesse fazer. Eberbach conseguiu extrair alguns de seus *Panzer* do Bolsão de Falaise. Os que ficaram ali foram pulverizados pelos bombardeios dos Aliados. A resistência cessou em 22 de agosto. Aproximadamente 10.000 soldados alemães foram mortos e 50.000 se renderam. Apenas 20.000 escaparam, deixando para trás 7.700 veículos destruídos ou abandonados, sem falar de 567 tanques e canhões autopropulsados, juntamente com 950 canhões de campanha abandonados. O restante dos oito grupos de combate *Panzer* que haviam escapado só conseguia reunir, ao todo, 70 tanques e 36 canhões de campanha, fugindo para a fronteira alemã, que naquele momento era guardada por mulheres, velhos e meninos.

9. UM ÚLTIMO SUSPIRO NAS ARDENAS

Os *Panzer* teriam uma última chance de mostrar o que podiam fazer. Embora o exército alemão estivesse em plena retirada em todas as frentes, a situação não era completamente sem esperanças. Mesmo Hitler percebia que a vitória já não estava ao seu alcance, mas pensava que se vencesse uma batalha decisiva, poderia forçar os Aliados à mesa de negociações.

No início de setembro, o ataque de Montgomery à ponte em Arnhem mostrou que visava "uma ponte longe demais", e Hitler percebeu que os Aliados, com suas linhas de abastecimento por demais distendidas, ainda poderiam ser parados, especialmente se não conquistassem os portos do norte da Europa. O ditador ainda tinha esperanças de persuadir britânicos e americanos a negociar uma paz em separado e, em seguida, unirem-se à Alemanha para esmagar o Exército Vermelho.

Um último recurso

O plano era reunir a força remanescente do exército alemão e arremessá-la no ponto onde as forças britânicas e americanas se reuniam, em uma área levemente defendida. Um ataque arrebatador cortaria as linhas de abastecimento americanas e isolaria os ingleses na Bélgica e na Holanda, onde poderiam ser cercados e destruídos. Hitler planejou a operação para meados de novembro, a fim de ter tempo de transferir suas forças de volta para a Frente Oriental, prontas para a esperada ofensiva russa de inverno. A operação foi chamada de *Wacht am Rhein* (Vigília no Reno) e colocaria em risco vinte divisões alemãs. Se tivesse sucesso, enfraqueceria os Aliados Ocidentais e abalaria sua esperança em uma vitória total, deixando de lado sua insistência em uma rendição incondicional e negociações de paz seriam abertas. Se falhasse, não haveria como parar o exército anglo-americano.

Hitler e seus assessores mais próximos planejaram a operação em segredo. Quando von Rundstedt, que recentemente reassumira o comando no oeste, ouviu falar disso, ficou horrorizado. Ele e Model propuseram um objetivo mais modesto: uma ofensiva que parasse no Meuse e visasse apenas derrotar as forças dos Aliados que estavam a leste do rio, entre Aachen e

À Esquerda: Os Sherman do 74º Batalhão de Tanques ajudou a derrotar a 1ª Divisão Panzer.

A Batalha do Bulge, de dezembro de 1944 a janeiro 1945

Sem uma Frente Oriental com que se preocupar, os alemães puderam convocar um grande número de homens em 1940. Agora, embora os britânicos estivessem com falta de recrutas, os americanos contavam com números ilimitados que poderiam convocar. No quarto dia da ofensiva, as reservas dos EUA dobraram o número de homens nas Ardenas para 180.000.

Hitler foi convencido a mudar o nome da operação de *Wacht am Rhein* para *Herbstnebel* (Névoa de Outono) e atrasar o ataque de 25 de novembro para 10 de dezembro, depois para 16 de dezembro, a fim de reunir blindados suficientes para a ofensiva.

O ataque seria liderado pelo Quinto Exército *Panzer*, do general Hasso von Manteuffel, e pelo recém-formado Sexto Exército *Panzer SS*, do general Joseph "Sepp" Dietrich. Eles teriam o apoio do 7º Exército, do general Erich Brandenberger, que protegeria o flanco sul dos blindados. Os *Panzer* atacariam em uma frente de 145 km, desde Echtnernach, no sul, até Monschau, no norte. O Quinto Exército *Panzer* ficaria no centro, o Sexto à direita, onde seria a força principal. Sendo assim, o Sexto Exército *Panzer*, de Dietrich, recebeu as unidades *Waffen-SS* mais bem equipadas.

Liége. Guderian disse simplesmente que as forças disponíveis "não tinham o poder móvel necessário para a realização de sua difícil missão". Hitler, porém, recusou a proposta de von Rundstedt e insistiu em seu plano mais grandioso.

Foram necessários 2.500 tanques para tomar a França em 1940. Agora, contra forças muito superiores, Hitler planejava enviar apenas 1.420. Mais ainda, estariam com pouco combustível e teria de abastecer-se capturando gasolina americana no caminho. Os alemães tinham superioridade aérea em 1940. Agora, os Aliados dominavam os céus.

Para neutralizar qualquer contraofensiva, uma força escolhida a dedo de alemães que falavam inglês foi enviada para a retaguarda das linhas dos Aliados, usando uniformes americanos e portando armas americanas. Sua missão era perturbar as forças dos Aliados, trocando placas de sinalização e redirecionando o tráfego. Esses homens seriam comandados pelo coronel das *SS* Otto Skorzeny, que recentemente comandara o ataque ousado para resgatar Mussolini de sua prisão na montanha.

Hitler mudou seu quartel-general do Covil do Lobo, na Prússia Oriental, para o Ninho da Águia, perto de Bad Neuheim, na Renânia, de onde poderia dirigir a ofensiva pessoalmente. A sorte, pensava Hitler, estaria do seu lado, pois era ali que ele estava em 1940 quando os *Panzer* esmagaram os Aliados na França. Mas aqueles que o cercavam diziam que o ditador perdia cada vez mais o contato com a realidade.

Em novembro, enquanto os preparativos estavam em andamento, os Aliados romperam as defesas fronteiriças da "Muralha Ocidental" da Alemanha e tomaram Aachen, a primeira cidade alemã de qualquer tamanho a ser capturada pelos Aliados. No entanto, apesar de Arnhem, os americanos estavam começando a mostrar sinais de arrogância. O setor que Hitler planejara atingir fora ocupado por apenas quatro divisões do VII Corpo dos EUA, espalhadas e comandadas pelo general Troy Middleton. Estas eram a 4º e a 28ª Divisão, que haviam acabado de ser retiradas da linha de frente para se recuperarem após intensos combates, e a 9ª Divisão Blindada e a 106ª Divisão, que nunca haviam entrado em ação antes. Em qualquer um dos lados na frente das Ardenas estavam os inexperientes e desfalcados Primeiro, Terceiro e

Nono Exércitos do Décimo-Segundo Grupo de Exércitos dos EUA, do general Omar Bradley. Era um ponto fraco evidente entre o principal avanço americano contra a Alemanha ao sul e a investida britânica através da Holanda a oeste.

No entanto, apesar do fato de os alemães terem atacado precisamente dessa forma em 1870 e 1940, o serviço de informações do exército descartou um ataque alemão naquela área. Os desafortunados soldados do Décimo-Segundo Grupo de Exércitos dos EUA estavam prestes a serem atacados por três exércitos alemães, 25 divisões ao todo, 11 delas blindadas.

Von Rundstedt enviou aos seus homens uma mensagem, que dizia: "Soldados da Frente Ocidental, sua grande hora chegou. Grandes exércitos começaram a atacar os anglo-americanos. Não preciso dizer nada mais que isso a vocês. Vocês mesmos podem sentir. Estamos apostando tudo. É de vocês a sagrada obrigação de dar tudo para realizar feitos além das possibilidades humanas por nossa Pátria e nosso *Führer*".

A aposta final

Às 5h35, em 16 de dezembro, 2.000 canhões abriram fogo nas Ardenas. A ofensiva aconteceu durante um período de mau tempo, quando as forças aéreas aliadas estavam retidas no solo, e os alemães rapidamente desenvolveram um saliente com 80 km de profundidade nas linhas americanas. Churchill rapidamente descartou a ofensiva alemã de inverno como sendo a "Batalha do Bulge" ("saliente" em inglês), um nome que, no entanto, ele já atribuíra à

UM ÚLTIMO SUSPIRO NAS ARDENAS

Soldados alemães na contraofensiva das Ardenas: no início, fizeram excelente progresso, mas era uma campanha condenada ao fracasso

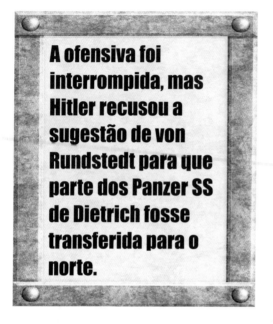

> A ofensiva foi interrompida, mas Hitler recusou a sugestão de von Rundstedt para que parte dos Panzer SS de Dietrich fosse transferida para o norte.

ofensiva das Ardenas em 1940. Dessa vez, porém, o nome pegou.

Os soldados de Skorzeny, em uniformes americanos, chegaram primeiro. Conseguiram enganar poucos e a maioria deles acabou na frente de um pelotão de fuzilamento. O Sétimo Exército foi detido não muito longe de seu ponto de partida, mas os Panzer se saíram melhor. O Sexto Exército Panzer SS avançou através da chamada brecha de Losheim com ganhos significativos, que não puderam ser explorados devido à falta de combustível. O Quinto Exército Panzer de von Manteuffel varreu a 28ª e a 106ª Divisão, penetrando profundamente nas posições inimigas com as unidades blindadas mais avançadas, a 2ª e a 116ª Divisão Panzer, atingindo pontos próximos ao Meuse, com elementos da 2ª Divisão Panzer chegando de fato à margem do rio. No entanto, isso não foi explorado.

Unidades da 6ª Divisão Panzer SS não foram deslocadas para acompanhar o sucesso inicial da 5ª Divisão e o avanço foi prejudicado por estradas estreitas e cobertas de gelo.

O Quinto Panzer tinha outro problema. A rota de abastecimento cruzava a cidade de Bastogne, guarnecida pela 101ª Divisão Aerotransportada do general Anthony McAuliffe. A divisão foi completamente cercada. Quando foi intimado a se render, o general deu a famosa resposta: "Nuts!" ("Loucos", em inglês). A 101ª resistiu por seis dias, abastecida pelo ar.

Em 19 de dezembro, a ofensiva foi interrompida, mas Hitler recusou a sugestão de von Rundstedt para que parte do Sexto Panzer SS de Dietrich fosse deslocada para o norte para apoiar o Quinto Panzer de von Manteuffel, que progredira. Hitler queria que a SS tivesse toda a glória. No entanto, a principal força de von Manteuffel parou 10 km antes de chegar ao Meuse, as condições do tempo melhoraram e as forças aéreas dos Aliados decolaram novamente.

Em uma reunião em Verdun, em 19 de dezembro, Eisenhower permaneceu resolutamente otimista, dizendo aos seus generais: "A situação atual deve ser considerada por nós como uma oportunidade, não um desastre. Quero ver apenas rostos animados nesta conferência". O resultado da reunião foi deslocar o Terceiro Exército de Patton para 240 km ao norte do flanco esquerdo do saliente, enquanto Montgomery, há pouco promovido a marechal de campo, atacaria o lado norte com algumas das tropas de Bradley colocadas temporariamente sob seu comando.

Embora, em 21 de dezembro, a 5ª Divisão Panzer tomasse a cidade de St. Vith, von Rundstedt sentia que o avanço perdera força e, em 22 de dezembro, pediu permissão a Hitler para uma retirada. Seu pedido foi recusado.

Guderian disse:

Mesmo em 22 de dezembro, estava claro que um objetivo menos ambicioso deveria ter sido escolhido. Um comandante sensato, naquele dia, deveria ter recordado os perigos iminentes na Frente Oriental, que só poderiam ser confrontados com uma interrupção oportuna dessa operação a oeste, que já estava condenada, no longo prazo, ao fracasso. No entanto, não apenas Hitler, mas o Alto-Comando e, particularmente, o Estado-Maior das Forças Armadas, só pensavam, naqueles dias fatídicos, em salvar a Frente Ocidental. Toda a tragédia da nossa liderança militar foi revelada, mais uma vez (...) nessa ofensiva malfadada das Ardenas.

No dia de Natal, o Sexto Exército *Panzer SS* sofreu uma derrota esmagadora e, no dia seguinte, Bastogne foi socorrida, ao custo da morte de 3.900 americanos e 12.000 alemães. Os americanos perderam 150 tanques na ação, os alemães 450. Os americanos podiam se dar ao luxo de perder tanques. Milhares de outros tanques estavam a caminho vindo dos Estados Unidos, enquanto aos alemães sobravam apenas alguns e suas fábricas de tanques, àquela altura, eram alvo de bombardeios noturnos.

As atrocidades alemãs haviam inspirado os soldados americanos mais inexperientes a lutar com determinação renovada. O grande responsável por isso foi o general Jochen Peiper, que comandava 140 tanques e um batalhão de infantaria mecanizada na ponta de lança da ofensiva alemã. Em Honsfeld, seus homens fuzilaram 19 soldados e pilharam seus corpos. Em um aeródromo perto de Bullingen, Peiper forçou americanos capturados a reabastecer seus tanques. Depois, atirou neles. Mais oito prisioneiros de guerra americanos foram mortos em Lignueville. Uma centena de prisioneiros americanos foram metralhados em Malmédy. Vinte, que milagrosamente escaparam do abate, foram descobertos em uma cafeteria. O local foi incendiado e aqueles que saíram correndo foram metralhados.

Ajuste final

Hitler acreditava que a notícia desses massacres desmoralizaria os soldados americanos. Na verdade, deu-lhes incentivos para lutar, e os alemães foram forçados a uma retirada. No início de janeiro de 1945, a linha de frente estava quase de volta onde estivera antes da ofensiva das Ardenas começar. Revendo o número de baixas, Hitler afirmou que a Operação *Herbstnebel* valera a pena. Os alemães haviam perdido entre 60.000 e 100.000 homens, os americanos em torno de 43.000

Forças americanas avançam em Malmédy: Hitler acreditava que os massacres desmoralizariam as tropas americanas, mas serviu para estimulá-las.

Após seu sucesso inicial, soldados alemães inspecionam alguns equipamentos americanos capturados nas Ardenas, mas a maré viraria contra eles

e os britânicos, que desempenharam um papel menor na ação, 1.400. Os americanos também perderam 733 tanques, os alemães 600 e um número enorme de canhões e outros equipamentos foi perdido. Contudo, como a intenção das forças aéreas dos Aliados, naquele momento, era destruir completamente cidades alemãs com bombardeios impiedosos, os alemães não poderiam substituir seus equipamentos. As fábricas americanas permaneciam intactas. A Batalha do Atlântico já fora perdida. As rotas marítimas não eram mais ameaçadas por submarinos e bombardeiros alemães. Os navios da classe *Liberty* cruzavam o Atlântico transportando um número incontável de novos tanques e canhões. Hitler jogara fora sua última reserva estratégica e ganhara apenas seis semanas para preparar as defesas no Reno.

Por fim, Hitler permitiu que o Sexto Exército *Panzer* se retirasse. Seis *Panzergrenadiere* aproveitaram a oportunidade para desertar e o comandante do seu batalhão emitiu a seguinte ordem do dia:

Traidores de nossas fileiras desertaram para o inimigo (...). Esses patifes entregaram importantes segredos militares (...). Judeus falsos e mentirosos tentam vocês com seus panfletos, na intenção de seduzi-los e transformá-los em patifes também. Que vomitem seu veneno! Estamos vigilantes nas fronteiras da Alemanha. Morte e destruição a todo inimigo que pisar em solo alemão. Quanto aos traidores desprezíveis que se esqueceram de sua honra, tenham certeza de que jamais verão novamente seus lares, nem seus entes queridos. Suas famílias terão de responder por sua traição. O destino de um povo nunca dependeu de traidores e canalhas. O verdadeiro soldado alemão foi e é o melhor do mundo. Inabalável, por atrás dele está a Pátria e, no final, está nossa vitória. Viva a Alemanha! Saudações ao Führer!

Nas primeiras semanas de março de 1945, o Primeiro e o Novo Exército dos EUA atingiram o Reno e uma unidade do Primeiro Exército encontrou a ponte ferroviária em Remagen intacta e apenas levemente defendida. Não havia sido explodida como Hitler ordenara e os americanos irromperam através dela em 7 de março.

À Direita: A Ponte de Remagen, que os alemães tentaram destruir

Arremetida total

Em 22 de março, o Terceiro Exército, de Patton, estabeleceu uma cabeça de ponte perto de Nierstein, pronto para um avanço pelo sul da Alemanha. Ao norte, o 21º Grupo de Exércitos, de Montgomery, também alcançara o Reno e parou enquanto a margem ocidental era liberada. Do outro lado do rio, havia cinco divisões dos paraquedistas de Hitler, com apenas uma divisão *Panzer* e uma divisão *Panzergrenadier* como reserva móvel. Na madrugada de 24 de março, essas forças foram atacadas pela 17ª Divisão Aerotransportada dos EUA e pela 6ª Divisão Aerotransportada britânica, armadas com bazucas (lançadores de foguetes portáteis), significando que, naquele momento, infantaria e tropas aerotransportadas poderiam nocautear um tanque. Naquela operação, 1.696 aviões de transporte e 1.348 planadores, vindos de 11 bases aéreas do sul da Inglaterra e 17 bases próximas a Rheims, Orléans, Evreux e Amiens, lançaram 21.700 homens, 600 toneladas de munições e 800 canhões e veículos na margem leste do Reno.

Esta enorme frota aerotransportada era protegida por uma escolta de 889 caças. Enquanto isso, mais tropas avançavam através do rio em um ataque anfíbio chamado Operação *Plunder*.

Quando a cabeça de ponte foi estabelecida, 1.000 caças-bombardeiros da 2ª Força Aérea Tática chegaram para dar apoio aéreo e atacar os *Panzer* no solo. Foram feitos 3.789 prisioneiros alemães e a 84ª Divisão foi praticamente aniquilada. No oeste, os *Panzer* não existiam mais.

10. PANZER KAPUT

As coisas não estavam muito melhores no leste. Em 20 de agosto de 1944, o Exército Vermelho lançou um ataque contra o Grupo de Exércitos Sul da Ucrânia. Parte da frente era guarnecida por tropas romenas, que desertaram aos montes. Algumas viraram seus canhões contra os alemães. Outras fugiram através do Rio Danúbio e fecharam os pontos de travessia, deixando os alemães à mercê dos russos. Dezesseis divisões foram completamente destruídas.

A situação se agrava

Em 1º de setembro, os russos entraram em Sofia, capital da Bulgária. O rei, um simpatizante nazista, morreu em circunstâncias misteriosas e 88 *Panzer IV* e 50 canhões de assalto, que os alemães haviam cedido para equipar duas divisões anticomunistas búlgaras, se perderam. Os soldados alemães na Bulgária foram presos e a Bulgária mudou de lado. A Hungria também tentou entrar em contato com as potências ocidentais. Os líderes militares, em seguida, se voltaram para os russos. Hitler instalou um novo governo fascista na Hungria, embora isso fizesse pouca diferença. E na Eslováquia, os guerrilheiros começaram a parar os trens e matar qualquer soldado alemão que encontrasse a bordo. No entanto, ao norte, o Primeiro Exército *Panzer*, do general Heinrici, o Terceiro Exército *Panzer*, do general Rauss, depois de Model ter sido transferido para o oeste, e o IV Exército *Panzer*, do general Balck, seguraram os russos no Vístula.

Como, àquela altura, o principal esforço da Alemanha estava no oeste, Guderian recebeu ordens de estabilizar a Frente Oriental. Como a previsão era de um outono moderado e as geadas chegaram tarde, parecia provável que uma ofensiva de inverno russa fosse adiada até o Ano Novo. Guderian planejou a construção de pontos fortificados ao longo da frente e, em meados de dezembro, já retirara todas a divisões *Panzer* e *Panzergrenadier* da linha para formar uma reserva móvel. Contudo, 12 divisões

No alto: Um comboio de tanques soviéticos ajuda a "libertar" Bucareste, na Romênia

desfalcadas não constituíam uma reserva adequada para manter uma frente de 1.160 quilômetros de ponta a ponta.

O plano de Guderian era estabelecer uma grande linha de defesa bem camuflada, 19 km atrás da linha que estavam mantendo. Tão logo a artilharia russa começasse uma barragem que anunciasse um ataque, todos, exceto uma retaguarda, deveriam recuar. A barragem, então, seria desperdiçada, pois cairia em posições já evacuadas. O tão preparado ataque seria infrutífero e os russos simplesmente dariam contra outra linha de defesa, onde teriam de iniciar preparativos de novo. Quando Guderian apresentou esse plano a Hitler, o ditador se enervou. Hitler recusava-se a aceitar a perda de 19 km de território sem lutar e ordenou que a segunda linha fosse preparada a apenas 1,5 ou 3 km atrás da frente. Isto, disse Guderian, era um modo de pensar da Primeira Guerra Mundial.

As fortificações em si eram bem preparadas, mas as ofensiva das Ardenas deixou a "Grande Linha Defensiva" mal defendida. O pior, disse Guderian, foi a ordem de Hitler para que as reservas fossem mantidas perto da linha de frente. Com isso, quando a grande onda russa veio, simplesmente varreu tanto as linhas defensivas quanto as reservas. Hitler culpou os homens que construíram as fortificações e alegou que sempre fora a favor da distância de 19 quilômetros entre as linhas defensivas, em vez de apenas 1,5 a 3 quilômetros.

"Quem foi o imbecil que deu essas ordens idiotas?", perguntou ele.

Guderian ressaltou que foi o próprio Hitler quem tomara a decisão. Hitler ordenou que fossem trazidas as atas das reuniões de

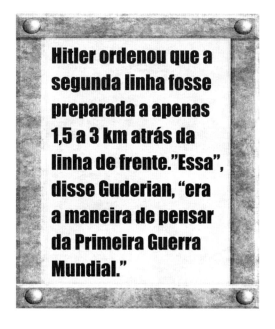

Hitler ordenou que a segunda linha fosse preparada a apenas 1,5 a 3 km atrás da linha de frente. "Essa", disse Guderian, "era a maneira de pensar da Primeira Guerra Mundial."

planejamento do outono, mas parou de lê-las depois de algumas sentenças.

O clima no quartel-general de Hitler tornou-se cada vez mais destacado da realidade. Hitler insistia em que era o único ali com experiência real na linha de frente, embora jamais tivesse visitado a linha de frente uma vez sequer durante a Segunda Guerra Mundial. Seu ego era alimentado pelas lisonjas dos dirigentes do partido, especialmente Goring e von Ribbentrop, e o ditador teimosamente se recusava a escutar outras pessoas. Hitler disse a Guderian:

Não preciso que o senhor tente me ensinar. Já comando a Wehrmacht em campanha há cinco anos e, nesse tempo, ganhei mais experiência prática do que qualquer um dos senhores do Estado-Maior alemão jamais pensou em ter. Estudei Clausewitz e Moltke e li todos os escritos de Schlieffen. Tenho mais noção da situação do que vocês.

Soldados do Exército Vermelho tomam as ruas de Budapeste, em 1945. O cerco a Budapeste foi uma das mais sangrentas batalhas da Segunda Guerra Mundial

Contudo, toda aquela experiência não conseguiu parar os russos. Em 5 de dezembro, o Exército Vermelho chegou nos arredores de Budapeste e, na noite de Natal, cercou a cidade.

As desvantagens aumentam

Quando ficou claro, em 23 de dezembro, que a ofensiva das Ardenas fora um fracasso, Guderian suplicou que o ataque fosse cancelado e as forças restantes fossem transferidas para a Frente Oriental. O general avaliou que a ofensiva russa de inverno teria início em 12 de janeiro e calculou que os russos teriam uma superioridade de 7 para 1 em tanques, 11 para 1 em infantaria e 20 para 1 em canhões. Isso lhes conferia uma superioridade total de 15 para 1 no solo e 20 para 1 no ar. Guderian calculou que os soldados alemães ainda poderiam triunfar com chances de 5 contra 1 a favor dos russos. Contudo, com aqueles números, uma vitória seria impossível.

Guderian acreditava que a única esperança seria a organização de um grande exército *Panzer* na área em torno de Lodz para, quando os russos aparecessem, travar uma guerra de movimento, uma guerra *Panzer*, "pois esse era um tipo de batalha em que o comandante alemão e seus soldados, apesar da longa guerra e sua consequente exaustão, ainda eram superiores ao inimigo", disse.

Em 24 de dezembro, Guderian foi até o quartel-general de Hitler para uma reunião. Quando apresentou o seu relatório sobre a situação na Frente Oriental, Hitler recusou-se a acreditar nos números estimados da força inimiga e disse duvidar que os russos sequer atacassem. Enquanto isso, o ditador se entregava à ilusão, ordenando a formação de brigadas *Panzer* de apenas dois batalhões – a força normal de um regimento – e brigadas antitanques de apenas um batalhão.

Jodl se opôs ao pedido de Guderian de que forças fossem transferidas para o leste, pois queria mais ataques no oeste, acreditando que britânicos e americanos poderiam ser parados se a *Wehrmacht* partisse para uma ofensiva na Alsácia. Guderian lembrou que a produção das fábricas do Ruhr fora interrompida pelo bombardeio inimigo. Se os alemães perdessem a área industrial da Alta Silésia para os russos, não teriam mais a capacidade de fabricar armas para dar continuidade à guerra. Seu pedido foi negado e Hitler enfraqueceu ainda mais a frente polonesa ao ordenar que as reservas de Reinhardt se deslocassem para Budapeste, para levantar o cerco da cidade. Assim, duas das 14 e meia divisões *Panzer* e *Panzergrenadiere* reunidas para enfrentar a ofensiva russa de inverno foram enviadas para uma frente secundária.

Na véspera do Ano Novo, Guderian foi ao quartel-general de Hitler para pedir reforços mais uma vez. Desta feita, teve uma reunião preliminar com von Rundstedt, que informou haver três divisões na Frente Ocidental e uma divisão na Itália de que poderia fazer uso, já próximas de estações ferroviárias, prontas para serem transferidas.

Quando Guderian reuniu-se com Hitler, Jodl se opôs ao deslocamento de tropas para a Frente Oriental mais uma vez, dizendo que não havia unidades disponíveis. Guderian contradisse Jodl e quando este perguntou onde obtivera as informações, Guderian respondeu que vieram de von Rundstedt, comandante em chefe da Frente Ocidental. Jodl não podia dizer mais nada e Hitler aprovou a transferência das quatro divisões. No entanto, em vez de enviá--las para a Polônia, onde eram necessárias, mandou-as para a Hungria.

Numa reunião realizada em 9 de janeiro, Guderian novamente implorou a Hitler que fortalecesse sua reserva móvel, mas quando mostrou a disposição e as forças do inimigo, Hitler afirmou que era obra

de um idiota e ordenou que o homem que preparara o documento fosse trancado em um asilo. Guderian ressaltou que o responsável fora um de seus melhores oficiais e ele próprio não teria apresentado o trabalho se não tivesse concordado com ele.

"Então, é melhor você me convencer também", disse Hitler.

Novamente, Hitler recusou o pedido de Guderian para um reforço de sua reserva *Panzer*.

"A Frente Oriental nunca teve uma reserva tão forte quanto hoje", disse Hitler. "Isso é obra sua e agradeço por tal feito."

Guderian respondeu: "A Frente Oriental é um castelo de cartas. Se a frente for rompida em um ponto, todo o resto virá abaixo. Doze divisões e meia é uma reserva muito pequena para uma frente tão extensa".

Quando Guderian estava de saída, Hitler disse: "A Frente Oriental deve se manter sozinha e se contentar com o que tem."

Isso deu calafrios no prussiano Guderian: quando os russos rompessem a linha de frente, sua terra natal é que seria perdida.

Em 12 de janeiro, um imenso número de homens e tanques começou a chegar às cabeças de ponte russas no Vístula. No dia seguinte, o Terceiro e o Quarto Exército de Tanques da Guarda russos penetraram no sul de Varsóvia. Enquanto isso, a ofensiva na Alsácia havia parado. Nos dias que se seguiram, os russos atacaram ao longo de toda a linha de frente, que começou a ruir.

Guderian manteve Hitler informado sobre o agravamento da situação por telefone e, em 15 de janeiro, Hitler começou a interferir. Passando por cima de Guderian, ordenou a transferência do Corpo *Panzergrenadier Grossdeutschland* da Prússia Oriental para a área próxima de Kielce.

CAPÍTULO 10

Guderian protestou, dizendo que isso foi feito tarde demais para deter o avanço russo em Kielce e enfraqueceu as defesas na Prússia Oriental no exato momento em que se viram sob ataque.

No bunker

Em 16 de janeiro, Hitler voltou para a Chancelaria parcialmente bombardeada em Berlim, para ficar mais próximo da Frente Oriental. O ditador decidira, naquele momento, que a Frente Ocidental deveria passar para a defensiva, a fim de liberar tropas para lutar no leste. Também decidiu que seus exércitos deveriam atingir o flanco sul da ponta de lança russa e ordenou a Guderian que enviasse o Sexto Exército *Panzer* para a Hungria. Isso era necessário, dizia Hitler, para proteger os campos petrolíferos na Hungria. Caso contrário, não haveria combustível para os *Panzer*.

O XXIV Corpo *Panzer*, do general Nehring, estava segurando o ataque russo perto de Kielce, porém o XLVI Corpo *Panzer* teve de sair da área de Varsóvia, pois corria o risco de ser cercado. Supostamente, deveria ir para o sul e impedir um avanço russo que isolaria a Prússia Oriental e Ocidental do resto da Alemanha. Os russos, porém, forçaram-no a recuar para a margem norte do rio Vístula e começaram sua arremetida contra a fronteira alemã sem oposição.

A guarnição alemã em Varsóvia, então, se viu ameaçada de ficar isolada. Guderian disse a Hitler que a guarnição seria retirada, mas o ditador enfureceu-se e insistiu que Varsóvia fosse mantida a qualquer custo. O comandante da guarnição, contudo, contava com pouca artilharia e apenas quatro batalhões de infantaria com limitada experiência de combate. Teria sido impossível para eles manter a cidade e o comandante retirou sua guarnição apesar das ordens de Hitler em contrário. Hitler ficou furioso e passou os dias seguintes investigando a perda de Varsóvia, em vez de dedicar-se a questões mais importantes. Quando Hitler ordenou a prisão de membros do estado-maior de Guderian, o general protestou que somente ele próprio fora responsável pela perda de Varsóvia, então era ele quem deveria ser preso, não seu gabinete. Não obstante, Hitler ordenou a captura e prisão de três membros do estado-maior de Guderian. Guderian novamente insistiu que era dele a única conduta que deveria ser investigada, para pôr logo um fim nos intermináveis interrogatórios a que vinha sendo submetido, num momento em que deveria estar concentrando seus esforços nos combates da Frente Oriental. Dois dos membros de seu gabinete foram liberados, mas ao invés de retornarem às suas funções no estado-maior, foram enviados para comandar regimentos na Frente Oriental. Três dias depois, um deles foi morto. O terceiro membro do gabinete de Guderian foi enviado para um campo de concentração, que mais tarde trocaria por um campo de prisioneiros de guerra americano.

Em 18 de janeiro, os alemães na Hungria atacaram, numa tentativa de levantar o cerco de Budapeste. Abriram caminho lutando até as margens do Danúbio. Naquele mesmo dia, porém, os russos entraram na cidade. Todo o esforço fora desperdiçado. Mesmo assim, Hitler enviou o Sexto Exército *Panzer* para a Hungria, na tentativa de segurar os russos ali.

Em 20 de janeiro, os primeiros russos pisaram em solo alemão. A esposa de Guderian, que estivera sob constante vigilância por parte do Partido Nazista local, foi autorizada a sair e fugir para a segurança do quartel-general de Guderian, meia hora antes do primeiro disparo da artilharia russa atingir Deipenhof.

Não havia como resistir ao ataque russo. Hitler começou a acusar seus comandantes *Panzer* de traição. Guderian tentou acalmá-lo, mas Reinhardt e Hossbach foram exonerados de seus comandos.

Àquela altura, os russos já haviam dominado a arte da guerra *Panzer*, avançando rapidamente, ignorando pontos fortificados e flanqueando linhas fortificadas, embora a maior parte das fortificações no leste tenham sido canibalizadas para a construção da Muralha do Atlântico. A única esperança da Alemanha, então, era que os Aliados Ocidentais percebessem o que o rápido avanço russo poderia significar para o futuro da Europa e assinassem um armistício. Guderian disse que propôs ao ministro das Relações Exteriores alemão, von Ribbentrop, que abrisse negociações de um armistício em pelo menos uma frente, de preferência a ocidental. Von Ribbentrop disse a Guderian que era um fiel seguidor de Hitler e sabia que o *Führer* não queria negociações de paz.

"Como o senhor se sentiria se, em três ou quatro semanas, os russos estivessem às portas de Berlim?", disse Guderian.

"O senhor acredita que isso seja possível?", perguntou von Ribbentrop chocado.

Quando Hitler soube disso, também Guderian foi acusado de traição, embora não tenha sido preso. Já eram poucos os oficiais capazes com que Hitler podia contar.

Hitler aprovou o plano de Guderian para a criação de um novo grupo de exércitos, mas deu seu comando a Himmler. Guderian ficou horrorizado.

Guderian propôs um plano que daria aos alemães algum espaço para respirar. Um novo grupo de exércitos deveria ser formado especificamente para manter o centro da linha. Guderian sugeriu que seu comandante fosse o marechal de campo Freiherr von Weichs, um comandante nos Bálcãs. Hitler aprovou o plano de Guderian para a criação de um novo grupo de exércitos, mas deu seu comando a Himmler. Guderian ficou horrorizado. Himmler não era um militar, mas um político, o chefe das SS. Também era chefe de polícia, ministro do interior e comandante em chefe do Exército de Treinamento, sendo que qualquer uma dessas funções já exigiria dedicação em tempo integral. Mas Hitler insistiu. Guderian tentou convencê-lo a, pelo menos, designar para Himmler o experiente gabinete de von Weichs. Hitler, porém, que àquela altura desconfiava de todos os seus generais, ordenou a Himmler que escolhesse seu próprio estado-maior.

> Hitler ficava tão enfurecido que as veias de sua testa saltavam e os membros de seu estado-maior temiam que tivesse um ataque cardíaco.

tão, passou a ignorar Speer completamente e se recusava a ver qualquer pessoa sozinho em particular, porque sempre ouviria algo que não queria. Hitler começou a rebaixar oficiais por capricho e bravos soldados denunciados por membros do partido se viram em campos de concentração, mesmo sem a mais sumária das investigações. Guderian percebeu que uma parte cada vez maior do seu dia era passada ouvindo os longos monólogos de Hitler, enquanto o ditador tentava encontrar alguém para culpar pela deterioração da situação militar. Com frequência, Hitler ficava tão enfurecido que as veias de sua testa saltavam, seus olhos esbugalhavam, e os membros de seu estado-maior temiam que ele tivesse um ataque cardíaco.

Em 30 de janeiro, os russos atacaram o Segundo Exército *Panzer* na Hungria e avançaram. Guderian propôs evacuar os Bàlcãs, a Noruega e o que restou da Prússia, trazendo de volta todos os *Panzer* para uma última batalha dentro da Alemanha. Em vez disso, Hitler ordenou um ataque e, em 15 de fevereiro, do Terceiro Exército *Panzer*, do general Rauss, partiu para a ofensiva. No comando geral da ofensiva estava o general Wenck. Contudo, na noite do dia 17, depois de uma longa reunião com Hitler, Wenck percebeu que o motorista estava cansado e assumiu o volante, somente para, ele mesmo, adormecer e bater contra o parapeito de uma ponte na rodovia Berlin-Stettin. Wenck ficou gravemente ferido e, com ele no hospital, a ofensiva perdeu força e nunca mais recuperou seu impulso.

Em março, Rauss foi convocado à Chancelaria para dar explicações. Hitler não lhe deu chance de falar. Depois de se recusar a falar com Rauss, Hitler insistiu em que fos-

Himmler cercou-se de outros líderes da SS que eram, em grande parte, na opinião de Guderian, incapazes de desempenhar as tarefas a eles designadas. O *SS Brigadenführer* Lammerding seria o chefe de estado-maior de Himmler. Anteriormente um comandante de uma divisão *Panzer*, Lammerding não tinha ideia dos deveres de um oficial de gabinete. O novo grupo de exércitos seria denominado Grupo de Exércitos Vístula, embora os russos tivessem cruzado o Vístula meses antes.

Hitler criou novas divisões de "destruidores de tanques", que consistiam em homens com granadas antitanques e bicicletas. De alguma forma, Hitler esperava que parassem os enormes exércitos de *T-34* que, naquele momento, rumavam para oeste. Além disso, até meninos de 16 anos de idade já estavam sendo recrutados para o exército.

Em 28 de janeiro, a Alta Silésia estava em mãos russas. Speer escreveu para Hitler dizendo: "A guerra está perdida". Hitler, ense exonerado de seu comando. Guderian protestou, dizendo que Rauss era um dos mais capazes comandantes dos *Panzer*. Hitler disse que Rauss não era confiável, por ser natural de Berlim ou um prussiano do leste. Foi, então, lembrado que Rauss era austríaco, como o próprio Hitler. Mesmo assim, o general foi afastado do comando e substituído por von Manteuffel.

O Grupo de Exércitos Vístula, de Himmler, pouco fez para deter o avanço russo e Guderian, por fim, sugeriu que Himmler fosse substituído. Em 20 de março, Hitler concordou e Himmler foi substituído por um militar veterano, o general Gotthard Heinrici, que naquele momento comandava o Primeiro Exército *Panzer* nos Cárpatos. Sob seu comando estava o Terceiro Exército *Panzer*, de von Manteuffel.

Guderian continuava a dar sugestões de como o avanço russo poderia ser, pelo menos, retardado. Todavia, depois de um desentendimento final com Hitler, o general foi obrigado a tirar uma licença de convalescença de seis semanas. Guderian deixou Berlim em 28 de março com a intenção de ir para uma cabana de caça perto de Oberhof, nas montanhas da Turíngia, mas o rápido avanço dos americanos tornou isso impossível. Em vez disso, o general decidiu ir para o sanatório de Ehenhausen, perto de Munique, para tratamento de sua condição cardíaca. Alertado de que poderia atrair as atenções da Gestapo, Guderian providenciou para que fosse vigiado por dois agentes da Polícia de Campanha.

A defesa de Berlim ficou nas mãos da general Heinrici, um especialista na guerra defensiva. Na véspera do ataque soviético, o general recuara suas tropas da linha de frente, de modo que o grande bombardeio promovido por Zhukov caiu em posições vazias. O Nono Exército havia se entrincheirado nas colinas de Seelow, bloqueando a estrada para Berlim.

O marechal Georgy Zhukov liderou o avanço russo contra Berlim àquela altura, os alemães não tinham chance de deter as forças invasoras

Os homens de Zhukov finalmente conquistaram a linha em Seelow pelo simples peso dos números, porém, depois disso, se viram confrontados por mais defesas alemãs, reforçadas pelo 56º Corpo *Panzer*, do general Karl Weidling, e pararam. Ainda eram os *Panzer* que endureciam a resistência. Em 20 de abril, a 2ª Frente Bielorrussa, do marechal Konstantin Rokossovsky, atacou o Terceiro Exército *Panzer*, de von Manteuffel.

Dias de acerto de contas

O Nono Exército começou a se desintegrar. Quando Zhukov chegou perto o suficiente de Berlim para começar a bombardeá-la com a artilharia de longo alcance, a situação tornou-se desesperadora. Berlim era defendida pela Juventude Hitlerista e por homens idosos da *Volkssturm* (Guarda Doméstica). Até o fim, Hitler afirmava que uma coluna de tanques *Tiger II* estava vindo para o resgate e que o *SS-Obersturmfuhrer* Babick, comandante de batalha do *Reichstag*, estava debruçado sobre seus mapas preparando-se para a chegada dos *King Tiger*. Gerhard Zilch, um sargento da 3ª Bateria Antiaérea Pesada, fez o seguinte relato:

Babick ainda estava transbordando de confiança. Ele acreditava que estaria seguro em seu abrigo. Sentinelas da SS *foram colocados do lado de fora.Outros guardavam os corredores do* Reichstag *e os* King Tiger, *nossa melhor arma, aparentemente estavam logo ali na esquina. Ele dividiu seus homens em grupos de cinco a dez. Um grupo era comandado pelo* SS-Untersturmführer *Undermann ou algo assim, não entendi direito o*

nome. Ele foi enviado para o Ministério do Interior, a "Casa de Himmler", ao sul da ponte Molke, com a própria ponte em sua linha de fogo. Em seguida, um subalterno da SS, de cerca de 19 anos, foi até Babick e relatou que Undermann e seus homens tinham encontrado bebida e ficaram embriagados. Ele trouxera Undermann com ele e o deixara esperando do lado de fora. Babick rugiu: "Atire nele imediatamente!". O subalterno bateu os calcanhares e saiu.Momentos depois, ouviu-se uma rajada de metralhadora. O rapaz voltou e informou que a ordem fora cumprida. Babick o pôs no comando da unidade de Undermann.

Os soviéticos apertaram o cerco e 15.000 canhões russos começaram a golpear a cidade. Hitler deixou de lado qualquer pretensão de administrar as coisas e anunciou que cometeria suicídio antes que os russos chegassem. Enquanto isso, as 45 pessoas nos porões do *Reichstag* começaram a procurar esconderijos. Em 30 de abril, Hitler e Eva Braun, a amante com quem se casara no dia anterior, cometeram suicídio.

"Na madrugada de 1º de maio, ouvimos em nosso rádio portátil que o *Führer* 'tombara em combate pela capital do *Reich*' com sua esposa ao lado", disse Zilch. "Goebbels e sua família tiveram o mesmo destino. Finalmente, éramos senhores de nossas vidas de novo." À meia-noite de 8 de maio de 1945, a guerra na Europa acabou.

Direita: Soldado soviético iça a bandeira vermelha sobre o Reichstag, em Berlim

POSFÁCIO

Guderian acabou no Tirol, com o estado-maior da Inspetoria-Geral das Tropas Blindadas, onde aguardou a chegada dos Aliados. Em 10 de maio, foi levado prisioneiro pelos americanos. Seu sonho de um Exército *Panzer* vitorioso se transformou em cinzas. Após sucessos iniciais na Polônia e na França, viu os britânicos aprenderem a lutar contra os *Panzer* com linhas de defesa antitanques no norte da África. Depois, viu russos e americanos usarem seu poderio industrial e superar os fabricantes dos seus *Panzer*.

Embora inicialmente relutando em cooperar com seus captores, Guderian recebeu, em junho de 1947, a notícia de que todas as acusações de crimes de guerra contra ele tinham sido retiradas. Passou, então a cooperar com um programa americano para detalhar a história estratégica da guerra e se viu, mais uma vez, defendendo o conceito dos *Panzer* para seus colegas da infantaria. Em 1948, foi libertado e passou a viver com sua esposa em uma pequena casa em Schwangau, onde cuidava de suas plantas e escrevia. O livro de memórias, *Panzer Leader*, publicado em 1951, tornou-se um *best-seller* nos EUA e angariou para ele o título de membro honorário da *International Mark Twain Society*. Guderian morreu logo depois, em maio de 1954.

Panzer Leader foi traduzido em dez línguas, incluindo polonês, russo e chinês. Guderian também escreveu uma série de artigos e panfletos, incluindo "A Europa Ocidental pode ser defendida?" e "Esse não pode ser o caminho certo", criticando o despreparo da OTAN para um conflito armado durante a Guerra Fria. O desenvolvimento durante a Segunda Guerra Mundial de grandes forças aéreas, mísseis balísticos e armas nucleares tornou os tanques quase obsoletos, fazendo com que desempenhassem um papel pequeno, por exemplo, nas guerras da Coreia e do Vietnã. No entanto, os tanques deram aos israelenses sua rápida vitória na Guerra dos Seis Dias, em 1967, nos desertos do Oriente Médio, um terreno perfeito para tanques. Eles também foram usados pelos soviéticos para esmagar a "Primavera de Praga", na Tchecoslováquia, no ano seguinte, como tinham sido usados na Hungria em 1956. Talvez a imagem mais vívida do tanque na história recente, porém, seja a de um solitário manifestante detendo o avanço de uma coluna de blindados que rumavam para esmagar as manifestações na Praça Tiananmen, em junho de 1989.

LEITURA ADICIONAL

Barker, A.J., *Panzers at War*, Ian Allen, Londres, 1978

Cawthorne, Nigel, *Fighting Them on the Beaches:The D-Day Landings, June 6, 1944*, Arcturus, Londres, 2002 Cawthorne, Nigel, *Turning the Tide - Decisive Battles of the Second World War*, Arcturus, Londres, 2002 Citino, Robert M., *Armed Forces - History and Sourcebook*, Greenwood Press, Westport, Connecticut, 1994 Cooper, Matthew, and Lucas, James, *Panzer - The Armoured Forces of the Third Reich*, Macdonald and Jane's, Londres, 1976

Davies, W.J.K., *Panzer Regiments*, Almurk, Londres, 1978

Edwards, Roger, *Panzer - A Revolution in Warfare, 1939-1945*, Arms and Armour, Londres, 1989

Fletcher, David, *The Great Tank Scandal*, HMSO, Londres, 1989

Forty, George, *German Tanks of World War Two*, Blandford Press, Londres, 1987

Forty, George, *Tanks Aces from Blitzkrieg to the Gulf War*, Sutton, Gloucestershire, 1997

Fuller, John Frederick Charles, *Tanks in the Great War*, John Murray, Londres, 1920

Fuller, John Frederick Charles, *The Reformation of War*, Hutchinson, Londres, 1923

Fuller, John Frederick Charles, *On Future Warfare*, Sifton Praed & Co, Londres, 1928

Fuller, John Frederick Charles, *Memoirs of an Unconventional Soldier*, Nicholson & Watson, Londres, 1936

Guderian, Heinz, *Achtung - Panzer!*, Arms and Armour, Londres, 1992

Guderian, Heinz, *Panzer Leader*, Penguin, Londres, 1996

Liddell Hart, Basil, *Paris, or the Future of War*, Kegan Paul & Co, Londres, 1925

Liddell Hart, Basil, *The Decisive Wars of History*, G. Bell & Sons, Londres, 1929

Liddell Hart, Basil, *The British Way in Warfare*, Faber & Faber, Londres, 1932

Macksey, Kenneth, *Guderian - Creator of the Blitzkrieg*, Stein and Day, New York, 1976

Macksey, Kenneth, *The Tank Pioneers*, Jane's, Londres, 1981

MacLeod Ross, G., *The Business of Tanks 1933 to 1945*, Arthur H. Stockwell, Ilfracombe Devon, 1976

Piekalkiewicz, Janusz, *Tank War 1939-1945, Historical Times*, Harriburg, PA, 1986

Remarque, Erich Maria, *All Quiet on the Western Front*, Vintage, Londres, 1996

Rommel, Erwin, *The Rommel Papers*, editado por B.H. Liddell Hart, Collins, Londres, 1953

Schmidt, Heinz Werner, *With Rommel in the Desert*, Albatross Publishing, Durban, 1950

Smithers, A.J., *The New Excalibur*, Leo Cooper, 1986

Steiger, Rudolf, *Armour Tactics in the Second World War - Panzer Army Campaigns of 1939-41 in German War Diaries*, Berg, New York, 1991 Warner, Philip, *Panzer*, Weidenfeld and Nicolson, Londres, 1977

Wright, Patrick, *Tank:The Progress of a Monstrous War Machine*, Faber and Faber, Londres, 2000

ÍNDICE

Achtung - Panzer! (Guderian) 44, 45, 46, 75, 125, 135, 159
Alamein
  Primeira batalha de 109-13
  Segunda batalha de 113-18
Alemanha
  Aliados chegam 192-3
  Anschluss austríaco 47-9
  ideias sobre guerra móvel 35-9
  Panzers no exército 39-41
  queda de 194-202
  treinamento do exército com tanques 37-9, 43
Alexander, *sir* Harold 110
All Quiet on the Western Front (Remarque) 28
Amiens, Batalha de 27 de
Arnim, Jürgen von 118, 119, 120, 122, 123, 124, 129
Asquith, Herbert 19
Auchinleck, *sir* Claude 94, 95, 97, 98, 103, 105, 109-10
Áustria 47-9
Bader, general 52, 55
Balcãs 84-6
Balck, general 194
Batalhão Panzer 144
Bayerlein, Fritz 97, 102, 111, 168, 172, 177
Beck, Ritter von 44, 47
Beda Fomm, Batalha de 79
Berndt, tenente-117
Bismarck, general von 111
Bissing, Freiherr von 134
Blitzkrieg, significado de 6 de
Blomberg, Werner von 43
Boardman, Tom 184
Bock, general von 53, 126, 136, 147
Bradley, Omar 188
Brauchitsch, Walter von 36, 46, 148
British Way in Warfare (Liddell Hart) 34
Broich, general von 120
Bulge, Batalha do 7, 17, 186-93
Burstyn, Gunther 18
Busch, general 64
Byng, *sir* Julian 22
Cambrai, Batalha de 19, 22-5
Checoslováquia 49-52
Churchill, Winston 19, 45, 48-9, 103, 109-10, 188
Clausewitz, Carl von 32
Clifton, brigadeiro 112
Corpo Panzer
  criação do 39
  LXXVI 173
  XIX 10, 12, 14, 54, 64
  XLVI 133, 137, 198
  XLVII 133, 136, 137-8, 139-40, 166
  XV 12
  XVI 10, 12, 46, 49
  XXIV 132, 135, 136, 137, 138, 139, 145, 198
Crusader 93-4
Cruwell, general 95, 96, 97, 102
Cunningham, *sir* Alan 94, 97
de Gaulle, Charles 37
de Mole, LE 18
Decisive Wars of History, The (Liddell Hart) 33
Dietrich, Otto 11
Dietrich, Sepp 47, 68, 187-8
Divisões Panzer
  1ª 49-50, 61, 62, 63, 64, 65, 66-7, 70, 71, 72, 73-4, 163
  3ª 53, 54, 55, 132
  6ª 65
  7ª 77, 137
  8ª 70, 86, 130
  10ª 52, 55, 56, 61, 62, 63, 64, 66-7, 68, 123, 124
  11ª 137, 178
  14ª 86
  15ª 14, 81, 93, 95, 101, 103, 111, 122
  16ª 14, 173

21st 81, 95, 97-8, 103, 104, 108, 109, 115, 119, 120, 123, 178
24ª 156
25ª 165, 166
26ª 173
116ª 178, 190
criação de 39, 57
18ª 128, 131-2, 133
17ª 128, 129-30, 132-3, 137, 140
9ª 68, 85-6, 178
5ª 10, 86
2ª 10, 44, 47, 61, 62, 63, 65, 66-7, 70, 71, 85-6, 178, 190
4ª 11, 12, 15, 132, 138, 139, 141
Dollmann, general 73, 74
Dziewanowski, M. Kamil 15-16
Eberbach, general185
Eisenhower, Dwight 180
Elles, Hugh 21, 22
Falaise, Bolsão de 184-5
Few, Maurice 68-9
Field Service Regulations III (Fuller) 32
Finlândia 17
França
  invasão da 61-75
  plano de invasão 58, 59, 61-2
  prontidão militar da 59, 60
Fritsch, Freiherr von 43-4
Fuller, John Frederick Charles "Boney" 21, 22-3, 25, 27, 28-9, 30-2, 37
Gause, general 102
Gazala, batalha de 77
Geyr, general von 174, 176
Goebbels, Joseph 149, 159, 202
Gore, coronel 120
Goring, Hermann 62, 113, 173, 179
Graziani, Rodolfo 77-8, 81
Grécia 85, 86-7
Guderian, Heinz 67
  como chefe do estado-maior 181
  comanda a 2ª Divisão Panzer 47
  comanda o XIX Corpo de Exército 52
  comanda o XVI Corpo Panzer 46
  reclama sobre o Alto Comando do Exército 57
  e invasão da Checoslováquia 49-50
  e invasão da França 58, 59, 61-75
  e defesas da Normandia 174R-5, 176
  e Operação Barbarossa 125, 127-8, 129, 130-1, 132-41, 145-50
  encomenda tanques 40
  atividades no pós-guerra 204
  e produção de tanques 153, 156, 159-62, 163-4, 165, 166-8
  e invasão da Itália 172-3
  e ofensiva das Ardennes 186-7
  e invasão da Alemanha 194-5, 196-8, 199, 200-2
  ideias sobre a guerra móvel 36-9
  ideias apoiadas 43-4
  defende o uso de tanques maiores 44-5
  adverte contra a União Soviética 45-6
  e Anschluss austríaco 47-9
  como chefe das tropas móveis 50-1
  e invasão da Polônia 12-13, 14, 52-6
Guderian, Kurt 52, 54, 73
Guenther, Herbert 98
Günter, Heinz 49
Haider, general 80-1, 125
Haig, *sir* Douglas 23
Hankey, Maurice 19
Harper, G.M. 23
Heinrici, Gotthard 194, 200, 202
Hill 209 90-1, 92, 93
Hills, Denis 15
Himmler, Heinrich 48, 162, 172, 199, 200
Hindenburg, Paul von 25, 27, 39-40
Hirschberg, general von 39
Hitler, Adolf 47
  e Anschluss austríaco 48
  e campanha do Norte da África 80
  e invasão da Alemanha 195, 197-200
  e invasão da França 62, 72
  e invasão da Normandia 177, 182, 183, 184-5

e ofensiva das Ardenas 186, 187, 188, 191, 192
e Operação Barbarossa 127, 134-5, 136, 148-50
e produção de tanques 75, 151, 152, 157-8, 159, 162, 167-8
fé nos Panzer 6, 7, 41, 43
furioso com derrotas 171
morte de 202
reúne-se com Heinz Guderian 50, 54, 56
Hoepner, general 12, 51-2, 150
Hore-Belisha, Leslie 32
Hoth, general 12, 127, 130, 133
Infantry Attacks (Rommel) 76
Itália 172-3
Iugoslávia 84-6
Jodl, general 177181197
Kaupisch, general 52
Keitel, Wilhelm 114, 181
Kempff, general 65
Kesselring, marechal de campo 104, 122
Kiichler, general von 55
Kirchner, general 62
Kitchener, lorde 19
Kleist, general von 63, 64-5, 67, 85, 133
Klopper, general 104
Kluge, general von 52, 53, 56, 131, 132, 150, 180, 184
Konrat, Georg von 141-5
Kursk, Batalha de 152, 162-4
Lammerding, Brigadenführer 199
Leeb, Ritter von 126
Lelelsen, general 129
Liddell Hart, Basil 15, 32-4, 37, 44, 81, 93
Linha Mareth 122-4
Linz 47-9
Lista, general 70-1, 85
Lutz, Oswald 39, 44, 46
Manstein, Erich von 14, 57, 59, 61, 161
Manteuffel, Hasso von 187, 200
Marne, Segunda Batalha do 26-7
McAuliffe, Anthony 190
Middleton, Troy 188
Model, general 138, 162, 164, 185, 194
Montgomery, Bernard 110, 111, 112-13, 116, 118, 122, 123, 178, 182
Morshead, Leslie 88, 92
Müller, Dr. 161
Mussolini, Benito 77, 81, 119-20
Natzmer, coronel von 37
Nehring, general 72, 111, 118, 128, 198
Normandia
    invasão da 178-85
    preparações defensivas 173-8
Norte da África
    batalha ao longo da costa 95-8
    Batalha de Tobruk 87-95, 97-8
    Campanha da Tunísia 118-24
    e o "Caldeirão" 99-104
    guerra começa 77-80
    Linha Mareth 122-4
    Passo de Kasserine 120-2
    penetração no Egito 104-9
    Primeira Batalha de Alamein 109-13
    Rápido avanço alemão 83-4
    Rommel chega em 80-3
    Segunda Batalha de Alamein 113-18
    táticas em 82-3
O'Connor, Richard 78, 79, 84
Ofensiva das Ardenas 7, 17, 186-93
On Future Warfare (Fuller) 31
Operação Barbarossa 125-50
Pacto de Não Agressão Germano-Soviético 9
Panther 151, 152, 153, 156, 162
Panzer Leader (Guderian) 54, 204
Panzer
    116, 41, 42-3, 46
    III 45, 54, 57, 74, 75, 94, 100
    IV 45, 54, 57, 75, 80, 94, 100, 115, 126, 146, 152, 153, 160, 162-3, 164
    no exército alemão 39-41
    como novo tipo de guerra 6
    táticas na Polônia 10

fraquezas 6, 8
II 16, 41, 125
Paris, or the Future of War (Liddell Hart) 32
Passchendaele, Batalha de 21-2
Passo de Kasserine 120-2
Patton, George S. 28, 183, 184
Paulus, Friedrich 81, 84
Peiper, Jochen 191
Plano 1919 28-9
Plano Schlieffen 58, 59, 61
Polônia
    contratempos na invasão 12, 13, 16-17
    invasão da 10-12, 52-6
    plano para invasão 8-9, 52
    táticas na invasão 9-10
    União Soviética invade 16
    Varsóvia cai 14-16
Ponath, tenente-coronel 89
Porsche, Ferdinand 152
Primeiro Guerra Mundial 18-31
Prittwitz, general von 88
protótipos de 19
Rauss, general 194, 200
Reformation of War, The (Fuller) 31
Regimentos Panzer
    5º 84, 89, 107
    6º 53
Reibel, W. 11-12
Reichenau, Walther von 14, 43, 46
Reinhardt, general 147
Remarque, Erich Marie 27-8
Ribbentrop, Friedrich 199
Ritchie, Neil Methuen 97, 103, 104, 105
Roberts, G.P.B. 101-2
Rokossovsky, Konstantin 202
Rommel, Erwin
    o Afrika Korps se rende 171-2
    chega no Norte da África 80-3
    ataca o Oitavo Exército 96-7
    e Batalha de Tobruk 87, 88-93, 9
    e o "Caldeirão" 99-104
    início da carreira 76-7
    e Primeira Batalha de Alamein 109-13
    e invasão da Itália 173
    e Passo de Kasserine 120-2
    e Linha Mareth 122-4
    e defesas da Normandia 173-8
    e invasão da Normandia 178-9, 180
    penetração no Egito 104-9
    avanço rápido 83-4
    e Segunda Batalha de Alamein 113-18
    táticas no Norte da África 82-3
    e produção de tanques 163, 168, 169-9
    e campanha da Tunísia 118-24
Rundstedt, general von 59, 60, 61, 65-6, 126, 162, 174, 178, 179-80, 186-7, 188, 197
Schaal, general 62
Schmidt, Heinz 80, 99, 120-2
Schmundt, coronel 133, 134, 159
Schweppenberg, Freiherr Geyr von 52
Scobie, general 97
Seeckt, Hans von 35-6
Seydlitz, Friedrich von 35
Sherman 6, 115
    T-34 7, 126, 132, 133, 140, 141 151, 160
    Tiger 113, 123, 151, 152, '153, 154, 156-9, 161-2, 164-5, 177
    "Whippet" 23, 27
Skorzeny, Otto 188
Somme, batalha de 20 União Soviética
    Batalha de Stalingrado 154, 155, 156-7
    Batalha de Kursk 152, 162-4
    temida por Heinz Guderian 45-6
    invasão da Finlândia 17
    invasão da Alemanha 194-202
    invasão da Polônia 16
    Pacto de Não Agressão 9
    e Operação Barbarossa 125-50

repele a invasão 151-70, 181
Speer, Albert 151, 152, 158, 159, 161, 200
Stalingrado, Batalha de 154, 155, 156-7
Stauffenberg, Claus von 181
Strauss, general 52.
Stülpnagel, Otto von 38
Stumme, general 114
Swinton, Ernest 18-19, 20
Tanks in the Great War (Fuller) 30-1
Tanque "Whippet" 23, 27
Tanque 2C 45
Tanque A7V 24, 25-6
Tanque A7V-U 26
Tanque Char B 71
Tanque Churchill 124
Tanque FT-17 28, 29
Tanque Grant 100
Tanque Mark I 20
Tanque Mark IV 20-1, 22, 25-6
Tanque Mark V 29, 32
Tanque Mark VIII "Internacional" 30
Tanque Matilda 78, 93
Tanque NTB Fz 41
Tanque T-34 7, 126, 132, 133, 140, 141151, 160
Tanque Tiger 113, 123, 151, 152, 153, 154, 156-9, 161-2, 164-5, 177
Tanques Panther 151, 152, 153, 156, 162
Tanques Sherman 6, 115
tanques
   2C45
   A7V-U26
   Char B 71 .
   Churchill 124
   FT-17 28, 29
   Grant 100
   invenção do 18-20
   Mark 120
   Mark V 29, 32
   Mark VIII "Internacional" 30
   Matilda 78, 93 Nb Fz41
   Panzer III 45, 54, 74, 75, 94, 100
   Panzer IV 45, 54, 57, 75, 80, 94, 100, 115, 126, 146, 152, 153, 160, 162-3, 164
   Crusader 93-4
   A7V 24, 25-6
   Panzer I 16, 41, 42-3, 46 Panzer II 16, 41, 125
   Mark IV 20-1, 22, 25-61
táticas
   e Basil Liddell Hart 32-4
   e Heinz Guderian 35-9, 44, 45
   e John Fuller 31-2
   no Norte da África 82-3
   primeiras ideias 20
Thoma, Wilhelm Ritter von 14, 44, 46, 81, 117
Tobruk, Batalha de 87-95, 97-8
Todt, Fritz 74, 150, 151
Tschischwitz, general von 36-7
Vaerst, general von 102
Varsóvia 14-16
Veiel, general 47, 62
Wavell, *sir* Archibald 87, 93, 94, 95
Weich, Maximilian von 85
Weichs, Freiherr von 199
Weidling, Karl 202
Wells, H.G. 18
Wenck, general 200
Wiktorin, general 52
Wittmann, Michael 183-4
Wolff, Kurt 83, 106-9
Zeitzler, general 162
Zhukov, Georgy 201, 202
Zilch, Gerhard 202

CRÉDITOS DAS IMAGENS

(A= Alto; B = Baixo ; E = Esquerda; D = Direita)

Bundesarchiv - Arquivos Federais alemães:

7T	Bild 146-1985-100-33	o.Ang.
8	Bild 1011-318-0083-28	Rascheit.
13	Bild 1011-121-0010-11	Boesig, Heinz; Ehlert, Max.
15	Bild 1011-012-0022-32	Lanzinger, Otto.
17	Bild 1011-380-0075-18	Sturm.
26	Bild 183-P1013-316	o.Ang.
27	Bild 102-03379A	o.Ang.
35	Bild 146-2005-0163	Tellgmann, Oscar.
40	Bild 102-17128	Pah], Georg.
42	Bild 146-1995-066-10A	o.Ang.
48	Bild 137-049270	o.Ang.
51	Bild 146-1972-028-14	o.Ang.
57	Bild 1011-231-0718-12A	o.Ang.
60	Bild 146-1987-047-20	Bieber, E.
63	Bild 1011-125-0277-12	I'remke, Heinz.
65	Bild 146-1978-062-24	o.Ang.
67	Bild 1011-769-0229-12A	Borchert, Erich (Eric).
68	Bild 1011-128-0419-04	Boesig, Heinz.
69	Bild 183-B14898	Horster.
72	Bild 121-0383	o.Ang.
73	Bild 121-0470	Bundesarchiv.
74	Bild 121-0474	o.Ang.
75	Bild 10in-MW-5674-41	Engelmeier.
76	Bild 121-2051	o.Ang.
85	Bild 1011-174-1154-13	Baier.
87	Bild 101I-175-1266-05A	Teschendorf
105	Bild 101I-785-0299-23A	Moosmiiller.
125	Bild 101I-265-0003-18A	Moosdorf [Mossdorf].
127	Bild 1011-347-1058-31	Schödl (Schödle).
128	Bild 183-L20392	Mittelstaedt, Heinz.
131	Bild 1011-137-1009-17	Cusian, Albert.
139	Bild 1011-283-0615-35	Liithge.
141	Bild 183-L20582	Schmidt.
146	Bild 1011-215-0354-14	Gebauer.
151	Bild 183-H26258	o.Ang.
155	Bild 1011-218-0529-17A	Thiede.
156	Bild 1011-218-0527-12	Seibold.
158	Bild 1011-571-1721-26	Schnitzer.
183	Bild 1011-738-0273-01A	Grimm, Arthur

Museu Imperial de Guerra: 21B; 22T; 28; 78; 79B, 95, 96; 106; 114; 121; 124.

RIA Novosti: 154; 163; 164-165; 170; 194; 196; 201; 203.

Corbis: 18.

Museu de Tanques de Bovington: 21T; 23; 24; 32; 37; 41; 45; 56; 82; 92; 133; 149; 153; .157; 160; 161; 166; 167; 169; 177; 188.

ED Archives: 6; 7B; 11; 29; 30; 34; 38; 46; 59; 79T; 88; 100; 110;171; 174; 179; 182; 184T; 185; 186; 189; 191; 192; 193.